REIKI

Como Filosofia de Vida

“Se quiser ser escritor, escreva.”

Johnny De' Carli

REIKI

Como Filosofia de Vida

"Não basta ler, é necessário compreender o que se lê."

Supervisor geral: *Gustavo L. Caballero*

Revisão de textos: *Elza Ferreira da Cruz*

Diagramação: *Décio Lopes*

CIP-BRASIL. CATALOGAÇÃO NA FONTE
SINDICATO NACIONAL DOS EDITORES DE LIVROS, RJ

De'Carli, Johnny, 1944
Reiki como filosofia de vida/Johnny De'Carli. – São Paulo – Editora Isis, 2015 – 543 páginas – 2ª Edição.
Inclui bibliografia

ISBN 978-85-8189-006-7

1. Reiki (Sistema de cura). I. Título.

12-3931. CDD: 615.852

CDU: 615.852

EDITORA ISIS LTDA
www.editoraisis.com.br
contato@editoraisis.com.br

Índice

"Estude apenas o que lhe agradar."

Dedicatória

Aos meus pais Alicia Requena e Carlos De' Carli Neto, pela dádiva da vida e pela proteção, preocupação, atenção e amor com que nutriu minha infância. Desconfio que Deus, como não podia estar em toda parte, criou as mães. Depois de Deus, nossa mãe!

A minha querida esposa Rita de Cássia Lima De' Carli que, na prática da boa magia mineira, me ensina a importância do silêncio. Para os mineiros, o silêncio não comete erros.

A meus irmãos Carlos, Helio e Ricardo, por tudo o que passamos juntos em nossa infância e pela grande amizade que nos une. Como é bom ter irmãos!

A meus filhos Juliana, Diana e Daniel, pela grande experiência da paternidade e pelo amor que me dá forças para avançar. A família é uma das obras-primas da Natureza!

A meus três primeiros netinhos Daniel, Lorenzo e Maria Lídia, por mais essa grande experiência nessa vida.

Ao meu genro Clayton e nora Geani, por me presentearem com lindos netos e fazerem meus filhos felizes.

Também a você, que vive e trabalha para o bem.

"Dentre todos os remédios caseiros,
uma boa esposa é o melhor."

Agradecimento

Agradeço primeiramente a Deus e aos meus pais pela experiência desta vida.

Agradeço aos meus mentores espirituais, que me assistem em todas as etapas do caminho, irradiando a chama da verdade.

Agradeço à minha combatente esposa, Rita de Cássia Lima De' Carli, cujo apoio foi fundamental para a realização de mais esta obra.

Agradeço ao *Sensei* Fuminori Aoki e à *Sensei* Noriko Ogawa pelo Prefácio, fotografias e suporte técnico.

Agradeço à doce amiga Paula Amaro, diretora da Editora Dinalivro, em Portugal, por ter acreditado em mim desde o primeiro momento.

Agradeço ao *Sensei* Hyakuten Inamoto, de Kyoto – Japão, Fundador da "Komyo Reiki Kai", pelos ensinamentos e pelo Prólogo desta obra.

Agradeço ao Mestre de Reiki João Magalhães, Presidente da Associação Portuguesa de Reiki Monte Kurama, pela força, amizade e pelo Posfácio deste livro.

Agradeço aos editores Antonio Lopez Bayo e Gustavo Llanes Caballero, das editoras Sirio e Isis, por acreditarem no meu trabalho.

"Não ter segredos para com a própria mulher
é a única maneira de impedir que ela os descubra."

Agradeço à Mestre de Reiki Olívia Kimiko Kikuchi pelas traduções das minhas dúvidas e por todo o apoio na minha terceira viagem de estudos ao Japão, realizada em novembro de 2011.

Agradeço ao tradutor do consulado Japonês, Yoshiaki Hasuo, pelas suas traduções.

Agradeço à Elza Ferreira da Cruz, à Ivone Ferreira, a Carlos Ricardo Stone De' Carli, a Christian Jeremias Melo, a Décio Lopes, à Claudiane André de Sousa, à Cristiane da Silva, à Railda Souza de Araújo e à Maria Helena Ramalho pelo suporte operacional.

Agradeço aos meus alunos, que me procuraram para aprender e acabaram por serem os meus grandes e maiores mestres. Não encontro palavras para expressar o quanto lhes estou grato por me mostrarem que tenho sempre muito a aprender.

"A melhor parte de nossas vidas
está em nossas amizades."

Prefácio

Conhecemos o *Sensei* Johnny De' Carli em 1998 quando ele visitou o Japão pela primeira vez, buscando a origem do Reiki. Reencontramos com o *Sensei* em 2002 e, agora em novembro de 2011 pela terceira vez.

O Japão sofreu um desastre natural sem precedentes no nordeste do país, em 11 de março de 2011, e muitas vidas preciosas foram perdidas devido ao *tsunami*.

Uma usina nuclear localizada na área do desastre em Fukushima foi afetada pelo terremoto, causando problemas com a radioatividade e destruindo assim o que tem sido tratado como se fosse o mito de segurança. Embora este problema seja de uma pequena área do Japão, certamente será um desafio para as próximas gerações.

A causa deste grande terremoto no nordeste do Japão teve, além do fator natural, o fator humano também. Apesar destas situações tão difíceis, passados oito meses do desastre, os japoneses da área afetada gradativamente se levantaram para a reconstrução do país, ajudando-se mutuamente com paciência, e recebendo apoio das pessoas não afetadas pelo desastre. As pessoas em todo o mundo,

"Não há prazer comparável
ao de encontrar um velho amigo."

também, calorosamente apoiaram e foram solidárias com as vítimas. Gostaria de manifestar minha gratidão representando o povo japonês. Apesar dos esforços e ajuda, a cura das feridas emocionais ainda levará tempo.

Como Mestres de Reiki, sentimos que há um significado mais profundo neste grande terremoto. Quando acontece uma crise como esta, sentimos que a humanidade esteja sendo testada e o Grande Universo esteja questionando se o amor e a paz podem ser encontrados.

Embora neste momento muitas pessoas evitem visitar o Japão devido ao receio pela situação do país, o *Sensei* Johnny e seu grupo de Reiki *Masters* do Brasil visitaram gentilmente o berço do Reiki, o Japão. O *Sensei* Johnny já escreveu muitos livros sobre Reiki. O objetivo desta viagem é um preparativo para escrever um novo livro sobre o Imperador Meiji, pelo qual o *Sensei* Mikao Usui, que é o fundador da *Usui Reiki Gakkai*, nutria respeito profundo.

O *Sensei* Usui ficou conhecido como terapeuta de Reiki quando levou vinte dos seus discípulos e socorreu as vítimas do grande terremoto de Kanto, em 1923. Na época, a mídia mostrou o *Sensei* Usui como uma pessoa que possuía uma capacidade extraordinária de utilizar a energia Reiki. Já naquela época, as pessoas que sofreram desastres naturais utilizavam Reiki como uma técnica de cura para recuperar sua saúde física e mental.

Vamos mais uma vez entrar na origem do significado do *Usui Reiki Ryoho.* De acordo com a orientação da *Reiki Ryoho Gakkai*, o *Usui Reiki Ryoho* objetiva: manutenção da saúde de si próprio e de outros; promoção da paz e da prosperidade; felicidade do lar, da sociedade, das nações e do mundo, observando diariamente os cinco Princípios do *Sensei* Usui e elevação das condições físicas e mentais de si próprios, além de ter como fonte espiritual os 125 poemas japoneses *(Waka)* selecionados entre os muitos feitos pelo Imperador Meiji.

Por que o *Sensei* Usui escolheu os 125 poemas do Imperador que venerou? O que o *Sensei* Usui quis transmitir aos membros da *Usui Reiki Ryoho Gakkai* através destes poemas selecionados?

"Um bom amigo revela-se na adversidade."

Se todos os Reiki Masters que conhecem o propósito original do Reiki Usui pudessem cooperar uns com os outros, o mundo certamente ficaria cheio de amor e a Terra poderia recuperar seu brilho harmonioso.

O *Sensei* Usui nasceu em 1865, quando o Japão estava se transformando drasticamente, passando do período Edo para a era Meiji.

Acredito que ele, que nasceu nesta época como primogênito da família Usui no vilarejo de Taniai da Província de Gifu, deve ter ouvido o som da civilização e iluminação da Era Meiji, que trouxe muitas mudanças na sociedade japonesa.

Dizem que o Imperador Meiji, que atuava como centro da alvorada do novo Japão, tinha grandes virtudes, que, como o sol, brilhavam e iluminavam todos os lugares, seus sentimentos eram vastos como um oceano e sua bondade firme, além do seu amor e convicções inabaláveis.

O *Sensei* Usui respeitava este Imperador, como filhos respeitam seus pais.

O Imperador deixou seus sentimentos nos seus mais de 100 mil poemas. Cada um destes poemas é considerado uma obra prima na história literária moderna.

A nova publicação do *Sensei* Johnny sobre o Imperador Meiji apresenta os 125 poemas selecionados com sua pronúncia original de japonês (entonação) e seus significados canalizados pelo *Sensei* Johnny.

Ficaremos imensamente felizes se os poemas do Imperador Meiji, que formam a origem espiritual do Usui Reiki, forem compreendidos no mundo.

O *Sensei* Johnny se apresentou no Japão, dizendo que veio do Brasil onde vive o segundo maior número de japoneses no mundo. Tivemos a impressão de que o *Sensei* Johnny é um excelente Usui Reiki *Master*, que ama o Japão profundamente e estima o Reiki.

Através da convivência de 18 anos com Reiki, tivemos sorte de conhecer o *Sensei* Johnny graças à ligação com o *Sensei* Usui.

Sentir-nos-emos felizes se pudermos ser uma ponte entre o Japão e o Brasil no futuro.

"A amizade não precisa de palavras."

Durante nossos 18 anos vivendo no meio do Reiki, visitamos o túmulo do *Sensei* Usui para limpá-lo todos os meses.

Um dia, nos conectamos ao canal do *Sensei* Usui e ouvimos a sua voz dizendo *"os deuses que reúnem na fonte de Reiki unem a humanidade pelo laço de amizade e de paz!"*

Sentimos a importante missão de transmitir o espírito de paz às próximas gerações.

Em 11 de novembro de 2011, é comemorado o Dia Mundial de Paz no Japão. Estamos profundamente satisfeitos por termos escrito este prefácio neste dia especial.

Tóquio, 11 de novembro de 2011.

Sensei **Noriko Ogawa** e *Sensei* **Fuminori Aoki**

Reido Reiki Shusai | Densho Reiki Kenkyu-kai | Human & Trust Institut

"O ser humano não foi feito para viver sozinho."

Prólogo

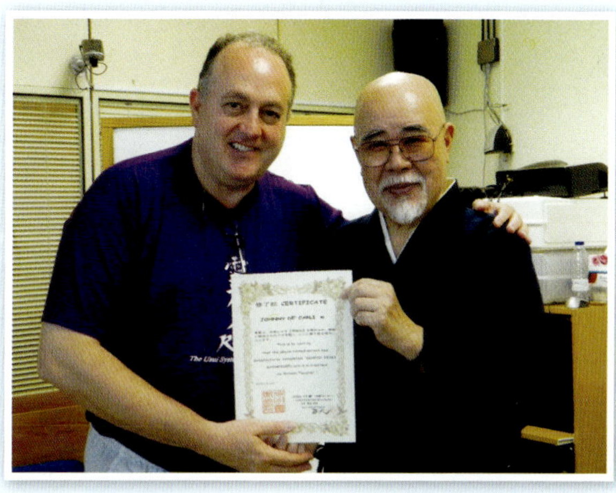

Antes de tudo, gostaria de parabenizar Johnny De' Carli pela publicação de mais este livro.

Acredito que este livro lançará "luz" sobre os praticantes de Reiki em todo o mundo, que estão confusos e perdidos em um "oceano" de informações sem fundamento ou confirmação.

Estou certo de que este livro poderá remover "ervas daninha" do "jardim" do Reiki e ajudar os praticantes do Reiki uma forma mais adequada de entender "Usui Reiki Ryoho".

Eu aprecio muito o caráter e a personalidade forte de Johnny, sua curiosidade natural sobre "Usui Reiki Ryoho", e seu esforço sincero e grande vontade para compartilhar a verdade.

Gassho,

Hyakuten Inamoto
Fundador da Komyo Reiki Kai
http://www.komyo-reiki.jp
www.komyoreikikai.org

"Uma boa parte da vida de uma pessoa
está nas suas verdadeiras amizades."

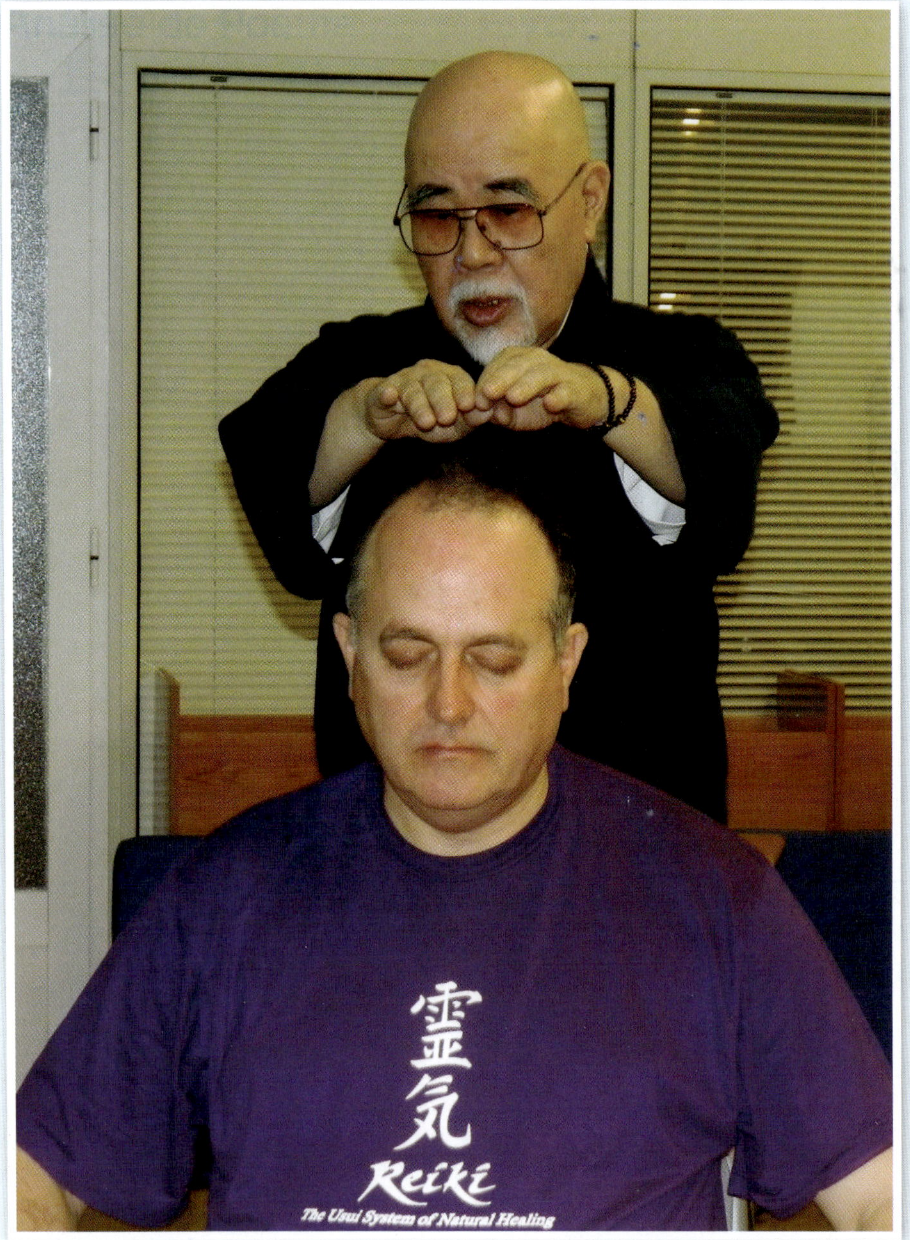

"Quando uma pessoa é boa amiga,
também tem amigos bons."

Introdução

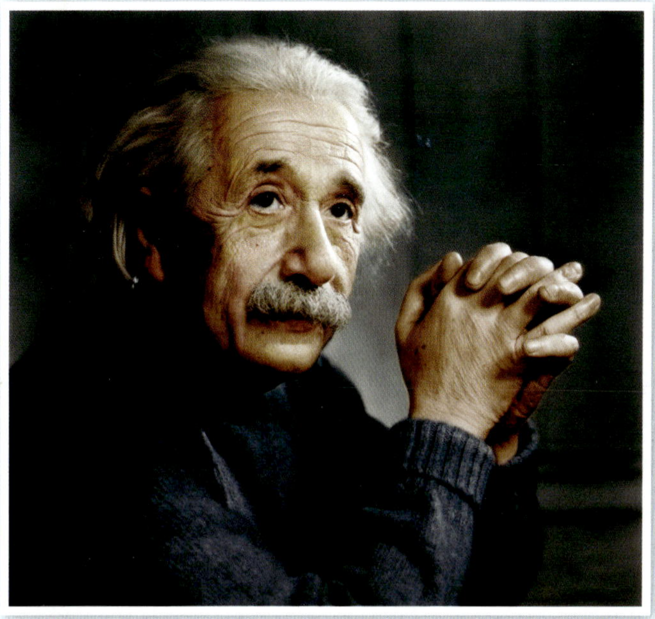

Obrigado pelo interesse nesse nosso novo livro!

Ao observar a capa você deve ter se perguntado: "*O que a metafísica, ou como preferem alguns a mediunidade, tem a ver com o Reiki?*"; "*Como pode um livro de Reiki ter sido escrito mediunicamente?*"; "*Estaria o autor misturando o Reiki com religião?*".

Albert Einstein certa vez disse: "Não existe nenhum caminho lógico para a descoberta das leis do Universo, o único caminho é a intuição". Ele inclusive teve a coragem de afirmar que sua revolucionária Teoria da Relatividade lhe foi "revelada" por meio da intuição, principalmente, quando dormia depois do almoço (ele nutria o hábito da "siesta"). Einstein ainda disse: "Eu penso 99

"Prova-se através da lógica,
mas descobre-se através da intuição."

vezes e não descubro nada, depois, eu mergulho num grande silêncio, e eis que a verdade me é revelada!".

Realmente escrevi esse livro fazendo uso de um tipo de mediunidade: os insights intuitivos, da mesma forma que fez Einstein, em pequenos períodos de sono superficial após o almoço. A propósito, me espelhei nele.

Cada um dos 125 poemas que analisei, um por vez, li, meditei, orei e adormeci pedindo um esclarecimento. Deu certo, todos me foram revelados pelo "Alto" através de imagens telepáticas e revestidos, em seguida, com as minhas próprias palavras.

Sabe-se que o Imperador Meiji escreveu mais de 100 mil poemas. O Mestre Mikao Usui selecionou uma pequena parte, apenas 125, incluindo-os em sua apostila. A minha dúvida e de muita gente pesquisadora era: "Por que o número de 125 poemas?". Consultando meus 14 Mestres de Reiki não consegui obter essa enigmática resposta. Quando estive no Japão, em minha terceira viagem de pesquisa, realizada no mês de novembro de 2011, num dia de folga, estive com minha esposa em visita ao Meiji Jingle (Museu do Imperador Meiji), residência onde viveu o Imperador, lá consegui, utilizando faculdades mediúnicas, desvendar esse mistério, que você verá mais adiante.

"Só a intuição nos diz o que realizar."

Capítulo 1

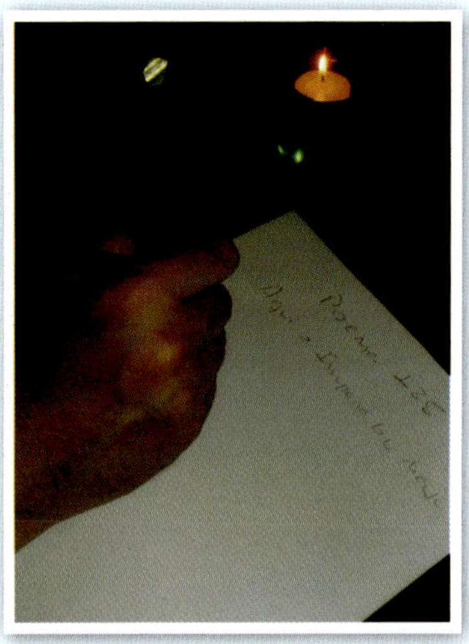

Reiki e a Metafísica

O Imperador Meiji escreveu mais de 100 mil poemas. O descobridor do Reiki, o *Sensei* Mikao Usui, selecionou uma pequena parte desses poemas, apenas 125, incluindo-os em sua apostila, denominada *Usui Reiki Ryoho Hikkei*, que era entregue aos seus alunos de Reiki. Após conhecer o trabalho de ambos não tive dúvidas que fizeram, uso de faculdades paranormais extremamente desenvolvidas: a mediunidade. Sem dúvidas, a mediunidade está presente no Reiki.

Muitos já me perguntaram o que são os *insights* (intuição) que alguns reikianos e até livros de Reiki tanto falam. Perguntam se é uma técnica ligada ao Espiritismo e não ao método Reiki. O que posso lhes dizer é que qualquer capacidade que permita a uma pessoa ver, captar ou sentir fenômenos ocultos aos cinco sentidos físicos, pode ser considerada como uma faculdade mediúnica. Entretanto, o mediunismo independe do Espiritismo. O *Sensei* Usui, o Dr. Hayashi, Hawayo Takata, Jesus, Buda, Francisco de Assis e vários outros foram poderosos médiuns e não eram espíritas. O insight ou intuição é a condição de "ouvir" o

"O mediunismo independe de religião."

pensamento de nossos mestres ou mentores no silêncio de nossa alma. Os insights são conhecidos não só pelos reikianos, como também por acupuntores, terapeutas em geral, médicos, psicólogos, pessoas sensíveis, médiuns, clarividentes, iniciados, esoteristas, iogues, meditadores que, muitas vezes, identificam essa voz oculta ou, como outros afirmam uma voz sem som. Ou seja, o auxílio do "Alto" não atende exclusivamente ao método Reiki, a esta ou aquela atividade terapêutica ou religião, mas a todas as pessoas de bom caráter, justas e devotadas a objetivos superiores. Existem muitos profissionais sérios, bondosos, honestos, dignos e justos que se transformam em verdadeiras "antenas vivas" e aguçadas do "mundo oculto". Para ajudarem com êxito o próximo, essas pessoas recebem auxílio, por intuição, de mentores que são verdadeiros médicos do espaço, independente de o terapeuta ser católico, budista, protestante, espírita ou ateu. Portanto, o reikiano, o terapeuta ou o médico não precisam aderir ao Espiritismo ou ao Budismo (como fez o *Sensei* Usui), para só então receberem a assistência superior dos mentores. Lembre-se que, segundo nos conta a história do método Reiki, a *Sensei* Hawayo Takata, introdutora do método Reiki no Ocidente, ouviu uma voz, no Hospital Maeda, em Tóquio, recomendando que ela não fizesse a operação.

Conforme prega o Budismo, diversos espíritos evoluídos de reikianos, terapeutas e médicos desencarnados continuam, do mundo espiritual, exercendo a sua função, prestando assistência telepática aos seus colegas encarnados, evitando condicionar um diagnóstico a exames de laboratório que, em muitas pequenas cidades, nem existem. Os mestres desencarnados podem avaliar com facilidade e exatidão a causa das doenças, identificarem os bloqueios na aura e o comportamento que lhes deu origem, tal como falta de repouso, sedentarismo, alimentação não adequada, pouco consumo de água, excesso de raiva, preocupação, etc. Os mentores que nos apoiam nas tarefas com o método Reiki não têm sua visão dada pelos nervos oculares, restrita a contornos das formas físicas como a nossa, possível somente com a incidência da luz solar ou artificial. Eles veem as coisas independente de luz, podendo projetar a visão em todos os sentidos (visão esférica). Tomam conhecimento de todo e qualquer detalhe ou fenômeno

"Os nossos mentores nunca nos abandonam.
Quem se afasta deles somos nós."

situado ao seu redor, submetendo uma pessoa a um verdadeiro exame por verem graças à luz que há no interior de todas as coisas, sendo isso designado visão de profundidade. Mais sentindo do que vendo, captam os fatos diretamente em sua fonte natural vibratória, dispensando as funções limitadas da visão física. Assim, o reikiano intuitivo, em geral, trabalha sob a inspiração de seus mentores, dificilmente ouvindo suas vozes, mas captando os seus pensamentos por via telepática. Estas mensagens são remetidas ao cérebro do reikiano de forma semelhante aos pressentimentos. No plano espiritual, predomina a força do pensamento e do sentimento. Dessa forma foi escrito esse livro que você começa a ler agora. As análises dos poemas me foram transmitidas por via telepática, sendo traduzidas e vestidas com minhas próprias palavras.

A comunicação com os mentores é feita através do contato áurico, nos corpos emocional e mental (perispírito). Estes corpos áuricos são delicados instrumentos de relação com o mundo astral, sendo importante o reikiano estar em boa condição emocional para gozar de maior sensibilidade psíquica. Ao final da comunicação ou da sessão do método Reiki, nosso auxiliar espiritual desliga-se de nossa aura e o reikiano retorna ao estado de vigília.

Os nossos mentores nunca nos abandonam. Quem se afasta deles somos nós. Para entrar novamente em contato com eles é preciso se cuidar. O terapeuta ou reikiano mercenário vive cercado de almas inferiores, perversas e mistificadoras, que perturbam sua intuição. Para que uma comunicação aconteça é preciso fazer-se merecedor. Assim, fica difícil para um reikiano desenvolver sua intuição antes de exercitar a paciência, tolerância, bondade e perdoar seus adversários.

Muitos querem saber quanto tempo depois da iniciação um reikiano começa a receber insights. O que posso lhes dizer é que tudo ocorre no momento certo. Uma rosa, quando em botão, ainda não exala seu perfume, que só vem no momento exato. Um reikiano só receberá insights claros com o tempo e com a experimentação constante. A intuição obedece a um roteiro progressista, que se aperfeiçoa não só pelo uso regular da energia Reiki, como também pela experimentação e pelo estudo adequado. A subida dos degraus da evolução exige

"A subida dos degraus da evolução exige esforços próprios."

esforços próprios. O primeiro passo para desenvolver a intuição é saber que todos a têm e, então, usá-la. Para ativá-la, o mais importante é a sua harmonização interna, o relaxamento e a criação de um estado apropriado da mente, conhecido como centramento ou centralização do coração. Esta condição é conseguida realizando, antes, as técnicas do Reiki Tradicional Japonês Gassho (meditação) e Reiji-ho (oração). Esse alinhamento com a Energia Universal abrirá os chacras do transmissor através da rendição do ego e dos desejos. Estando centrado e sintonizado totalmente com o propósito de canalizar a energia Reiki, o reikiano criará um melhor estado para trabalhar intuitivamente. O reikiano deve confiar na sabedoria interior, acalmar seus pensamentos superficiais para poder ouvir a "voz interna". Em cada caminho espiritual, lembre-se que a confiança é a base para o verdadeiro desenvolvimento, que cresce gradualmente, com a prática constante. O caminho seguro para o reikiano desenvolver sua intuição é a perseverança. Com o tempo, fica cada vez mais fácil para o reikiano receber informações em um nível intuitivo.

Vale registrar que durante um insight ou uma sessão do método Reiki, nem todo o pensamento do reikiano é necessariamente intuitivo. Pode ocorrer equivocar-se e confundir o seu próprio pensamento com uma intuição dada por mentores.

Um reikiano, quando em más condições psíquicas oriundas dos estados inadequados, atrai do mundo oculto fluidos ou resíduos inferiores e densos que aderem à aura, dificultando estabelecer ligação ou a devida sintonia com os mentores do Reiki.

Atitudes coléricas, discussões religiosas, políticas, desportivas e tolas também baixam o padrão vibratório do reikiano, dificultando a comunicação com seus mentores. Ambientes sem calma, barulhentos, também reduzem a possibilidade de o reikiano captar, com mais fidelidade, as intuições repassadas por seus auxiliares espirituais.

Acredite! A mediunidade está e sempre esteve fortemente presente no método Reiki.

"Para que uma comunicação aconteça
é preciso fazer-se merecedor."

Capítulo 2

O Período Meiji

A história do Japão é dividida em períodos ou eras. Falaremos aqui somente do período Meiji (1868~1912) que se inicia com a ascensão do Imperador Meiji, que muda a capital para Tóquio e programa uma ampla restauração no país. Nesse período, o país trava duas ferozes guerras, uma contra a China, em 1895, e outra contra a Rússia, em 1905. Por estes motivos o Imperador Meiji faz tantas referências à guerra em seus poemas, como você verá mais à frente.

O Imperador Meiji (1852-1912), cujo nome era Mutsuhito, assumiu o trono em 1867. Jovem e carismático foi o 122.º Imperador do Japão. Ficou conhecido como um símbolo da modernização do Japão. Marcou o início de uma revolução nacional, levando o país a tornar-se poderoso mundialmente. O Mestre de Reiki Doi Hiroshi disse: "*O Imperador Meiji era um grande sensitivo. Sua bondade era irradiada por todo o país, como o Sol. Era tolerante e abundante como o oceano, sua vontade era forte, sua crença era cheia de amor e tão ampla*

"Os grandes líderes se projetam mais através do exemplo do que através do poder."

quanto a terra". O Imperador Meiji, foi o primeiro a conceder títulos de posse das terras aos agricultores e instituiu a escola pública para todos os cidadãos japoneses. O Presidente dos Estados Unidos, Theodore Roosevelt, certa vez disse: "*O povo japonês deve ser feliz por ter tão grande Imperador. O Japão progredirá e se desenvolverá com o Imperador Meiji*".

O Imperador Meiji escreveu cerca de 100 mil poemas, esta poesia é conhecida como grande poesia na literatura japonesa.

No Japão, o Dia da Cultura (*Bunka No Hi*) é um feriado nacional que acontece anualmente no dia 3 de novembro, em homenagem ao dia do nascimento do Imperador Meiji. Esse feriado almeja promover a cultura, as artes e o empenho acadêmico. Geralmente as festividades incluem exibições artísticas, desfiles e cerimônias para presentear artistas e estudiosos famosos.

"Comandar grandes coisas
é ainda mais difícil que fazer grandes coisas."

Capítulo 3

O Imperador Meiji e o Reiki como Filosofia de Vida

Certa vez o cientista Isaac Newton disse: "*Eu avistei mais longe que muitos porque fiquei de pé em ombros de gigantes*". O Imperador Meiji foi um desses "gigantes", o Mestre Mikao Usui foi um grande admirador dele. Os 5 Princípios do Reiki, o alicerce da parte filosófica do Reiki, vieram desse Imperador, o Mestre Usui também selecionou 125 de seus poemas para usar nas suas reuniões do método Reiki.

As pessoas que fazem história não têm tempo de escrevê-la. A exemplo de Jesus e Buda, Mikao Usui não deixou nada escrito de seu próprio punho. Há muito poucos documentos oficiais no Reiki, basicamente há somente dois: a apostila conhecida como "*Reiki Ryoho Hikkei*", em que há uma importante entrevista concedida pelo próprio *Sensei* Usui e a escritura talhada no memorial a Mikao Usui, escrita logo após a morte do *Sensei* Usui, pelas pessoas mais próximas a ele. Em ambos os documentos o Imperador Meiji é citado.

"As pessoas que fazem história não têm tempo de escrevê-la."

Logo após a transição de Mikao Usui, um memorial foi construído pela *Usui Reiki Ryoho Gakkai*, em fevereiro de 1927. É por ela mantido até hoje. A sepultura e o Memorial do *Sensei* Usui estão localizados em um cemitério público, junto ao Templo Saihoji, no distrito Sujinami, em Tóquio. O memorial consiste de uma única grande pedra de cerca de 1,20 m de largura e 2,50 m de altura. Nela, escrita em antigo kanji japonês, encontra-se uma inscrição sobre a vida de Mikao Usui, a experiência da descoberta e o uso do método Reiki. Perto da pedra foram colocadas as cinzas de Usui, juntamente com as de sua mulher e de seu filho Fuji.

A palavra mais clara é sempre aquela que é verdadeira: no memorial não há lendas. O texto foi escrito por Juzaburo Ushida, que se tornou Presidente da instituição, após a morte de Mikao Usui e foi editado por Masayuki Okada, doutor em literatura e membro da *Usui Reiki Ryoho Gakkai*.

O japonês antigo, utilizado até o ano de 1945, é de difícil compreensão, inclusive para os próprios japoneses mais jovens. A tradução para o japonês moderno foi feita pelo *Sensei* Doi Hiroshi, membro ativo da Gakkai, em 1º de janeiro de 1998, na cidade de Ashiya. A tradução para o inglês foi feita por Tetsuyuki Ono, em 19 de junho de 1998, na cidade de Takarazuka. Em outubro de 1998, quando estive no Japão pela primeira vez, recebi esta tradução das mãos de meu Mestre de Reiki, o *Sensei* Fuminori Aoki. Pedi à Mestre de Reiki Elizabeth Barros de Sá, minha aluna em Copacabana - RJ, professora de inglês e português, que providenciasse a tradução para o português, concluída em 18 de novembro de 1998. A tradução foi publicada pela primeira vez, no Ocidente, em meu segundo livro ("Reiki, A Terapia do Terceiro Milênio", em janeiro de 1999). Em parte da mensagem da grande pedra que compõe o memorial aparece a seguinte informação: "*Revendo os fatos, entendo que a terapia Reiki objetiva não somente tratar problemas de saúde, mas também corrigir a mente através de uma habilidade espiritual enviada por Deus, mantendo o corpo saudável e desfrutando uma vida de bem-estar. Ao ensiná-la às pessoas, devemos primeiro fazer com que*

"A palavra mais clara é sempre aquela que é verdadeira."

percebam as últimas instruções do ***Imperador Meiji*** *(o grifo é nosso) e celebrem os 5 Princípios, pela manhã e à tarde, a fim de mantê-los sempre em mente.*

São eles:

1. Não se zangue por hoje;
2. Não se preocupe;
3. Expresse sua gratidão;
4. Seja aplicado e honesto em seu trabalho;
5. Seja gentil com os outros."

No segundo e último documento, a apostila conhecida como "*Reiki Ryoho Hikkei*", em parte da entrevista concedida pelo próprio *Sensei* Usui, aparece a seguinte informação:

Entrevistador: "*O que é Usui Reiki Ryoho* (Técnica Terapêutica Reiki Usui)?"

Mikao Usui: "*A técnica objetiva, primeiramente, a saúde da mente e, secundariamente, saúde física para treinar e fortalecer a mente e o físico. SERVE TAMBÉM PARA DIRECIONAR UM CAMINHO CORRETO DE VIDA, observando as palavras deixadas pelo Imperador Meiji (os grifos são nossos). Se a mente estiver no caminho correto e saudável, o corpo físico será fortalecido naturalmente. Sendo assim, será missão da Usui Reiki Ryoho completar física e psicologicamente uma vida com paz e prazer, ajudando no tratamento de problemas de saúde de outros e promovendo, assim, a felicidade de si próprio e de terceiros*".

Refletindo sobre a citação acima "Serve também para direcionar um caminho correto de vida", não ficam dúvidas de que o Reiki, além de ser uma técnica terapêutica extremamente eficaz, é também uma filosofia de vida, uma maneira de viver, pautada nos ensinamentos do Imperador Meiji, lamentavelmente, tão pouco citado nos livros de Reiki ocidentais.

"Os equívocos passam, a verdade fica."

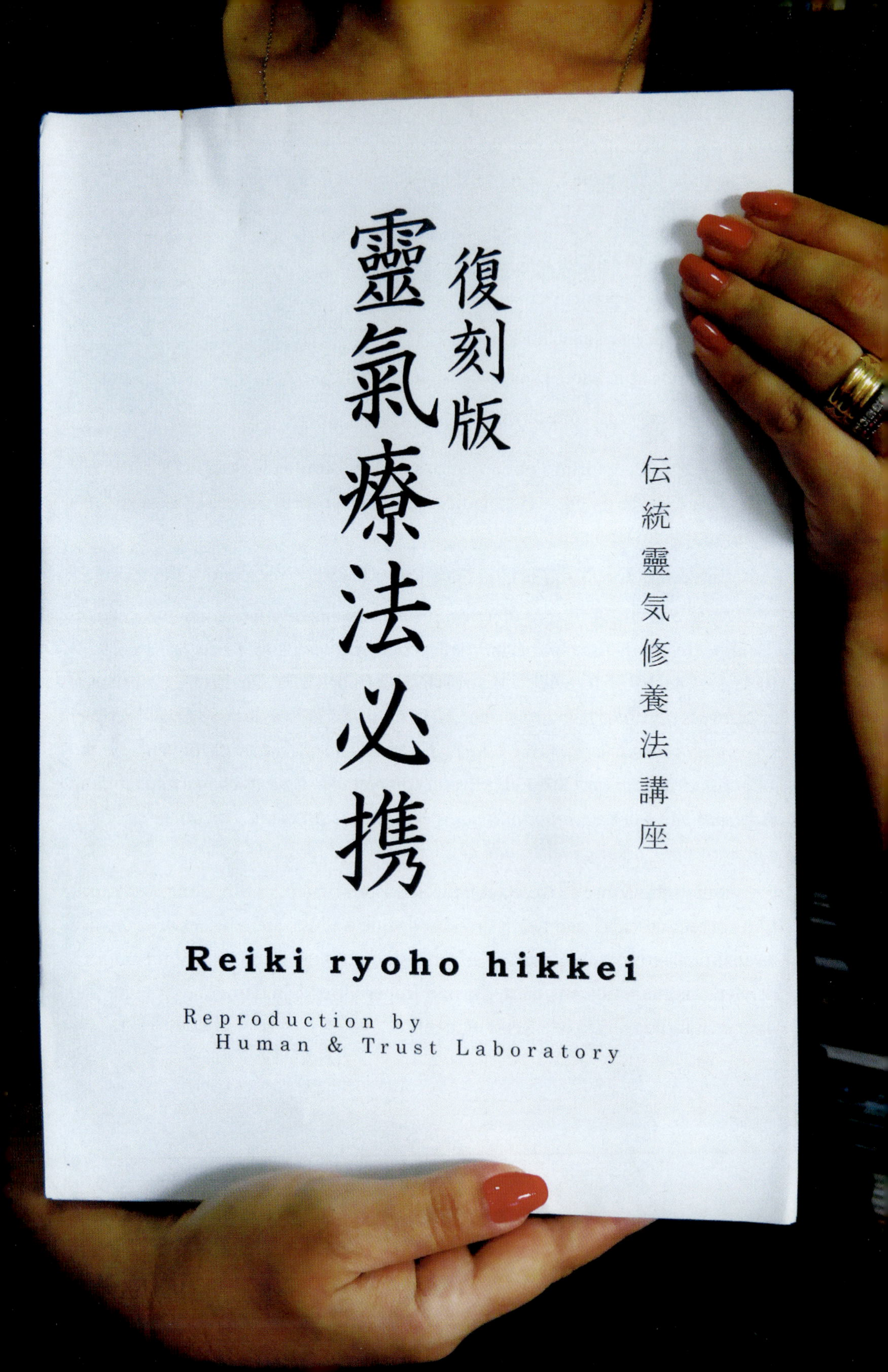

復刻版

靈氣療法必携

伝統靈気修養法講座

Reiki ryoho hikkei

Reproduction by
Human & Trust Laboratory

Capítulo 4

Reiki e os Poemas Adotados por Mikao Usui

O Imperador Meiji não falava muito, mas escreveu cerca de 100 mil poemas para se expressar. Esses poemas são conhecidos na literatura japonesa como *Gyosei*, escritos na forma poética *waka*. Um *waka* é um poema de cinco versos, cujo primeiro verso consta de cinco sílabas, o segundo, de sete, o terceiro, de cinco e o quarto e o quinto, de sete cada um (5-7-5-7-7). Cada poema tem um título. No original estão escritos em japonês antigo, extinto em 1945. Vale registrar a dificuldade em traduzir textos escritos em *kanji* arcaico. Na tradução, naturalmente, não foi possível respeitar a quantidade tradicionalmente prescrita de 31 sílabas, convertendo-se a waka às vezes num poema traduzido maior ou menor em versos.

O *Sensei* Usui era um grande admirador do Imperador Meiji e selecionou, além dos 5 Princípios, alicerce filosófico do Reiki, 125 de seus poemas para usar nas reuniões do método Reiki. Os poemas eram recitados, ou cantados, de uma

"Um poema é um mistério
que deve ser decifrado pelo leitor."

forma muito específica. O cântico, a cadência e o ritmo ajudam a desenvolver uma consciência atenta e a purificar a mente.

No Japão, a *Usui Reiki Ryoho Gakkai*, organização fundada pelo próprio *Sensei* Usui, durante o *Shuyokai* (seminário), dirigido por um Mestre de Reiki, os praticantes do método mantêm a tradição de cantar poesia waka, como alimento espiritual.

Quando estive no Japão pela segunda vez, em janeiro de 2002, recebi das mãos dos Mestres de Reiki Fuminori Aoki, Noriko Ogawa e Doi Hiroshi uma cópia do manual original contendo os poemas que estão traduzidos e analisados por mim a seguir:

"O poema é um mistério que nos transforma. O poeta sonha sempre transformar o ser humano para melhor."

Poema 01 – Lua

1　秋の夜の月は昔にかはらねど

aki no yo no tsuki wa mukashi ni kawaranedo

世になき人の多くなりぬる　（月）

yo ni nakihito no ooku narinuru (tsuki)

"No mundo de Deus nada é imutável."

Análise do Poema 1 – Lua

> "*Tantas mudanças e tantas pessoas passaram neste mundo.*
> *Mas a Lua da noite de Outono continua a mesma*
> *de muito tempo atrás.*"

Há muito simbolismo nesse poema.

Aqui, o Imperador Meiji utiliza o termo *'Lua'*, título do poema, como metáfora para a permanência das coisas Divinas. Ocorre que a Lua, apesar de sua essência permanecer sempre a mesma, com a mudança das fases, atua em nós, influenciando a nossa personalidade (o ego).

Podemos dividir o corpo do poema em duas frases: a primeira *'Tantas mudanças e tantas pessoas passaram neste mundo.'* significa que "o mundo é um local das transformações": no mundo nada é imutável, tudo flui, estamos em constante movimentação, a mudança é a lei da vida, tudo muda, as situações e as pessoas; a segunda *'Mas a Lua da noite de Outono continua a mesma de muito tempo atrás.'* se apresenta com o significado de "as coisas essenciais e Divinas não mudam, são permanentes".

As estações do ano representam mudança de fase. O poema destaca o Outono, época em que no Japão tudo fica diferente e representa a maturidade em todos os seus aspectos: a paisagem adquire um tom maduro avermelhado, colheita dos frutos, transformações, renovação, despir-se dos excessos, tornar leve, provocar um vazio para que nova vida se faça no próximo ciclo.

A mensagem implícita no poema fala que a humanidade passa por períodos de transformação, mas a essência, que é Divina, não muda, sempre será a mesma.

"Tudo flui, estamos em constante movimentação."

Mikao Usui

O Mestre Mikao Usui certamente selecionou esse poema pela mudança, transformação e evolução a que se submete uma pessoa iniciada no Reiki. Deve, provavelmente, ter interpretado o poema da seguinte forma: "*Tantas mudanças ocorrem numa pessoa iniciada no Reiki, tantos reikianos passaram neste mundo, mas a energia Reiki continua a mesma de muito tempo atrás*". Reiki muda de ressonância, dependendo das diferentes combinações dos símbolos, mas permanece sempre a mesma energia.

A Lua é bela e misteriosa, assim como é a energia Reiki, nem o Mestre Usui, em sua conhecida entrevista, atreveu-se a explicar racionalmente a energia Reiki. A energia Reiki, da mesma forma que a Lua, influencia nossas transformações, atuando positivamente na personalidade das pessoas.

Segue uma citação que nos remete ao poema:

Santa Tereza D' Avila disse:
"Tudo passa, só Deus não muda."

Obs.: Poema analisado mediunicamente por Johnny De' Carli, com a contribuição da visão da Mestre de Reiki Sandra Valéria Coelho.

"A mudança é a lei da vida."

Poema 02 – Paraíso (Céu)

2　あさみどり澄みわたりたる大空の

asamidori sumiwatari taru oozorano

広きおのが心ともがな　　(天)

hiroki onoga kokoro tomogana (ten)

"Qualquer exagero é extremamente prejudicial ao ser humano, sem exceção."

Análise do Poema 2 – Paraíso (Céu)

> “*Eu queria que meu coração pudesse ser tão claro e amplo como o grande céu e o verde campo da Primavera.*”

Há muito simbolismo nesse poema.

Aqui, o Imperador Meiji utiliza o termo ‘*paraíso*’, título do poema, como metáfora para “a boa conduta que leva ao Amor”.

Analisando os termos e expressões, concluímos que: ‘*meu coração*’ metaforicamente simboliza “minha maneira de pensar”; ‘*ser tão claro e amplo*’ se apresenta com o significado de “englobasse”; ‘*grande Céu*’ pode ser interpretada como uma metáfora da “natureza espiritual”; ‘*verde campo*’ simboliza metaforicamente a “natureza física” e ‘*Primavera*’ pode ser interpretada como uma metáfora para o “equilíbrio”. No dia que marca o início da Primavera ocorre o equinócio, um dos dois únicos e exatos momentos do ano em que o dia e a noite têm a mesma duração (o segundo é o início do Outono), luz e sombra no mais perfeito equilíbrio.

Diferentemente da simbologia ocidental, onde o coração simboliza os sentimentos e o amor, o Imperador utiliza o termo ‘coração’ associado ao intelecto.

A frase ‘*Eu queria que meu coração pudesse ser tão claro e amplo como o grande Céu e o verde campo da Primavera*’, corpo do poema, aparece com o significado de “gostaria de saber viver em equilíbrio entre as atividades espirituais e as materiais”. Buda ensinou a seus discípulos que os extremos da vida deviam ser evitados, que o “caminho do meio” é a forma de chegar ao equilíbrio. Seguir o “caminho do meio” é uma forte estratégia para evitar cair no desastroso fanatismo.

A mensagem implícita no poema faz alusão ao “caminho do meio”.

“O caminho do meio
é a forma de chegar ao equilíbrio.”

Mikao Usui

O Mestre Mikao Usui seguramente selecionou esse poema para que se evitasse o fanatismo no Método Reiki. O Budismo, filosofia de vida do Mestre Usui, baseia-se na moderação e prega o "caminho do meio", um ponto equidistante entre os extremos. Todo o excesso é negativo, qualquer exagero é extremamente prejudicial ao ser humano, sem exceção. Em tudo, até no Reiki, o fanatismo é prejudicial.

Segue uma citação que nos remete ao poema:

Henrik Ibsen disse:
"Moderação é a primeira virtude de um cidadão."

Obs.: Poema analisado mediunicamente por Johnny De' Carli, com a contribuição da visão da Mestre de Reiki Elza Ferreira.

"Todo o excesso é negativo."

Poema 3 – Pensamento Ocasional

3　暑しともいはれざりけりにえかへる

atsusitomo iware zarikeri niekaeru

水田にたてるしづを思へば　（をりにふれて）

suidenni tateru sizuwo omoeba (orinihurete)

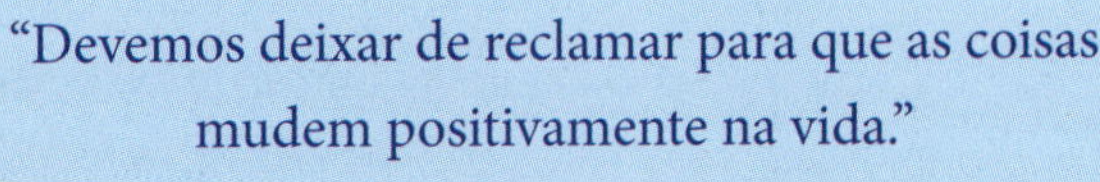

"Devemos deixar de reclamar para que as coisas mudem positivamente na vida."

Análise do Poema 3 – Pensamento Ocasional

> "*Antes de reclamar do clima quente e úmido, penso nos lavradores que têm de trabalhar nos campos de arroz em tão duras condições.*"

No poema, o Imperador Meiji explica como procede para evitar o hábito de se queixar.

Aqui, a frase *'Antes de reclamar do clima quente e úmido, penso nos lavradores que têm de trabalhar nos campos de arroz em tão duras condições.'*, corpo do poema, aparece com o significado de "todos são felizes por comparação".

A mensagem implícita no poema é que devemos deixar de reclamar para que as coisas mudem positivamente na vida. Para isso, basta observar que existem sempre pessoas em situação pior do que aquela em que nos encontramos.

Mikao Usui

O Mestre Mikao Usui seguramente selecionou esse poema pela importância de se viver em gratidão *(Kansha shite)*, um dos cinco Princípios do Reiki. Ocorre que é impossível viver em gratidão e reclamando simultaneamente. Devemos deixar de reclamar e passar a agradecer. Viver em estado de gratidão é viver em sintonia com o Princípio da Abundância, que é nossa condição natural. É o primeiro passo para tornar a vida um campo de colheitas abundantes. Muitas pessoas acham que têm muito pouco ou nada para agradecer. Encaramos como óbvias muitas coisas que, na verdade, são presentes: a vida, o Planeta, o Sol que brilha e nos aquece, o ar que respiramos, os animais, as plantas que nos alimentam.

"É importante sermos resignados."

Precisamos estar cientes das incontáveis dádivas que o Criador nos concedeu. Infelizmente, o ser humano só dá valor às coisas depois que as perde. Como afirma o dito popular: "*Enquanto o poço não seca, não conhecemos o valor da água*".

Muitos erram reclamando de terem de ir trabalhar, quando o correto seria agradecer por terem trabalho. Sentem tédio com o trabalho doméstico ao invés de agradecer por terem um lar. Reclamam da saúde ao invés de agradecer por estarem vivos. Reclamam por estar chovendo ao invés de agradecer pela lavagem da poluição e pela agricultura. Reclamam por não terem sapatos, enquanto outros não têm sequer os pés. Reclamam dos pais não terem dado tudo o que queriam ao invés de agradecer por terem nascido. Esquecem que há bem mais de nossos pais em nós do que supomos.

Ao contrário de nos lamentarmos com os sofrimentos, deveríamos aproveitá-los como grande aprendizado. É importante sermos resignados. Diz o dito popular: "*quem sofre com resignação sofre metade*". Devemos estar dispostos a suportar o que nos sucede. A aceitação do que aconteceu é o primeiro passo para superar as consequências de qualquer adversidade.

Segue uma citação que nos remete ao poema:

Bob Marley disse:
"Não reclame da vida, levante a cabeça.
Dias ruins são necessários, para os dias bons valerem a pena."

Obs.: Poema analisado mediunicamente por Johnny De' Carli, com a contribuição da visão da Mestre de Reiki Susana Maria Farias Pereira.

"Existem sempre pessoas em situação
pior do que aquela em que nos encontramos."

Poema 4 – Vento Sobre as Folhas de Outono

4　あまたたびしぐれて染めしもみじ葉を

amata tabi sigurete somesi momiziha wo

たゞひと風のちらしけるかな　（落葉風）

tada hitokazeno chirasikerukana (ochibakaze)

"Para construirmos algo sólido na vida é necessário bastante tempo de dedicação."

Análise do Poema 4 – Vento Sobre as Folhas de Outono

> “*Muitos dias e noites se passaram para aperfeiçoar a cor das folhas do bordo,mas uma leve rajada de vento basta para levá-las.*”

Há muito simbolismo nesse poema.

Aqui, o Imperador Meiji utiliza a expressão ‘*Vento sobre as folhas de Outono*’, título do poema, para fazer alusão às consequências em nossas vidas dos atos irrefletidos.

Podemos dividir o corpo do poema em dois trechos: no primeiro ‘*Muitos dias e noites se passaram para aperfeiçoar a cor das folhas do bordo*’ aparece metaforicamente com o significado de “é necessário muito tempo e dedicação para construir uma coisa sólida e boa na vida” (as folhas do bordo, árvore típica japonesa, demoram um ano para chegar à sua beleza plena) e o segundo ‘*mas uma leve rajada de vento basta para levá-las*’ se apresenta com o significado de “num ato inconsequente, rapidamente podemos colocar tudo a perder”.

As estações do ano representam mudanças. Com a chegada do Outono no Japão, a paisagem ganha um maravilhoso e lindo tom avermelhado com as folhas do bordo. Essa é uma época que simboliza o final de um ciclo, no qual ocorre transformação, renovação; é o tempo da partida e da separação pela maturidade. Por isso, no Japão, o Outono metaforicamente simboliza a maturidade em todos os seus aspectos.

O vento é considerado um mistério, sopra onde quer, não se sabe de onde vem, nem para onde vai, não se vê, mas se sente, simboliza mudança, perturbação, turbulência de algo equilibrado ou situações desagradáveis em nossa vida. Em Jeremias 4, 11-16, ventos simbolizam guerras.

“Num ato inconsequente,
rapidamente podemos colocar tudo a perder.”

A mensagem implícita no poema é que para construirmos algo sólido na vida é necessário bastante tempo de dedicação. Então é preciso ter cautela, pois se não formos cuidadosos, poderemos, num ato impensado, destruir num instante algo que construímos com dificuldade.

Mikao Usui

O Mestre Mikao Usui seguramente selecionou esse poema querendo nos advertir que para uma sólida formação no Reiki ou qualquer outra boa obra é necessário um bom tempo de vivências. É possível tornar-se um canal de Reiki em alguns minutos, mas para alcançar a maturidade no Reiki será preciso um tempo de experiências, trabalho, dedicação e doação, não será de um dia para o outro. Então é preciso ter cuidado, estar atento, pois chegar à maturidade demanda tempo, é uma conquista árdua e, se não estivermos atentos, poderemos, numa rápida atitude, ato ou gesto impensado, mudar o rumo das coisas, comprometer algo que construímos arduamente.

Segue uma citação que nos remete ao poema:

José Comblin disse:
"Na ausência de uma reflexão segura,
multiplicam-se as fontes de erro."

Obs.: Poema analisado mediunicamente por Johnny De' Carli, com a contribuição da visão da Mestre de Reiki Rita de Cássia Lima De' Carli.

"Poderemos, num ato impensado, destruir num instante algo que construímos com dificuldade."

Poema 5 – Pensamento Ocasional

5　雨だりに窪める石を見ても知れ

amadari ni kubomeru ishi wo mitemo sire

かたき業とて思ひすてめや　（をりにふれて）

kataki gou tote omoisutemeya (orinihurete)

"É importante observar para aprender."

Análise do Poema 5 – Pensamento Ocasional

> "*Observe e aprenda com os pingos de chuva que escavam a rocha.*
> *Descarte a ideia de que realizar uma tarefa é difícil demais.*
> *Nada é impossível!*"

No poema, o Imperador Meiji destaca que a Natureza sempre faz a sua parte, procurando nos ensinar a viver. Nela e nas menores coisas, pode-se encontrar a melhor resposta para o maior problema.

O Imperador utiliza o trecho '*os pingos de chuva que escavam a rocha*' como metáfora da perseverança. O ditado é velho e famoso: "*Água mole em pedra dura tanto bate até que fura*". Comprovadamente, esse fenômeno acontece na Natureza e é chamado de erosão. Literalmente, os pingos da chuva caem e acabam fazendo um buraco na pedra, não pela sua força ou violência, mas por causa de sua persistência. Da mesma forma, os grandes feitos são conseguidos não pela força, mas pela perseverança. O segredo é ser constante. Não é sempre o mais rápido quem vence uma corrida, mas aquele que continua correndo. Nada substitui a persistência para o caminho do êxito. A perseverança é uma das virtudes através da qual todas as outras virtudes dão fruto.

Diz também o Imperador '*descarte a ideia*', ou seja, mude a maneira de pensar. Atraímos aquilo que pensamos e acreditamos. Cada um de nós cria a própria realidade. Devemos acreditar em nós mesmos. Deus nunca nos dá uma tarefa que não possamos realizar. O fardo nunca é tão pesado de forma que não possamos carregá-lo. Alerta, inclusive, o Imperador que '*nada é impossível*'.

A mensagem implícita no poema é que podemos aprender muito observando a Natureza, ela nos ensina a arte de perseverar e esperar: o que parece tão difícil, e até impossível, pode ser realizado com insistência e paciência. A mensagem louva a persistência como virtude que vence a dificuldade, ou seja, as coisas podem ser difíceis, mas se insistirmos, acabaremos por vencer.

"Nada termina até que deixemos de tentar."

Mikao Usui

O Mestre Mikao Usui certamente selecionou esse poema para incentivar os reikianos a serem bons observadores. É importante observar para aprender. O reikiano mais experiente não é aquele iniciado há mais tempo e sim o mais atento e observador.

O Mestre Usui seguramente também selecionou esse poema pela mensagem metafórica implícita, alertando para nunca desistirmos do propósito de sermos bons reikianos ou de sanar uma grave disfunção. No Reiki trabalhamos diretamente com a Fonte. As coisas que são impossíveis para as pessoas são possíveis para Deus.

A maior derrota e fraqueza do ser humano não é tentar e não conseguir uma determinada coisa, mas desistir sem mesmo tentar. Ser derrotado é frequentemente apenas uma condição temporária, desistir é uma solução permanente para um problema geralmente temporário. Nada termina até que deixemos de tentar. Desistir é a saída dos fracos, insistir é a vitória dos fortes. As dificuldades que você encontra se resolverão conforme você avançar. Prossiga, e a luz aparecerá e brilhará com clareza crescente em seu caminho.

Seguem duas citações que nos remetem ao poema:

O Mestre Jesus disse
"Quem insiste alcança a benção." (Marcos 5, 21-43) e
"Nada é impossível para Deus." (Lucas 1, 37)

Obs.: Poema analisado mediunicamente por Johnny De' Carli, com a contribuição da visão do Mestre de Reiki Luis Ricardo Panyagua Costa.

"Nada substitui a persistência para o caminho do êxito."

こころ
心
100円
和文みく
このおみくじは大神様の
大切にお持ち帰りいただ
日常生活の指針と致しまし
おみくじ料は
こちらへお納め下さい
文大御心)
OKEN

Poema 6 – Pensamento Ocasional

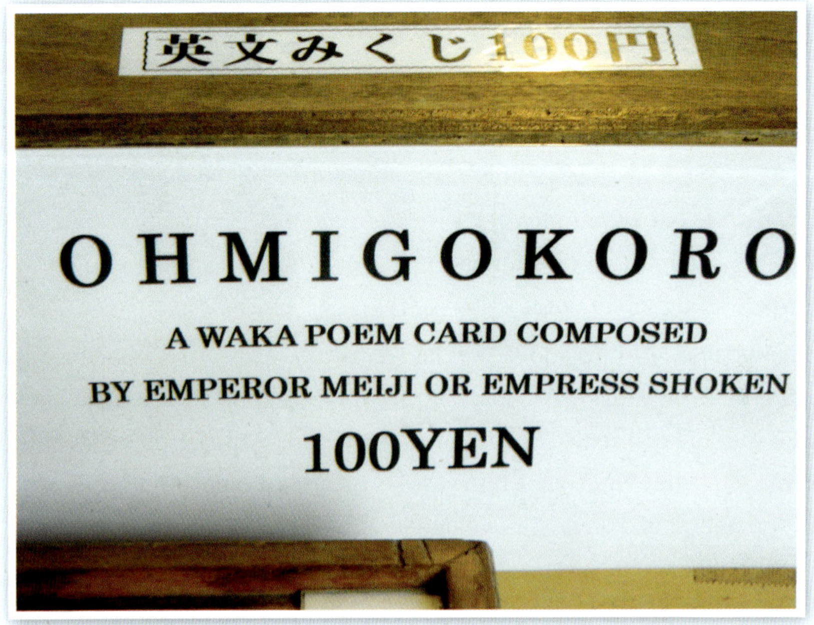

英文みくじ100円
OHMIGOKORO
A WAKA POEM CARD COMPOSED
BY EMPEROR MEIJI OR EMPRESS SHOKEN
100YEN

6　天を恨み人をとがむることもあらじ

ten wo urami hito wo togamuru kotomo arazi

わがあやまちを思ひかへさば　（をりにふれて）

waga ayamachiwo omoikesaba (orinihurete)

"É muito mais fácil culpar os demais do que reconhecer os próprios erros."

Análise do Poema 6 – Pensamento Ocasional

> "*Se eu olhar para meus próprios erros,*
> *não me ressinto com Deus e nem culpo os*
> *outros por meus próprios sofrimentos.*"

Aqui, a frase '*Se eu olhar para meus próprios erros, não me ressinto com Deus e nem culpo os outros por meus próprios sofrimentos.*', corpo do poema, aparece com o significado de "o ser humano vive, por ignorância, culpando fatores externos pelos seus sofrimentos".

No poema, o Imperador Meiji fala da Lei da Atração, conhecida também como Lei da Ação e Reação ou Lei do *Karma*, a força mais poderosa no Universo. Essa Lei automaticamente corrige com sofrimentos e aflições os erros passados. Determina que tudo que não é reto gera sofrimento. Prega que a nossa realidade exterior é um reflexo de nossa realidade interior.

O Imperador fala no reconhecimento dos próprios erros. Ocorre que não é um processo fácil olhar para si mesmo e reconhecer, encontrar e refletir sobre as atitudes errôneas. Reconhecer a responsabilidade é um exercício de humildade e exige coragem.

A mensagem implícita no poema fala que é importante parar de culpar fatores alheios como as causas do nosso sofrimento. Nós criamos a realidade que atraímos para nossa vida a todo instante. Atraímos o tipo de pessoas, situações e aprendizados compatíveis com aquilo que projetamos.

"Ao não reconhecer os erros do passado
estamos condenados a repeti-los."

Mikao Usui

O Mestre Mikao Usui seguramente percebeu no comportamento humano que, perante o sofrimento, é muito mais fácil culpar os demais do que reconhecer os próprios erros.

O Mestre Usui sabia que ao não reconhecer os erros do passado estamos condenados a repeti-los. O reconhecimento das responsabilidades é essencial para a mudança interior e para que brote uma nova postura diante de nós mesmos e do mundo. Os erros passados podem tornar-se bênçãos para aprendermos através deles, podem fornecer uma valiosa fonte de aprendizado, afinal, o erro de ontem é consertado com o acerto de hoje.

Segue uma citação Bíblica que nos remete ao poema:

O Mestre Jesus disse:
"Vá e não peques mais."
(João 8, 11)

Obs.: Poema analisado mediunicamente por Johnny De' Carli, com a contribuição da visão da reikiana Guida Rocha.

"Nós criamos a realidade que atraímos para nossa vida a todo instante."

霊気

Reiki

System of Natura

Poema 7 – Pensamento Ocasional

7　あやまたむこともこそあれ世の中は

ayamatan kotomo koso are yononaka ha

あまりに物を思ひすぐさば　（をりにふれて）

amarini mono wo omoisugusaba (orinihurete)

"O erro de ontem é consertado com o acerto de hoje."

Análise do Poema 7 – Pensamento Ocasional

> “*Todos nós cometemos erros em nossas vidas algumas vezes. Portanto, não se preocupe demais e nem seja excessivamente prudente com tudo.*”

No poema, o Imperador Meiji fala da preocupação excessiva que muitos têm em não cometer erros, fala também da prudência, essa grande virtude que equilibra a audácia.

Podemos dividir o corpo do poema em duas frases: a primeira, ‘*Todos nós cometemos erros em nossas vidas algumas vezes.*’, se apresenta com o significado de “errar é humano”, como bem disse o Mestre Jesus “*Quem não tiver pecado, atire a primeira pedra*” (Jo 8, 7), e na segunda, ‘*Portanto, não se preocupe demais e nem seja excessivamente prudente com tudo.*’, o Imperador deseja alertar que “cautela, precaução, moderação e prudência em demasia paralisam, imobilizam, nos impedem de viver na plenitude, nos levam à inércia e à desmotivação, além de poder converter-se no vício da covardia”.

A mensagem implícita no poema é que não devemos nos preocupar demasiadamente em não cometer erros e correr riscos, todos erram. Sabe-se que só erra quem produz e só produz quem não tem medo de errar.

“Devemos fazer dos nossos erros um grande aprendizado.”

Mikao Usui

O Mestre Mikao Usui certamente selecionou esse poema em atenção ao Princípio do Reiki *"Não se preocupe"*. O excesso de preocupação gera prudência, uma atitude que mantém a vida segura, mas com frequência não a faz feliz. A vida é ação, é vencer desafios assumindo as consequências.

O Mestre Usui sabia que errar não é apenas humano, como também necessário. Devemos fazer dos nossos erros um grande aprendizado. Nossos erros conscientes são lições de vida, aprendemos muito mais com nossos erros do que com os nossos acertos. A sabedoria de uma pessoa não está em não errar, mas no destino que ela dá aos seus erros. O erro de ontem é consertado com o acerto de hoje. Também na atividade reikiana, erramos para depois acertar.

Segue uma citação que nos remete ao poema:

Bill Gates disse:
"Toda empresa precisa de gente que erra,
que não tem medo de errar e que aprende com o erro."

Obs.: Poema analisado mediunicamente por Johnny De' Carli, com a contribuição da visão da reikiana Valeria Abreu.

"Só erra quem produz
e só produz quem não tem medo de errar."

Poema 8 – Amigo

8　あやまちを諌めかはして親しむが

ayamachi wo isamekawashite shitasimu ga

まことの友のこゝろなるらむ　（　友　）

makoto no tomo no kokoro narunan (tomo)

“Geralmente, sozinhos não vemos onde estamos errando.”

Análise do Poema 8 – Amigo

> "*O verdadeiro espírito da amizade está em revelar o erro ao outro e demonstrar sem problemas o quão próximo estás dele.*"

Aqui, o Imperador Meiji utiliza o termo '*amigo*', título do poema, numa alusão ao '*verdadeiro espírito da amizade*', quando nos permitimos falar ao amigo, não só de qualidades, mas também de defeitos.

A frase '*O verdadeiro espírito da amizade está em revelar o erro ao outro e demonstrar sem problemas o quão próximo estás dele.*', corpo do poema, aparece com o significado de "um amigo sincero é aquele que também mostra nossos erros e nos ajuda a vencê-los". Cada verdadeiro amigo que ganhamos no decorrer da vida aperfeiçoa-nos e enriquece-nos, não tanto pelo que nos dá, mas pelo que nos revela de nós mesmos. Um verdadeiro amigo pode tornar nossa vida mais rica.

No poema, o termo '*próximo*' aparece como metáfora de presença e atenção nos momentos difíceis. Sabemos que na prosperidade é fácil encontrar amigos, mas conhecemos os verdadeiros amigos na adversidade. O verdadeiro amigo é aquele que chega quando todos já se foram.

A mensagem implícita no poema é que um verdadeiro amigo não nos aplaude o tempo inteiro, também nos mostra quando erramos, aponta-nos defeitos para que possamos sempre estar crescendo.

"Um verdadeiro amigo pode tornar nossa vida mais rica."

Mikao Usui

O Mestre Mikao Usui seguramente selecionou esse poema em função de muitas das técnicas originais do Reiki Japonês serem coletivas, não é hábito no Japão os reikianos trabalharem isolados. Reikianos japoneses precisam de um grupo. Ocorre que, lamentavelmente, a quase totalidade das pessoas que se mostram amigas o faz por puro interesse. Não é fácil montar um grupo de verdadeiros amigos. O maior esforço da amizade não consiste em confessarmos os nossos defeitos a um amigo, mas em fazê-lo ver os seus. Geralmente, sozinhos não vemos onde estamos errando.

Segue uma citação que nos remete ao poema:

Albert Einstein disse:
"Nenhum problema pode ser resolvido
pelo mesmo grau de consciência que o gerou."

Obs.: Poema analisado mediunicamente por Johnny De' Carli, com a contribuição da visão da reikiana Claudia Lua.

"O verdadeiro amigo é aquele que chega
quando todos já se foram."

Poema 9 – Pinheiro Sobre a Rocha

9　あらし吹く世にも動くな人ごころ

arashi huku yonimo ugokuna hitogokoro

いはほに根ざす松のごとくに　（　巌上松　）

iwao ni nezasu matsu no gotokuni (ganzyou matu)

"Reaja sempre de forma equilibrada."

Análise do Poema 9 – Pinheiro Sobre a Rocha

> “*Não importa quão duro e tempestuoso este mundo se torne,*
> *quero que o meu coração continue sólido e inabalável,*
> *como o pinheiro enraizado na rocha.*”

Aqui, o Imperador Meiji utiliza a expressão '*pinheiro sobre a rocha*', título do poema, numa alusão a um comportamento pessoal almejado.

Analisando os termos e expressões, concluímos que: '*duro e tempestuoso*' aparecem como metáfora para qualquer situação capaz de acarretar grandes dificuldades; o '*pinheiro*', por ser uma árvore de folhas perenes, sempre verdes e frescas, simboliza a longevidade e a imortalidade (no Japão, encontram-se bonsais de pinheiro com mais de mil anos de idade), além disso é resistente, pois aguenta ataques dos ventos fortes, nevascas, tempestades e sai vencedor. Por esse motivo, o pinheiro também representa a força de caráter eterno, símbolo das pessoas que souberam conservar intactos os seus pensamentos e a sua fé, apesar das críticas que as cercavam; o '*coração*', diferentemente da simbologia ocidental na qual é representação dos sentimentos e do amor, se apresenta como metáfora associada à inteligência e ao conhecimento. Para muitas culturas orientais, o intelecto reside no coração; e por último, a '*rocha*' simboliza a firmeza e a estabilidade.

Concluímos que a frase '*Não importa quão duro e tempestuoso este mundo se torne, quero que o meu coração continue sólido e inabalável, como o pinheiro enraizado na rocha.*', corpo do poema, aparece com o significado de “por maior que seja a dificuldade, desejo me manter um homem firme e estável”.

A mensagem implícita no poema é o desejo permanente do Imperador Meiji de reagir com firmeza e estabilidade, perante qualquer dificuldade que venha a enfrentar nesse mundo.

“Nunca desista de seus ideais.”

Mikao Usui

Todos estão sujeitos a diferentes tipos de situações desagradáveis, sejam problemas de saúde, de família, de relacionamentos, financeiros, de dogmas religiosos, etc.

O Mestre Mikao Usui seguramente selecionou esse poema a fim de recomendar aos reikianos a nunca desistirem de seus ideais, do Reiki, reagindo sempre de forma equilibrada, fazendo uso do conhecimento que receberam no aprendizado do Reiki, conservando-se fiéis aos cinco Princípios, apesar das críticas que possam vir a serem alvos, provenientes dos céticos, religiosos sectários, incomodados, invejosos, etc.

Segue uma citação que nos remete ao poema:

Millôr Fernandes disse:
"Se os seus princípios são rígidos e inabaláveis, você, pessoalmente, já não precisa ser tanto."

Obs.: Poema analisado mediunicamente por Johnny De' Carli, com a contribuição da visão da reikiana Cinthia Sinclayr.

"Conserve intactos os seus bons pensamentos e a sua fé."

Poema 10 – Onda

10　荒るゝかと見ればなぎゆく海原の

arurukato mireba nagiyuku umiharano

波こそ人の世に似たりけれ　（　波　）

namikoso hitono yoni nitarikere (nami)

"Tudo na vida tem um ciclo, começo, meio e fim."

Análise do Poema 10 – Onda

> *"Por um momento, parece tempestuosa, a seguir se acalma.*
> *A onda no oceano e a existência humana têm muito em comum."*

Aqui, o Imperador Meiji compara metaforicamente a jornada humana a uma '*onda*', título do poema. Lembra que ambas movem-se em ciclos, nunca permanecendo estáveis e inalteradas. Diante dessa interpretação, as ondas simbolizam a continuidade através da mudança, principalmente no campo emocional humano.

A vida é como uma onda no mar, quando arrebenta vem com uma força que achamos que não vamos suportar, mas mansamente a calmaria retorna e prosseguimos o nosso caminho. No Japão, acalmar as ondas simboliza tranquilizar o espírito.

A mensagem implícita no poema é: como as ondas do mar, tudo na vida tem um ciclo, começo, meio e fim. A cada ciclo que se fecha, inicia-se outro. Todas as coisas, circunstâncias adversas ou agradáveis são transitórias, nada é definitivo.

"A vida está em constante movimento,
a mudança é a lei da vida."

Mikao Usui

O Mestre Mikao Usui seguramente selecionou esse poema para lembrar que nada na vida é imutável ou estático, tudo é transitório. A vida está em constante movimento, a mudança é a lei da vida. Mesmo no Reiki podemos passar por períodos de entusiasmo e depois desânimo. Os ciclos possibilitam ao ser humano enxergar, são caminhos que a vida oferece, para que o indivíduo possa se libertar das amarras emocionais que o aprisionam. Cada fase traz uma lição, um aprendizado, exige uma reflexão e, somando-se a isso, a oportunidade, muitas vezes única, do amadurecimento e evolução do ser. Felizmente, mesmo depois do fim de um ciclo, existe algo que permanece para sempre.

Segue parte da letra da música do compositor Lulu Santos que nos remete ao poema:

"... A vida vem em ondas, como um mar, num indo e vindo infinito.
Tudo que se vê não é, igual ao que a gente viu há um segundo,
tudo muda o tempo todo no mundo... Como uma onda no mar..."

Obs.: Poema analisado mediunicamente por Johnny De' Carli, com a contribuição da visão da reikiana Cleusa Regina.

"Todas as coisas, circunstâncias adversas ou agradáveis são transitórias, nada é definitivo."

Poema 11 – Pensamento Ocasional

11　家富みてあかぬことなき身なりとも

ie tomite akanukotonaki minaritomo

　　　　人のつとめにおこたるなゆめ　（をりにふれて）

hitono tsutome ni okotaruna yume (orinihurete)

"Não existe nobreza sem generosidade."

Análise do Poema 11 – Pensamento Ocasional

> "*Mesmo que tenhas conseguido uma vida abundante e livre de problemas, nunca te esqueça das obrigações da verdadeira generosidade.*"

No poema, o Imperador Meiji enaltece a importância da '*verdadeira generosidade*' inclusive para quem já alcançou o sucesso.

Em um mundo em que o ter supera, muitas vezes, o ser, o sentimento de generosidade aparece contaminado por enfoques de doações materiais e essas, embora certamente ajudem, não alimentam a alma humana. A '*verdadeira generosidade*', a que o Imperador se refere, não quer dizer dar alguma coisa de comer ao pobre depois de já estar satisfeito e sim a própria pessoa ficar com fome e dar a outro de comer. Seria dar mais do que se pode, sem interesses ocultos e necessidade de receber retribuição.

A generosidade não se limita apenas a bens materiais. Generosas são tanto as pessoas que se sentem bem em dividir algo material com outras, quanto aquelas que dividirão um tempo agradável. Temos sempre algo para oferecer aos outros, mesmo que estejamos nos sentindo carentes. Dessa forma, à medida que conseguimos doar, ficamos mais "ricos", esta é uma regra que o Universo nunca quebra.

A mensagem implícita no poema é a necessidade de exercer a '*verdadeira generosidade*' mesmo para quem já alcançou a riqueza e a estabilidade. Não existe nobreza sem generosidade. Rico sem generosidade é como uma árvore sem frutos.

"Cada ato generoso é um degrau acima em direção ao Céu."

Mikao Usui

O Mestre Mikao Usui seguramente selecionou esse poema pela ligação da generosidade com o Princípio do Reiki *"Seja gentil com os outros"*. Ele sabia que um de nossos maiores "inimigos" é o egoísmo, que nos cega, o sentimento de posse, que não admite perdas ou concessões.

A generosidade é a virtude da prática do desapego e o antídoto contra a avareza. Aqueles que tomam, no final perdem, mas aqueles que doam, recebem "presentes" eternamente. Cada ato generoso é um degrau acima em direção ao Céu.

O Mestre Usui era budista e, segundo a filosofia budista, existem quatro formas de generosidade: partilhar ensinamentos; oferecer coisas materiais; oferecer proteção, consolo e coragem e ofertar incondicionalmente aos outros nosso tempo, apoio emocional, Reiki e boas palavras.

A *'verdadeira generosidade'* é "irmã" do amor e da amizade, ela une e solidariza as pessoas, possibilitando ultrapassar as distâncias sociais, raciais e preconceitos, abre as portas de nosso coração para que nos comuniquemos com o outro, de um modo mais fácil e aberto.

Segue uma parábola que nos remete ao poema:

O carro de um vendedor que viajava pelo interior quebrou e conversando com um fazendeiro de um campo próximo eles descobrem que ambos são Reikianos. O vendedor está preocupado porque ele tem um compromisso importante na cidade local.

– *"Não se preocupe* – diz o fazendeiro – *Você pode usar meu carro. Vou chamar um amigo e mandar consertar o carro enquanto você vai ao seu compromisso"*.

E lá foi o vendedor, e umas duas horas mais tarde ele voltou, mas infelizmente o carro precisava de uma peça que chegará somente no dia seguinte.

– *"Sem problemas* – diz o fazendeiro – *Use meu telefone e reprograme seu primeiro compromisso de amanhã, fique conosco hoje, e providenciaremos para que seu carro esteja pronto logo cedo!"*

"Rico sem generosidade é como uma árvore sem frutos."

A esposa do fazendeiro preparou uma jantar maravilhoso e eles tomaram um pouco de chá em uma noite agradável. O vendedor dormiu profundamente e quando acordou, lá estava seu carro, consertado e pronto para ir. Após um excelente café da manhã, o vendedor agradeceu a ambos pela hospitalidade.

Quando ele e o fazendeiro caminhavam para seu carro, ele se voltou e perguntou:

– *"Meu irmão, muito obrigado, mas preciso perguntar, você ajudou-me porque sou Reikiano?"*

– *"Não* – foi a resposta – *Eu ajudei você porque EU SOU REIKIANO."*

Obs.: Poema analisado mediunicamente por Johnny De' Carli, com a contribuição da visão da reikiana Maria Inês Santos de Deus.

"À medida que conseguimos doar, ficamos mais ricos."

Poema 12 – Irmãos

12　家の風ふきそはむ世もみゆるかな

ienokaze hukisowan yo mo miyurukana

つらなる枝の茂りあひつゝ　（　兄弟　）

turanaru eda no shigeri aitutu (kyoudai)

"A união faz a força perante as adversidades."

Análise do Poema 12 – Irmãos

> "*Mesmo que os ventos sacudam a casa,*
> *as dificuldades poderão ser superadas,*
> *se os irmãos estiverem em harmonia.*"

Aqui, o Imperador Meiji utiliza o termo '*irmãos*', título do poema, como metáfora para "um grupo de pessoas com interesses em comum".

Analisando os termos, concluímos que: '*os ventos*' metaforicamente simbolizam mudanças, perturbações, turbulências de algo equilibrado ou situações desagradáveis em nossas vidas; '*a casa*', como metáfora, pode simbolizar um lar, uma organização, uma entidade, um casamento, uma sociedade comercial ou um trabalho em equipe e '*os irmãos*' simbolizam metaforicamente uma família, um grupo, uma associação, pessoas sob o mesmo teto ou com os mesmos ideais.

A frase '*Mesmo que os ventos sacudam a casa, as dificuldades poderão ser superadas, se os irmãos estiverem em harmonia.*', corpo do poema, aparece com o significado de "a união faz a força perante as adversidades".

A mensagem implícita no poema é a importância da paz, da harmonia, do companheirismo, da estabilidade, da cumplicidade e do respeito entre pessoas envolvidas, a fim de superar as dificuldades.

"Obstáculos podem ajudar a unir as pessoas."

Mikao Usui

O Mestre Mikao Usui seguramente selecionou esse poema em atenção ao Princípio do Reiki *"Seja gentil com os outros"*.

O Mestre Usui nos alerta que qualquer que seja o problema, poderá ser mais facilmente enfrentado e solucionado se houver gentileza entre os membros do grupo atingido. Quando há gentileza, os componentes ficam em paz, em sincronia, calmos, unidos, não há adversidade que os separe, nada os demove. Os obstáculos podem inclusive ajudar a unir as pessoas e produzir beleza e harmonia nos relacionamentos.

Segue uma citação que nos remete ao poema:

Francis Bacon disse:
"A força unida é mais forte."

Obs.: Poema analisado mediunicamente por Johnny De' Carli, com a contribuição da visão da Mestre de Reiki Susana Maria Farias Pereira.

"Qualquer que seja o problema, poderá ser mais facilmente enfrentado e solucionado se houver união entre grupo atingido."

靈氣

Poema 13 – Coração (Espírito)

13　いかならむことある時もうつせみの

ikanaran kotoarutokimo utsusemi no

人の心よゆたかならなむ　（　心　）

hito no kokoro yo yutakanaranan (kokoro)

"Viva no momento presente."

Análise do Poema 13 – Coração (Espírito)

> “*Não importa o que aconteça em minha vida,*
> *gostaria que meu coração e a minha alma continuassem abertos e livres.*”

Aqui, o *'coração'*, título do poema, a que o Imperador Meiji se refere, não é o coração físico e sim o coração espiritual ou *kokoro*. *Kokoro* é um termo japonês que significa, ao mesmo tempo, mente, espírito e também o coração no sentido de sentimentos. Na cultura japonesa, a alma, nosso ser imaterial, mora no coração espiritual.

A frase *'Não importa o que aconteça em minha vida, gostaria que meu coração e a minha alma continuassem abertos e livres.'*, corpo do poema, aparece com o significado de "independente dos acontecimentos, desejo seguir sendo uma pessoa humilde, tolerante e compassiva, perdoando sempre e evitando acumular novos *karmas*".

A mensagem implícita no poema fala da maneira positiva e equilibrada que deveríamos reagir tanto aos acontecimentos bons, como aos ruins.

Mikao Usui

O Mestre Mikao Usui seguramente selecionou esse poema pelos diferentes comportamentos observados nas pessoas. Poderíamos citar vários exemplos, falaremos aqui apenas de um: da dificuldade de perdoar as ofensas do passado.

Existem pessoas que não conseguem viver no momento presente como pregam os Princípios do Reiki, pelo fato de permitir que lembranças de acontecimentos desagradáveis invadam o seu presente, tirando sua alegria de viver e a pureza de seus corações. Devemos perdoar sempre. Certo dia, Pedro aproximou-

"Devemos perdoar sempre."

se de Jesus e perguntou: "*Senhor, quantas vezes devo perdoar a meu irmão, quando ele pecar contra mim? Até sete vezes?* Respondeu Jesus: *Não te digo até sete vezes, mas até setenta vezes sete*" (Mateus 18, 21-22). O perdão é um atributo dos fortes, os fracos não conseguem perdoar nunca. Reikianos devem procurar ser fortes, afinal, o perdão é o combustível do convívio. Pelos cinco Princípios do Reiki, as únicas pessoas com as quais devemos tentar ficar quites seriam aquelas que nos ajudaram *(Só por hoje, serei grato)*. Os reikianos devem buscar possuir um coração que nunca endurece.

Haveria muitos outros exemplos que caberiam perfeitamente nesse poema.

Segue uma parábola que nos remete ao poema:

O Mestre Zen e o Escorpião

(Autor desconhecido/modificada por Johnny De' Carli)

Um Mestre Zen do Japão viu quando um escorpião estava se afogando e decidiu tirá-lo da água, mas quando o fez, o escorpião o picou. Pela reação de dor, o Mestre o soltou e o animal caiu de novo na água e estava se afogando. O Mestre tentou tirá-lo novamente e outra vez o animal o picou. Alguém que estava observando se aproximou do Mestre e lhe disse:

– "Desculpe-me, mas você é teimoso! Não entende que todas as vezes que tentar tirá-lo da água ele irá picá-lo?"

O Mestre respondeu:

– "*A natureza do escorpião é picar, e isto não vai mudar a minha, que é ajudar*".

Então, com a ajuda de uma folha, o Mestre tirou o escorpião da água e salvou sua vida, e continuou:

– "*Não mude a sua natureza se alguém lhe faz algum mal, apenas tome precauções*".

Obs.: Poema analisado mediunicamente por Johnny De' Carli, com a contribuição da visão do reikiano Mauro Di Salviano.

"O perdão é o combustível do convívio."

Poema 14 – Medicamentos

14　いく薬もとめむよりも常に身の

iku kusuri mo tomenyorimo tsuneni mi no

やしなひ草をつめよとぞおもふ　（　薬　）

yasinaigusa wo tsumeyo tozo omou (kusuri)

"A doença geralmente não existe, existem pessoas doentes."

Análise do Poema 14 – Medicamentos

> “*Em lugar de tomar muitos medicamentos para curar teus males, cuide melhor e com constância do teu corpo e de ti mesmo.*”

Aqui, o Imperador Meiji alerta que o melhor tratamento é sempre o preventivo, dessa forma, evita-se o consumo exagerado de ‘*medicamentos*’, título do poema, para a recuperação da saúde.

No trecho ‘*cuide melhor e com constância do teu corpo e de ti mesmo*’, o Imperador recomenda melhores e permanentes cuidados com o corpo físico, da forma mais amorosa e verdadeira possível. O nosso corpo é uma “farmácia natural”, no qual se encontram “remédios” para muitos males, e para funcionar necessita ser atendido em todas as suas necessidades básicas: alimentação saudável (sem gula, sem vícios); atividade física (alongamentos, esportes, caminhadas); repouso reparador (com qualidade e quantidade suficiente de sono); manter a mente positivamente ocupada (trabalho, boa leitura, lazer, cantar, dançar, meditação); boas atitudes (oração, boa mastigação, boa respiração, viver em gratidão, ser gentil, trabalhar com amor e honestamente); evitar as emoções inferiores (preocupações, raiva, mágoas e outras emoções que acabam se manifestando negativamente no corpo físico).

A mensagem implícita no poema é: prevenir para não precisar remediar.

“O melhor tratamento é sempre o preventivo.”

Mikao Usui

O Mestre Mikao Usui seguramente selecionou esse poema pelo fato do Reiki ser também um método preventivo, destinado inclusive para as pessoas saudáveis.

O Mestre Usui sabia que o nosso estado normal é o de saúde e felicidade. Quando saímos desse estado de harmonia, do corpo, da mente e do espírito, é que adoecemos. A doença geralmente não existe, existem pessoas doentes. Quando a doença aparece é um sinal de que nos descuidamos. O processo de cura consiste justamente em voltar a esse equilíbrio natural trabalhando uma mudança de atitude. Devemos ter consciência, prestar atenção ao nosso corpo e entender suas mensagens ao invés de consumir medicamentos alopáticos (muitos com efeitos colaterais) que na verdade são apenas formas artificiais de suprimir os sintomas das disfunções e doenças.

O Mestre Usui recomendava a meditação *Gassho*, com a posterior repetição dos cinco Princípios do Reiki *(Gokkai)* a fim de evitar a maioria das doenças. Além da mente, devemos preventivamente também tratar do corpo e do espírito *(Reiji-Ho)*.

Segue uma citação que nos remete ao poema:

Albert Einstein disse:
"Uma pessoa inteligente resolve o problema,
um sábio o previne."

Obs.: Poema analisado mediunicamente por Johnny De' Carli, com a contribuição da visão da reikiana Cristina Requião.

"É melhor prevenir que remediar."

Poema 15 – Pensamento Ocasional

15　いくさ人いかなる野辺にあかすらむ

ikusabito ikanaru nobeni akasuran

蚊の声しげくなれる夜ごろを　（をりにふれて）

ka no koe sigeku nareru yorugoro wo

"Devemos ser solidários, principalmente,
com aqueles que dependem de nós."

Análise do Poema 15 – Pensamento Ocasional

> *"Quando ouço o crescente zumbido dos mosquitos, sinto profundamente por meus soldados. Como dormem eles à noite no campo de batalha?"*

Durante a Era Meiji, o povo japonês enfrentou duas guerras, uma com a China (1894 ~1895) e outra com a Rússia (1904~1905).

O poema fala da solidariedade humana, amor ao próximo ou fraternidade, já que somos filhos do mesmo Deus. A solidariedade é, sem sombra de dúvidas, uma grande forma de alguém expressar seu amor. Aqui, percebe-se a solidariedade do Imperador Meiji, que incomodado com o barulho dos mosquitos transportou-se para o barulho estrondoso do campo de batalha, onde os soldados, em situação muito pior que a dele (perturbação, agitação, tumulto e medo), certamente perdiam o sono. Então, ele reflete imaginando como dormiriam seus soldados em meio a um ambiente tão hostil, no qual os zumbidos dos mosquitos seguramente passariam despercebidos.

Reconhece-se a qualidade de um bom líder na forma como trata os seus liderados. Um bom patrão interessa-se pelos seus funcionários; um bom Mestre interessa-se pelos seus discípulos; um bom general interessa-se pelo bem estar das suas tropas. Sabe-se que as pessoas esforçam-se muito mais quando se sentem protegidas, valorizadas e estimadas.

A mensagem implícita no poema é que devemos ser solidários, principalmente, com aqueles que dependem de nós.

"Ser solidário não deve ser algo eventual,
mas sim permanente."

Mikao Usui

O Mestre Mikao Usui seguramente selecionou esse poema a fim de estimular os reikianos a serem solidários. Ser solidário é não ser indiferente diante das circunstâncias alheias difíceis. Para os reikianos, isso não deve ser algo eventual, mas sim permanente. Um bom reikiano deve interessar-se pelos seus semelhantes, ajudar àqueles que não têm as suas possibilidades. A solidariedade não pode ser vista apenas como partilha de bens materiais, mas também de amor, dedicando tempo e atenção.

Vale lembrar parte da informação talhada na pedra do Memorial de Mikao Usui, sobre o solidário trabalho dos reikianos, no socorro às vítimas sobreviventes do terremoto no Japão, quando faleceram mais de 140 mil pessoas: *"Em setembro de 1923, Tóquio sofreu um grande incêndio ocasionado por um terremoto no distrito de Kanto. Pessoas feridas e doentes padeciam de dores em todos os lugares. O Mestre Usui ficou muito tocado com tudo aquilo e se mobilizou com a terapia Reiki, percorrendo toda a cidade diariamente. Não podemos calcular quantas pessoas foram salvas da morte por sua devoção. Sua atuação ao estender suas mãos de amor por sobre aquelas pessoas que sofriam, naquela situação de emergência, se destacou"*.

Segue uma citação que nos remete ao poema:

Franz Kafka disse:
"A solidariedade é o sentimento que melhor expressa o respeito pela dignidade humana."

Obs.: Poema analisado mediunicamente por Johnny De' Carli, com a contribuição da visão da reikiana Valeria Abreu.

"A solidariedade é, sem sombra de dúvidas,
uma grande forma de alguém expressar seu amor."

Poema 16 – Educação

16　いさをある人を教のおやにして

isaoaru hito wo osieno oya ni site

おほしたてなむやまとなでしこ　（　教育　）

oositatenan yamatonadesiko (kyoiku)

"A melhor sala de aula está aos pés
de uma pessoa que ofereça bons exemplos."

Análise do Poema 16 – Educação

> “*Jovem japonês: escolha pessoas de mérito para ter como exemplo e aprenda com elas tuas lições de vida.*”

Aqui, o Imperador Meiji orienta os jovens japoneses sobre *‘educação’*, título do poema. Pitágoras (filósofo grego) no século V a.C. já dizia: *“Educa a criança e não precisará punir o adulto”*. A frase *‘Jovem japonês: escolha pessoas de mérito para ter como exemplo e aprenda com elas tuas lições de vida.’*, corpo do poema, aparece com o significado de “os jovens devem se orientar com pessoas exemplares e virtuosas, para com elas aprender”. Educar com mérito é dar bons exemplos. A criança faz o que fazemos e não o que falamos. Se quisermos educar os jovens precisamos ser modelos de retidão, de honestidade, de gentileza, de amor na família, na escola, no trabalho, ou seja, em todos os segmentos da sociedade, só assim os jovens aprenderão boas lições de vida.

A mensagem implícita no poema é que os jovens devem se “espelhar” em pessoas meritórias, de valor, com qualidades apreciáveis, para aprender e direcionar suas vidas.

“De nada adiantam teorias, explicações, se não formos bons modelos.”

Mikao Usui

O Mestre Mikao Usui seguramente selecionou esse poema a fim de nos orientar sobre a escolha de bons Mestres de Reiki. A melhor sala de aula está aos pés de uma pessoa que ofereça bons exemplos. Um exemplo vale mais do que mil palavras. No Reiki, pregar os cinco Princípios é muito fácil, difícil é viver de acordo com eles. Um instrutor deve cumprir o que ensina. De nada adiantam teorias, explicações, se não formos bons modelos. Há muita gente iniciada no Reiki, mas há pouca gente "acabada" no Reiki. Mestres de Reiki que não vivem de acordo com os Princípios do Reiki são verdadeiros cegos espirituais; no caminho espiritual isso é um desastre. Como bem disse o Mestre Jesus: "*Se um cego guiar outro cego, ambos cairão no barranco*" (Mateus 15, 14).

O Mestre Usui era conhecido como uma pessoa de muitos méritos, vale lembrar parte da informação talhada na pedra do Memorial de Mikao Usui: "*É chamado de MÉRITO difundir um método de liderança e ajuda e praticá-lo. Somente as pessoas de muitos MÉRITOS e grande quantidade de VIRTUDES é que podem ser consideradas grandes criadoras: pessoas que começam um novo aprendizado e criam nova seita entre sábios, filósofos, gênios etc. e tornam-se conhecidas desde tempos remotos. Podemos dizer que o Sr. Usui é uma dessas pessoas*" (os grifos são nossos).

Segue uma famosa citação que nos remete ao poema:

Isaac Newton disse:
"*Eu avistei mais longe que muitos porque fiquei de pé em ombros de gigantes.*"

Obs.: Poema analisado mediunicamente por Johnny De' Carli, com a contribuição da visão do Mestre de Reiki José Marques.

"A criança faz o que fazemos e não o que falamos."

Poema 17 – Flores Sobre a Água

17　池のおもにのぞめる花のうれしきは

ike no omoni nozomeru hana no uresiki wa

ちりても水に浮ぶなりけり　（　水上落花　）

chiritemo mizu ni ukabu narikeri (suizyourakka)

"Se uma pessoa valorosa falhar, ela não perde o seu valor."

Análise do Poema 17 – Flores Sobre a Água

> "*O maravilhoso das flores que crescem junto ao lago é que, mesmo quando caem, nadam sobre a água, e se pode admirar a beleza delas.*"

Há muito simbolismo nesse poema. O Imperador Meiji utiliza a expressão '*flores sobre a água*', título do poema, associando uma observação feita na natureza aos valores humanos.

Podemos dividir esse poema em trechos: o primeiro '*O maravilhoso*' se apresenta com o significado de "o aspecto positivo"; o segundo '*das flores que crescem junto ao lago*' aparece com o significado de "das pessoas experientes e de valor"; o terceiro '*mesmo quando caem*' vem com o significado de "até quando fracassam" e o quarto '*nadam sobre a água, e se pode admirar a beleza delas*' com o significado de "mantém o seu valor".

Na cultura japonesa, as '*flores*' e a '*água*' possuem significados especiais. A '*água*' simboliza a vida e o '*lago*' representa o acúmulo de experiência da vida. A flor simboliza a impermanência, a transitoriedade da vida, uma vez que uma flor vive pouco tempo. A flor da cerejeira é a flor símbolo do Japão e também foi símbolo do Exército Imperial Japonês.

Os japoneses são apaixonados por flores de cerejeira, denominadas *sakura* em japonês e encontram beleza na queda das pétalas, admirando sempre o seu modo delicado de cair; para eles, o florescer da cerejeira é considerado uma metáfora para a vida, que "floresce e cai".

No poema, o Imperador escreve, principalmente, para os soldados japoneses ao deixar claro que o guerreiro, no exercício de suas funções patrióticas, mantém o seu valor (beleza) mesmo quando "cai". Durante a Era Meiji, o Japão enfrentou duas guerras, a Sino-Japonesa e a Russo-Japonesa.

A mensagem implícita no poema é que se uma pessoa valorosa falhar, ela não perde o seu valor.

"Todos caem, mas apenas os fracos continuam no chão."

Mikao Usui

O Mestre Mikao Usui seguramente selecionou esse poema a fim de alertar que um reikiano bem intencionado não perde o seu valor mesmo quando fracassa. Nossa maior glória não está em nunca ter fracassado, mas em levantar cada vez que fracassamos. Todos caem, mas apenas os fracos continuam no chão. Não há comparação entre o que se perde por fracassar e o que se perde por não tentar; se acabamos de fracassar, basta recomeçar.

Na atividade reikiana, às vezes as coisas não funcionam bem, não conseguimos os resultados esperados, recebemos críticas, mas não devemos desanimar diante de uma situação difícil, sentindo-nos desvalorizados ou menores por isso.

Segue uma citação que nos remete ao poema:

Sêneca disse:
"Se um grande homem cair,
mesmo depois da queda,
ele continua grande."

Obs.: Poema analisado mediunicamente por Johnny De' Carli, com a contribuição da visão da Mestre de Reiki Zeneida Gomes Cardoso.

"Se acabamos de fracassar, basta recomeçar."

Poema 18 – Lua e Vaga-Lume

18　いけのおもは月にゆづりて芦の葉の

ike no omo wa tsuki ni yuzurite ashinoha no

しげみがくれにゆく蛍かな　（　月前蛍　）

sigemigakure ni yuku hotaru kana (tsuki mae hotaru)

"As aparências enganam."

Análise do Poema 18 – Lua e Vaga-Lume

> "*A Lua brilha tão lindamente sobre o lago que um humilde vaga-lume compromete sua existência voando em direção à imagem refletida dos arbustos de junco.*"

Há muito simbolismo nesse poema. O Imperador Meiji utiliza a expressão '*Lua e vaga-lume*', título do poema, comparando uma observação feita na natureza a uma triste realidade humana.

A '*Lua*' é brilhante, linda e imponente, mas a sua luz não é própria, apenas reflete a luz que vem do Sol.

Na cultura japonesa, o '*vaga-lume*' por emitir uma luz de pouca duração, simboliza a efemeridade, mas na sua simplicidade, em seu tamanho, o vaga-lume possui uma pequenina luz própria, o que não acontece com a '*Lua*'.

O '*junco*' é algo material, um vegetal que cresce, em geral, nos alagadiços e lugares úmidos como lagos. Na tradição japonesa, a água simboliza a vida.

No poema, o Imperador nos comparou metaforicamente a um '*vaga-lume*'. Somos também uma centelha de Luz que ilumina, um pedacinho de Luz da mesma Fonte.

O trecho '*imagem refletida dos arbustos de junco*' aparece como metáfora para as ilusões. O '*vaga-lume*', iludido pela imagem gerada pela '*Lua*', refletida no lago, morre ao se precipitar na água, pensando estar indo em direção à outra realidade.

"Não se deixe levar pelas aparências."

Às vezes nos deixamos levar pelas aparências, fazemos o mesmo que o vaga-lume, indo ao encontro de imagens irreais, projetamos ilusões vindas de nossa mente daquilo que gostaríamos que fosse o real. Devemos ser cautelosos, procurar lucidez e discernimento na forma de avaliar as pessoas e os fatos na nossa vida. Muitas vezes, motivados por emoções passageiras (paixões, ilusões, promessas, entusiasmo, etc.) tomamos decisões que podem ter consequências desastrosas e até comprometer a nossa existência. Podemos vir a pagar muito caro pelos nossos atos infelizes, afinal, colhemos impreterivelmente aquilo que plantamos.

A mensagem implícita no poema é que as aparências enganam, uma ilusão pode comprometer seriamente a nossa vida.

Mikao Usui

O Mestre Mikao Usui seguramente queria chamar nossa atenção para o fato de que nem tudo é o que parece. Diz o dito popular: *"Nem tudo que reluz é ouro"*.

Como a Lua, pode ocorrer no meio reikiano pessoas que "brilham" e se orgulham desse "brilho", mas este "brilho" não lhes pertence.

Segue uma citação evangélica que nos remete ao poema:

"Não julgueis segundo a aparência."
(João 8,15)

Obs.: Poema analisado mediunicamente por Johnny De' Carli, com a contribuição da visão da reikiana 'Ametista'.

"Uma ilusão pode comprometer seriamente a nossa vida."

Johnny De' Carli & ブラジルレイキマスター
Johnny と Reido Reiki は
Reikiano
Habilitado pelo Mestre
JOHNNY DE' CARLI
Telefax (11) 3062-9647

Poema 19 – Joia

19　いさゝかのきずなき玉もともすれば

isasakano kuzunaki tama mo tomosureba

ちりに光を失ひにけり　（　玉　）

chiri ni hikari wo usinaikeri (tama)

“Somos o que repetidamente fazemos.”

Análise do Poema 19 – Joia

> "*Uma bela joia, sem um arranhão sequer, pode perder seu brilho por causa da poeira. O coração e a alma humana, também, precisam ser constantemente polidos para se manterem limpos.*"

Aqui, o Imperador Meiji compara metaforicamente o ser humano a uma bela '*joia*', título do poema, afinal o ser humano é a maior criação Divina. O poema faz referência ao '*coração e a alma humana*'. Diferentemente da simbologia ocidental, onde o '*coração*' simboliza os sentimentos e o amor, o Imperador utiliza o termo '*coração*' associado ao mental. Para muitas culturas, o intelecto reside no coração. '*A alma humana*', por sua vez, na cultura japonesa, representa o nosso ser imaterial ou espiritual.

O trecho '*pode perder seu brilho por causa da poeira*' aparece com o mesmo significado de "as pessoas perdem sua luz quando nutrem maus pensamentos, consequentemente, emoções inferiores e mau comportamento". O trecho '*precisam ser constantemente polidos para se manterem limpos*' se apresenta com o mesmo significado de "o ser humano tem tanta necessidade de meditação e oração como o corpo, de água e oxigênio". O líder indiano Gandhi dizia: "*Como o corpo que não se lava fica sujo, assim a alma sem oração fica impura*".

Há em nosso espírito todos os recursos de que precisamos para vivermos felizes. Existe uma relação íntima entre corpo e alma, entre a parte material e a espiritual do ser humano. Muitas vezes, senão sempre, uma age sobre a outra: a saúde ou doença de uma afeta o bem-estar ou mal-estar de outra parte. Não se pode fazer com que uma pessoa tenha um corpo sadio enquanto ela não tiver um espírito são. Se a oração alivia a alma, a meditação alivia mente, a mente alivia as emoções, o que, por sua vez, alivia o sistema nervoso.

A mensagem implícita no poema é que assim como uma joia precisa ser permanentemente limpa para não perder o seu brilho, a mente e o espírito

> "O ser humano deve manter-se em constante manutenção, vigiando pensamentos, emoções e ações."

humanos precisam ser permanentemente "polidos" a fim de nos mantermos puros e saudáveis. "Polimos" a mente e o espírito através da meditação e da oração, respectivamente.

Mikao Usui

O Mestre Mikao Usui seguramente selecionou esse poema a fim de alertar que um reikiano deve manter-se em constante manutenção, vigiando pensamentos, emoções e ações. A lapidação pessoal está no exercício diário. Aristóteles dizia que somos o que repetidamente fazemos. Mantemos limpos a mente através da prática constante da meditação *(Gassho) e,* o espírito através da prática constante da oração *(Reiji-Ho),* vivendo numa postura de retidão (cinco Princípios do Reiki).

Vale, mais uma vez, lembrar a orientação talhada na pedra do memorial a Mikao Usui, sobre a repetição diária dos Princípios: *"Ao ensiná-la às pessoas, devemos primeiro fazer com que percebam as últimas instruções do Imperador Meiji e celebrem os cinco Princípios, PELA MANHÃ E À TARDE, A FIM DE MANTÊ-LOS SEMPRE EM MENTE* (o grifo é nosso). *São eles: Não se zangue; Não se preocupe; Expresse sua gratidão; Seja aplicado e honesto em seu trabalho e Seja gentil com os outros."*

Segue uma parábola que nos remete ao poema:

O Cesto e a Água (Autor Desconhecido)

Um discípulo chegou para seu Mestre e perguntou:

– *"Mestre, por que devemos ler e decorar as Escrituras Sagradas se nós não conseguimos memorizar tudo e com o tempo acabamos esquecendo? Somos obrigados a constantemente decorar de novo o que já esquecemos".*

O Mestre não respondeu imediatamente ao seu discípulo. Ele ficou olhando para o horizonte e depois ordenou ao discípulo:

– *"Pegue aquele cesto de junco, desça até o riacho, encha o cesto de água e traga até aqui".*

"A lapidação pessoal está no exercício diário."

O discípulo olhou para o cesto, que estava bem sujo, e achou muito estranha a ordem do Mestre. Mas, mesmo assim, obedeceu. Pegou o cesto sujo, desceu os cem degraus da escadaria até o riacho, encheu o cesto de água e começou a subir de volta. Como o cesto era todo cheio de furos, a água foi escorrendo e, quando chegou até o Mestre, já não restava nada.

O Mestre, então, perguntou:

- *"Então, meu filho, o que você aprendeu?"*

O discípulo olhou para o cesto vazio e disse:

- *"Aprendi que cesto de junco não segura água".*

O Mestre ordenou-lhe que repetisse o processo.

Quando o discípulo voltou com o cesto vazio novamente, o Mestre perguntou:

- *"Então, meu filho, e agora, o que você aprendeu?"*

O discípulo novamente respondeu com sarcasmo:

- *"Cesto furado não segura água".*

O Mestre, então, continuou ordenando que o discípulo repetisse a tarefa. Depois da décima vez, o discípulo estava exausto de tanto descer e subir as escadarias.

Porém, quando o Mestre perguntou de novo:

- *"Então, meu filho, o que você aprendeu?"*

O discípulo, olhando para dentro do cesto, percebeu admirado:

- *"O cesto está limpo! Apesar de não segurar a água, a repetição constante acabou por lavá-lo e ele ficou limpinho".*

O Mestre, por fim, concluiu:

- *"Não importa que você não consiga decorar todas as passagens das Escrituras Sagradas. O que importa, na verdade, é que através deste processo a sua mente e o seu coração se mantêm vivos e purificados".*

Obs.: Poema analisado mediunicamente por Johnny De' Carli, com a contribuição da visão da reikiana Fatima dos Anjos.

"As pessoas perdem sua luz
quando nutrem maus pensamentos."

Poema 20 – Pensamento Ocasional

20　いちはやく進まむよりも怠るな

ichihayaku susumuyorimo okonauna

まなびの道にたてるわらはべ　（をりにふれて）

manabi no michi ni tateru warawabe (orinihurete)

"O aprendizado obedece a um ritmo
que deve ser respeitado."

Análise do Poema 20 – Pensamento Ocasional

"Jovem estudante: não te apresse para chegar antes. Não negligencie teus deveres. O verdadeiro aprendizado requer um estudo longo e constante."

No poema, o Imperador Meiji fala a um jovem estudante, orientando-o como proceder para aprender.

Podemos dividir o corpo do poema em trechos: o primeiro '*não te apresse para chegar antes*' se apresenta com o significado de "tenha calma"; o segundo '*Não negligencie teus deveres*' aparece com o significado de "Não descuide das suas responsabilidades"; o terceiro '*O verdadeiro aprendizado*' vem com o significado de "o conhecimento que nos transforma e nos faz crescer" e o quarto '*requer um estudo longo e constante*' com o significado de "ocorre ao longo de toda existência".

A vida tem sido comparada a uma corrida, mas observamos que os mais rápidos normalmente são os mais prováveis de perderem a direção. O '*verdadeiro aprendizado*', a que se refere o Imperador, só é possível quando cessa o espírito competitivo, ou seja, sem pressa, a grande inimiga da perfeição e do aprofundamento. O '*verdadeiro aprendizado*' ocorre dentro do próprio ser, deve ser construído degrau a degrau, passando por etapas para alcançarmos o saber, somando experiências. Não podemos pular etapas, precisamos de cada uma delas, mesmo aquelas que achamos de menor valor no momento. Quando o crescimento chega, percebemos o valor de cada estágio, entendemos que tudo teve um propósito.

A mensagem implícita no poema é que o aprendizado obedece a um ritmo que deve ser respeitado, não adianta querer se apressar, tentar antecipar os fatos, tudo acontece no seu devido tempo. Devemos buscar conhecimento constantemente, somos eternos aprendizes. Todo dia há algo novo para se aprender, por mais insignificante que seja o aprendizado.

"Mais importante que a pressa é estar no caminho certo."

Mikao Usui

O Mestre Mikao Usui seguramente queria nos orientar para não termos pressa para aprender o Reiki, percebendo bem cada etapa dos diferentes Níveis *(Shoden, Okuden e Shinpiden)*. Mesmo no Reiki é necessário aprender a aprender, mais importante que a pressa é estar no caminho certo. Devemos plantar e saber esperar a colheita, que com certeza virá, mas só no momento do fruto maduro, nem antes nem depois. Nas coisas espirituais, só aquilo que demora nos inicia. Com a pressa, corremos o risco de ficarmos na superfície e não encontrarmos o verdadeiro conhecimento. Ter uma atitude sem pressa significa colocar mais atenção no que se faz, assim aprendemos mais e erramos menos. A pressa impede-nos de ver e viver certas realidades, pequenos detalhes da vida, das pessoas. Afinal, muitas vezes, em um pequeno detalhe há uma preciosa lição.

O Mestre Usui certamente também selecionou esse poema a fim de alertar que no Reiki sempre haverá lições novas para aprender, não existe parte da jornada que não contenha lições. Até quando estudamos um mesmo assunto, a nossa percepção é diferente.

Segue uma parábola que nos remete ao poema:

Conta uma lenda Zen Budista que, certa ocasião, no Japão, um esgrimista resolveu procurar um Mestre samurai para aprimorar sua habilidade no manejo da espada. Lá chegando para o treinamento, foi logo perguntando:

– *"Mestre, quanto tempo levarei para aprender o que você tem para ensinar?"*

O Mestre calmamente fitou o candidato a discípulo dentro dos olhos e perguntou:

– *"Você está com muita pressa em aprender logo?"*

– *"Sim, Mestre!"* – disse o esgrimista – *"Quanto tempo levará?"*

– *"Você está mesmo com muita pressa em aprender?"* – tornou a perguntar o Mestre.

> "Não adianta querer se apressar, tentar antecipar os fatos, tudo acontece no seu devido tempo."

– *"Claro, Mestre!"* – Repetiu o candidato, já em tom de impaciência – *"Quanto tempo, Mestre?"*

– *"Você está realmente com tanta pressa?"* – mais uma vez arguiu o Mestre.

– "Já disse que sim, Mestre. Não vamos perder tempo com isso... Quanto tempo, Mestre?"

– *"Oito anos!"* – Respondeu o Mestre.

– *"O que? OITO ANOS???!"* – Exclamou, muito desapontado, o esgrimista – *"Nossa, Mestre! Imagina então se eu não estivesse com pressa, hein? Aí então que demoraria mesmo... Quanto tempo não levaria, não é Mestre?"*

– *"Aí seriam apenas dois anos"* – concluiu o Mestre.

Obs.: Poema analisado mediunicamente por Johnny De' Carli, com a contribuição da Mestre de Reiki Zeneida Gomes Cardoso.

"Devemos buscar conhecimento constantemente, somos eternos aprendizes."

Poema 21 – Obediência

21　いとまなき世にはたつともたらちねの

itomanaki yoniwa tatsutomo tarachineno

親につかふる道な忘れそ　（　孝　）

oyani tukauru michina wasureso (koh)

“Saber obedecer é uma virtude.”

Análise do Poema 21 – Obediência

> “*Apesar de vivermos num mundo agitado,*
> *não te esqueças de ocupar-te dos teus pais.*”

Aqui, o Imperador Meiji faz referência aos pais e à obediência, título do poema. Saber obedecer é uma virtude, é imprescindível a qualquer ser inteligente, visto que tudo na vida obedece a leis. A obediência está interligada à ordem e às regras que todo ser humano deve seguir, pois onde não há ordem o caos se instala, não há paz e fica impossível sobreviver.

O trecho *'Apesar de vivermos num mundo agitado'* aparece com o significado de que "vivemos num mundo estressado onde muitos alegam falta de tempo". O trecho *'não te esqueças de ocupar-te dos teus pais'* vem com o significado de que "devemos saber conciliar e separar um tempo para dedicar aos nossos pais".

No poema, o termo *'pais'* pode ser interpretado como metáfora da figura de uma autoridade que merece obediência: o aluno para com seus professores; o empregado em relação a seu patrão; o subordinado e seu chefe; o cidadão em relação à sua pátria; um seguidor e uma doutrina e, principalmente, os filhos para com os seus pais. O Imperador fala dos pais, porque aprendemos a obedecer com eles, são nossos primeiros Mestres. É necessário obedecer aos pais com prontidão, desde que não seja errado o que nos mandam, suas ordens sejam sensatas. A recomendação do Imperador, seguramente, abarca também as relações de parentesco com outros membros do grupo familiar, como os avós e demais antepassados, aos quais devemos igualmente honra, afeto e reconhecimento.

A mensagem implícita no poema é que por mais que o mundo se apresente acelerado, com tantas atribulações mundanas, devemos administrar bem o nosso tempo, priorizando sempre as coisas mais importantes, entre elas a atenção aos pais, que nos deram a vida.

"Tudo na vida obedece a leis."

Mikao Usui

O Mestre Mikao Usui seguramente selecionou esse poema pela importância de se viver em gratidão *(Kansha shite)*, um dos cinco Princípios do Reiki.

O poema fala sobre a obediência. Um Mestre de Reiki precisa saber mandar, ocorre que só sabe mandar quem aprendeu a obedecer, e aprendemos a obedecer com os nossos pais. Tenhamos sempre gratidão aos nossos Mestres e principalmente aos pais, seres aos quais seremos eternos devedores, eles fazem parte de nós.

Obs.: Segue uma linda história real que nos remete ao poema.

Uma Pescaria Inesquecível

Ele tinha onze anos e, cada oportunidade que surgia, ia pescar no cais próximo ao chalé da família, numa ilha que ficava em meio a um lago. A temporada de pesca só começaria no dia seguinte, mas pai e filho saíram no fim da tarde para pegar apenas peixes cuja captura estava liberada. O menino amarrou uma isca e começou a praticar arremessos, provocando ondulações coloridas na água. Logo, elas se tornaram prateadas pelo efeito da Lua nascendo sobre o lago. Quando o caniço vergou, ele soube que havia algo enorme do outro lado da linha. O pai olhava com admiração, enquanto o garoto habilmente, e com muito cuidado, erguia o peixe exausto da água. Era o maior que já tinha visto, porém sua pesca só era permitida na temporada. O garoto e o pai olharam para o peixe, tão bonito, as guelras para trás e para frente. O pai, então, acendeu um fósforo e olhou para o relógio. Eram dez da noite, faltavam apenas duas horas para a abertura da temporada. Em seguida, olhou para o peixe e depois para o menino, dizendo:

– *"Você tem que devolvê-lo, filho!"*

– *"Mas, papai, reclamou o menino."*

– *"Vai aparecer outro, insistiu o pai."*

– *"Não tão grande quanto este, choramingou a criança."*

"Só sabe mandar quem aprendeu a obedecer."

O garoto olhou à volta do lago. Não havia outros pescadores ou embarcações à vista. Voltou novamente o olhar para o pai. Mesmo sem ninguém por perto, sabia, pela firmeza em sua voz, que a decisão era inegociável. Devagar, tirou o anzol da boca do enorme peixe e o devolveu à água escura. O peixe movimentou rapidamente o corpo e desapareceu. E, naquele momento, o menino teve certeza de que jamais veria um peixe tão grande quanto aquele. Isso aconteceu há trinta e quatro anos. Hoje, o garoto é um arquiteto bem sucedido. O chalé continua lá, na ilha em meio ao lago, e ele leva seus filhos para pescar no mesmo cais. Sua intuição estava correta, nunca mais conseguiu pescar um peixe tão maravilhoso como o daquela noite. Porém, sempre vê o mesmo peixe repetidamente todas as vezes que depara com uma questão ética. Porque, como o pai lhe ensinou, a ética é simplesmente uma questão de certo e errado.

Agir corretamente, quando se está sendo observado, é uma coisa. A ética, porém, está em agir corretamente quando ninguém está nos vendo. Essa conduta reta só é possível quando, desde criança, aprendeu-se a OBEDECER e a "devolver o peixe à água". (LENFESTEY, James P. Histórias para Aquecer o Coração dos Pais; ed. Sextante)

Obs.: Poema analisado mediunicamente por Johnny De' Carli, com a contribuição da visão da reikiana e enfermeira Valéria Abreu.

"Devemos saber conciliar
e separar um tempo para dedicar aos pais."

Poema 22 – Relva

22　いぶせしと思ふなかにもえらびなば

ibusesi to omounakanimo erabinaba

薬とならむ草もあるべし　（　草　）

kusuritonaran kusamo arubesi (kusa)

"Em tudo, até no Reiki, o fanatismo é prejudicial."

Análise do Poema 22 – Relva

> “*Apesar de a relva não parecer muito promissora,*
> *poderás, se olhares bem, nela encontrar ervas medicinais.*”

Aqui, o Imperador Meiji faz referência à vegetação nativa ou '*relva*', título do poema.

O trecho '*Apesar de a relva não parecer muito promissora*' aparece com o significado de “as ervas do campo, aparentemente sem importância”. O trecho '*poderás, se olhares bem, nela encontrar ervas medicinais*' vem com o significado de “procurando, podem-se encontrar plantas capazes de sanar enfermidades”.

O Imperador fala, principalmente, ao povo japonês do interior, camponeses, na época, a grande maioria, pessoas de baixa renda que dificilmente tinham fácil acesso aos tratamentos médicos tradicionais, em função dos altos preços ou por implicar em despesas operacionais de viagens rumo às grandes cidades. A recomendação foi com o propósito de incentivar os mesmos a se abrirem mais à chamada Medicina Popular Alternativa, referindo-se aqui à Fitoterapia que é gratuita.

A mensagem implícita no poema destaca que nos campos nativos podem-se encontrar plantas com alto poder terapêutico.

“Em tudo na natureza existe algo de maravilhoso.”

Mikao Usui

O Mestre Mikao Usui seguramente selecionou esse poema para deixar claro que o método Reiki é também uma terapia complementar, podendo ser usado isoladamente, ou como complemento terapêutico de outras técnicas; no caso do poema, a Fitoterapia (atividade de utilizar ervas como forma de tratamento). Atualmente, contamos também com a Terapia Floral (tratamento com essências extraídas de flores nativas), a Aromaterapia (tratar as doenças com a ajuda de óleos extremamente concentrados extraídos dos vegetais) e outras.

Provavelmente, o Mestre Usui queria também evitar o fanatismo no método Reiki, que os reikianos viessem a recomendar somente o Reiki, como a única, ou melhor, forma de tratamento para as pessoas doentes. Em tudo, até no Reiki, o fanatismo é prejudicial.

Segue uma citação que nos remete ao poema:

> O Dr. Edward Bach, médico inglês, criador da Terapia Floral, disse: *"Da mesma forma que Deus, em sua misericórdia, nos deu alimento, também colocou entre as ervas do campo belas flores curativas para quando estivermos doentes."*

Obs.: Poema analisado mediunicamente por Johnny De' Carli, com a contribuição da visão do reikiano Vitor Pinto Fernandez.

"A natureza não produz nada de supérfluo ou inútil."

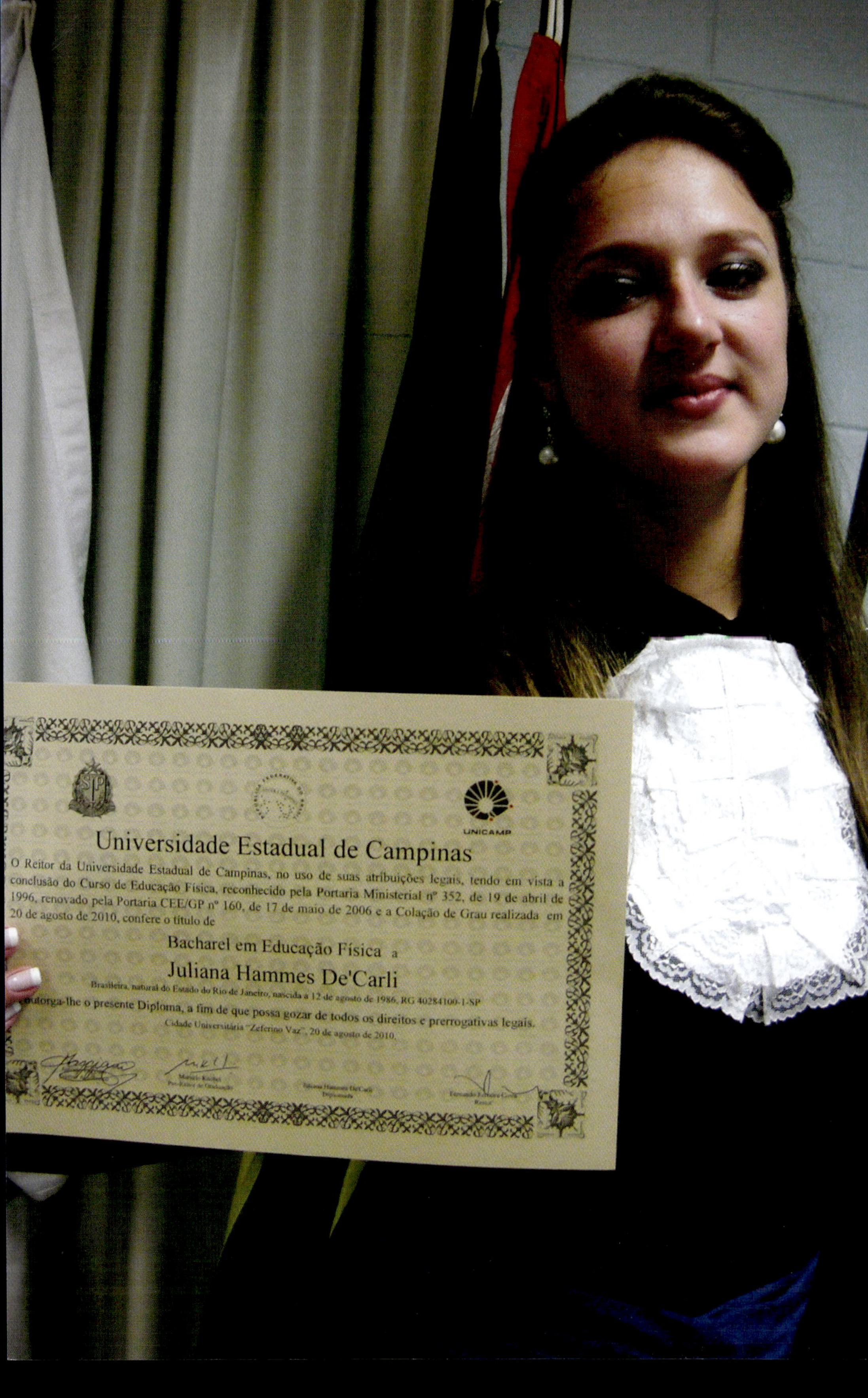
UNICAMP
Universidade Estadual de Campinas
O Reitor da Universidade Estadual de Campinas, no uso de suas atribuições legais, tendo em vista a conclusão do Curso de Educação Física, reconhecido pela Portaria Ministerial nº 352, de 19 de abril de 1996, renovado pela Portaria CEE/GP nº 160, de 17 de maio de 2006 e a Colação de Grau realizada em 20 de agosto de 2010, confere o título de
Bacharel em Educação Física a
Juliana Hammes De'Carli
Brasileira, natural do Estado do Rio de Janeiro, nascida a 12 de agosto de 1986, RG 40284100-1-SP
outorga-lhe o presente Diploma, a fim de que possa gozar de todos os direitos e prerrogativas legais.
Cidade Universitária "Zeferino Vaz", 20 de agosto de 2010.

Poema 23 – Diplomados

23　今はとて学のみちにおこたるな

imawatote manabino michini okotaruna

　　　　ゆるしの文をえたるわらはべ　（　卒業生　）

yurusino humi wo etaru harawabe (sotsugyousei)

"Somos eternos aprendizes."

Análise do Poema 23 – Diplomados

> " *Bacharel: tu podes pensar que, por fim, o deixaste para trás.*
> *Não, o aprendizado não tem fim.* "

Aqui, o Imperador Meiji fala aos acadêmicos recém-formados nas universidades, aos *'diplomados'*, título do poema, orientando-os como proceder após a diplomação. A frase *'Bacharel: tu podes pensar que, por fim, o deixaste para trás.'* se apresenta com o significado de "o fato de ter concluído os estudos acadêmicos não significa que essa etapa tenha chegado ao final". Ninguém sabe tudo. A frase *'Não, o aprendizado não tem fim.'* aparece com o significado de que "sempre haverá novos conhecimentos esperando por nós". Quem realmente aprende, começa a perceber a dimensão de sua ignorância. O conhecimento é ilimitado assim como é o Universo. O aprendizado ocorre ao longo de uma existência inteira.

A mensagem implícita no poema é que o aprendizado nunca termina, devemos estudar a vida toda, buscar conhecimento sempre e constantemente, somos eternos aprendizes.

"Parar de estudar é o mesmo que andar para trás."

Mikao Usui

O Mestre Mikao Usui seguramente selecionou esse poema a fim de alertar os reikianos a nunca parar de estudar, pensando que já sabem tudo sobre o Reiki, pois sempre haverá novas lições para aprender, o aprendizado sobre o Reiki nunca termina. Parar de estudar seria o mesmo que andar para trás. Devemos estar sempre receptivos e flexíveis a novas informações. É preciso estar consciente disso e deixar sempre espaço para algo novo. Afinal, ninguém aprende aquilo que pensa que já sabe.

Aquele que realmente aprendeu sabe que desconhece muitas coisas. O culminar da teoria surge com a prática e essa sim é o complemento indispensável, porque é no campo que se trabalha, que mais se aprende, errando, observando e sempre aprendendo. Devemos ter a sabedoria para entender que o conhecimento vem em doses e na medida exata do nosso entendimento.

Segue uma citação que nos remete ao poema:

Isaac Newton disse:
"O que sabemos é uma gota, o que ignoramos é um oceano."

Obs.: Poema analisado mediunicamente por Johnny De' Carli, com a contribuição da visão da reikiana Neusa Dettoni.

"O aprendizado ocorre ao longo de uma existência inteira."

Poema 24 – Pequenos Cravos

24　色々に咲きはりけりおなじ種

iroironi sakiharikeri onazi tane

まきて育てし撫子の花　（　瞿麦　）

makite sodateshi nadesikono hana (kugumugi)

"Somos todos diferentes."

Análise do Poema 24 – Pequenos Cravos

> "*Ao semear pensei que todas eram a mesma semente.*
> *Mas agora floresce uma variedade de flores. Os cravos do jardim!*"

Aqui, o Imperador Meiji utiliza a expressão '*pequenos cravos*', título do poema, como uma metáfora para os filhos.

Podemos dividir o poema em trechos: o primeiro '*Ao semear pensei que todas eram a mesma semente.*' aparece como metáfora dos filhos que no útero materno pareciam todos iguais; o segundo '*Mas agora floresce uma variedade de flores.*' se apresenta com o significado de "com os filhos nascidos pode-se perceber as diferenças" e o terceiro '*Os cravos do jardim!*' vem com o significado de "as crianças da família".

Na tradição japonesa, a flor simboliza a transitoriedade da vida, pois se transforma rapidamente, assim como as pessoas.

A princípio, as coisas podem parecer iguais, é difícil distinguir diferenças entre as sementes e os filhos, enquanto ainda sementes e situação embrionária. Só com o tempo passado, as sementes brotadas e os filhos nascidos pode-se perceber as diferenças. Os filhos, que têm a mesma carga genética, criação e educação, ao crescerem, se transformam em seres com comportamentos totalmente diferentes. Apesar da mesma essência, individualidades são percebidas; não há um ser igual ao outro em todo o Universo, como por exemplo, numa ninhada de cães, cada cãozinho apresenta o seu próprio comportamento diferenciado, corajoso ou covarde, mostrando uma capacidade de individualização na espécie.

O Imperador Meiji teve quinze filhos de cinco diferentes damas de companhia. Apenas cinco chegaram à idade adulta: um príncipe e quatro princesas, sendo essas quatro filhas da Sra. Sachiko (1867-1947), filha mais velha do Conde

"Todos têm as suas características particulares, sua personalidade e individualidade."

Sono Motosachi. Por ter tido quatro filhas com a mesma mãe, o Imperador pode observar bem as diferenças comportamentais. Sua mulher oficial, a Imperatriz Japonesa Shoken, não gerou descendência. O Imperador Meiji, filho do Imperador Komei, também não era filho da Imperatriz, também teve origem de uma dama de companhia, a Sra. Nakayma Yoshiko.

A mensagem implícita no poema é que todos os filhos são diferentes, todos têm as suas características particulares, sua personalidade e individualidade.

Mikao Usui

O Mestre Mikao Usui seguramente selecionou esse poema estabelecendo a comparação dos filhos com os discípulos de um Mestre de Reiki, que em treinamento parecem iguais, recebem os mesmos ensinamentos. Concluído o treinamento, todos ficam diferentes, cada um utiliza a energia Reiki de acordo com as suas crenças, personalidades e convicções pessoais.

Segue uma parábola que nos remete ao poema:

"Conta-se que vários bichos decidiram fundar uma escola. Para isso reuniram-se e começaram escolher as disciplinas.

O pássaro insistiu para que houvesse aulas de voo.

O esquilo achou que a subida perpendicular em árvores era fundamental.

E o coelho queria de qualquer jeito que a corrida fosse incluída.

E assim foi feito, incluíram tudo, mas cometeram um grande erro, insistiram para que todos os bichos praticassem todos os cursos oferecidos. O coelho foi magnífico na corrida, ninguém corria como ele, mas queriam ensiná-lo a voar, colocaram-no numa árvore e disseram: 'Voa, coelho'. Ele saltou lá de cima e quebrou as pernas. O coelho não aprendeu a voar e acabou sem poder correr também.

"Cada um de acordo com as suas crenças, personalidades e convicções pessoais."

O pássaro voava como nenhum outro, mas o obrigaram a cavar buracos como um coelho. Quebrou o bico e as asas, e depois não conseguia voar tão bem, e nem mais cavar buracos.

Concluiu-se que todos somos diferentes uns dos outros e cada um tem uma ou mais qualidades. Não podemos exigir ou forçar para que as outras pessoas sejam parecidas conosco ou tenham nossas qualidades. Se assim agirmos, acabaremos fazendo com que elas sofram, e no final, elas poderão não ser o que queríamos que fossem e ainda pior, elas poderão não mais fazer o que faziam bem feito".

Obs.: Poema analisado mediunicamente por Johnny De' Carli, com a contribuição da visão da reikiana Beatriz Werneck Neumayer.

"Não há um ser igual ao outro em todo o Universo."

Poema 25 – Salto D' Água

25　岩がねにせかれざりせば滝つ瀬の

iwaganeni sekarezariseba takitsuse no

水のひゞきも世にはきこえじ　（　滝　）

mizu no hibiki mo yoniha kikoezi (taki)

"Nossa energia vai para onde está a nossa atenção."

Análise do Poema 25 – Salto D' Água

> "*Uma pedra na corrente aumenta de tal forma o ruído do rio, que não se escuta o som da água que flui.*"

Aqui, o Imperador Meiji utiliza a expressão *'salto d' água'*, título do poema, com o significado de "um obstáculo".

Podemos dividir o poema em trechos: o primeiro *'Uma pedra na corrente'* aparece como metáfora de algo que oferece resistência, uma dificuldade, um fardo ou uma rejeição; o segundo *'aumenta de tal forma o ruído do rio'* se apresenta como metáfora do sofrimento ou à maneira que se reage frente aos problemas e o terceiro *'que não se escuta o som da água que flui'* vem com o significado de "deixamos de perceber as coisas boas da vida, as incontáveis dádivas que o Criador nos concedeu".

Num jardim japonês, as pedras representam as pessoas, muitas vezes uma família. A pedra colocada na posição vertical representa a figura do pai e a horizontal, a da mãe. As outras pedras simbolizam os descendentes, sendo estas distribuídas em torno do lago.

Ainda na tradição japonesa, a água representa a vida e, quando presente em forma de cascata ou rio, como no caso do poema, pode simbolizar a sua continuidade. O fluxo da água simboliza o nascimento, o crescimento e a morte.

Uma pedra pode aumentar o ruído do rio, mas ela não impede o fluir da água que prossegue o seu destino, em sua essência e determinação. Em nossas vidas encontramos várias "pedras", elas nos desviam do nosso caminho, mas o importante é sabermos também, como a água, retomar o curso.

A mensagem implícita no poema é que um problema ou uma pessoa problemática pode chamar tanta atenção que pode nos desviar das metas, nos fazendo esquecer o principal.

> "Devemos focar a energia nos objetivos, na vida e nunca nos problemas e dificuldades que surgem no nosso caminho."

Mikao Usui

O Mestre Mikao Usui seguramente selecionou esse poema em atenção ao Princípio do Reiki *"Não se preocupe"*. Nossa energia vai para onde está a nossa atenção. Se destinarmos excessiva atenção aos problemas, principalmente de família, perdemos a paz e a alegria de viver. O Mestre Usui certamente queria nos alertar que devemos focar a energia nos objetivos, na vida e nunca nos problemas e dificuldades que surgem no nosso caminho. Obstáculos não duram para sempre, mais cedo ou mais tarde haverá uma mudança no cenário.

Segue uma citação que nos remete ao poema:

Albert Einstein disse:
"Dificuldades e obstáculos são fontes valiosas de saúde e força para qualquer sociedade."

Obs.: Poema analisado mediunicamente por Johnny De' Carli, com a contribuição da visão da reikiana Araceli Venys.

"Obstáculos não duram para sempre,
mais cedo ou mais tarde haverá uma mudança no cenário."

Poema 26 – Água

26　器にはしたがひながらいはがねも

utsuwani wa sitagainagarai hagane mo

とほすは水のちからなりけれ　（　水　）

toosu wa mizu no chikara narikere (mizu)

"Nada termina até que deixemos de tentar."

Análise do Poema 26 – Água

> *"A água é tão flexível, cabe em qualquer recipiente,*
> *mas tem força para perfurar a pedra."*

Aqui, o Imperador Meiji nos mostra mais uma vez que podemos aprender com a natureza, observando as particularidades da *'água'*, título do poema.

No trecho *'A água é tão flexível, cabe em qualquer recipiente'* o Imperador exalta a virtude da flexibilidade e no trecho *'mas tem força para perfurar a pedra'*, o poder da perseverança.

Dizem as tradições orientais que a água é o mais poderoso dos elementos, porque é o exemplo do mais alto grau da não resistência e persistência. As águas de um rio vão sempre para o oceano, para o grandioso, isso é o que importa. Quando encontram uma pedra pelo caminho, não ficam paradas, "censurando", pois não vêem nenhuma vantagem em perder tempo e energia por causa de um incidente natural, contornam o obstáculo e seguem normalmente o seu curso; se pressionadas por algum motivo, adaptam-se; se represadas, evaporam puras, deixando para trás todas as impurezas que não lhe interessam. Se a água "combatesse" os entraves característicos do caminho, as grandes pedras, troncos de árvores, ela se consumiria desnecessariamente e, por consequência, retardaria sua chegada ao mar.

Ser flexível não é sinônimo de ser fraco, muito pelo contrário, a água é flexível e tem o poder de perfurar uma pedra e desgastar uma rocha, fenômeno que acontece na natureza chamado de erosão. Literalmente, os pingos da chuva caem e acabam fazendo um buraco na pedra, não pela sua força ou violência, mas por causa de sua persistência. Diz o dito popular: *"Água mole em pedra dura, tanto bate até que fura"*. O segredo é ser perseverante.

"Somos seres em contínua evolução
e precisamos aprender a nos adaptar."

A mensagem implícita no poema é que as pessoas mais fortes são as mais perseverantes e maleáveis, abertas a mudanças, novas informações, novas interpretações das circunstâncias e das ocorrências do cotidiano, reciclando crenças e ideias, prontas a ceder diante das renovações, reformulando planos, admitindo novas opiniões, aderindo a convicções baseadas em provas incontestáveis, angariando, assim, energias que fortalecem e alimentam o próprio espírito.

Mikao Usui

O Mestre Mikao Usui, a exemplo dos antigos sábios, seguramente percebeu o fato de que no bem viver o que impera é a flexibilidade e a perseverança. Quanto menos uma pessoa se opuser às dificuldades da vida, mais resistente se tornará para viver em plenitude. A maioria das coisas muito rígidas e duras tem grande propensão para quebrar. Somos seres em contínua evolução e precisamos aprender a nos adaptar. Se ficarmos inflexíveis, resistindo e nos envolvendo com cada um dos pequenos contratempos do cotidiano, geraremos impedimentos para cumprirmos a tarefa evolutiva de nossa existência.

O Mestre Usui seguramente também selecionou esse poema pela segunda mensagem implícita que é a perseverança. Num tratamento de Reiki complexo e delicado, nada termina até que deixemos de tentar.

Segue uma citação que nos remete ao poema:

Samuel Johnson disse:
"Os grandes feitos são conseguidos não pela força,
mas pela perseverança."

Obs.: Poema analisado mediunicamente por Johnny De' Carli, com a contribuição da visão da Mestre de Reiki Elza Ferreira.

"O segredo é ser perseverante."

Poema 27 – Relva

27　うとましと思ふむぐらはひろごりて

utomasi to omou mugura wa hirogorite

植ゑてし草の根はたえにけり　（　草　）

ueteshi kusa no ne wa taenikeri

"Uma maçã estragada pode comprometer toda uma caixa."

Análise do Poema 27 – Relva

> “*Se o pequeno roedor trabalha embaixo da terra,*
> *todas as raízes das plantas semeadas morrem.*”

Aqui, o Imperador Meiji associa uma observação realizada na natureza, feita na '*relva*', título do poema, à vida em sociedade.

Podemos dividir o poema em dois trechos: o primeiro '*Se o pequeno roedor trabalha embaixo da terra*' se apresenta como metáfora de uma pessoa desonesta, invejosa, promotora de discórdia, que realiza trabalho escuso, causando desavenças e desunião e o segundo '*todas as raízes das plantas semeadas morrem*' pode ser entendido com o significado de "um trabalho sério e honesto se compromete". Voltaire disse: "*Deus me defenda dos amigos, que dos inimigos me defendo eu*".

A expressão '*pequeno roedor*' é uma referência aos ratos, pequenos animais roedores, vertebrados, mamíferos que vivem em todas as regiões do mundo, fazendo sua toca em buracos e subterrâneos. Há mais de 1.700 espécies de ratos distribuídas pelo mundo, dentre as quais cerca de 125 estão classificadas como pragas. O rato é o símbolo do roedor destrutivo, e pelo fato de se reproduzir rapidamente, pode causar perdas significativas nas lavouras, destruindo as sementes recém-plantadas e atacando os cereais. É um animal meticuloso, destruidor, frio, amigo das sombras, dos recantos ocultos e das gretas secretas.

A mensagem implícita no poema é o alerta que uma pessoa com um perfil desagregador (aparenta uma coisa e na verdade é outra) pode comprometer todo um trabalho sério, uma organização, uma empresa, até mesmo a harmonia de um lar. Diz o dito popular: "*Uma maçã estragada pode comprometer toda uma caixa*".

"Uma pessoa com um perfil desagregador
pode comprometer todo um trabalho sério."

Mikao Usui

O Mestre Mikao Usui seguramente selecionou esse poema em atenção ao Princípio do Reiki *"Seja aplicado e honesto em seu trabalho"*.

Muitas das técnicas originais do Reiki são coletivas, não é hábito no Japão os reikianos trabalharem isolados. Reikianos japoneses precisam de um grupo, o ideal é que esse seja um grupo harmônico de verdadeiros amigos. Lamentavelmente, não é fácil montar um grupo de amigos leais.

Na única entrevista concedida pelo Mestre Usui, há a seguinte pergunta:

Entrevistador: *"Como deve uma pessoa proceder para receber o Okuden* (segundo Nível do método Reiki)?"

Mikao Usui: *"...Transmitimos primeiramente o Shoden* (primeiro Nível do método Reiki) *e às pessoas que alcançaram bons resultados e TÊM BOA PERSONALIDADE* (o grifo é nosso) *transmitimos o Okuden"*.

Resumindo, todos eram aceitos para o Nível 1, mas pessoas que não tivessem boa personalidade: falsas, não transparentes, que promovem intrigas, fofoqueiras, mal intencionadas, etc., não eram aceitas para o Nível 2. Assim pensava Mikao Usui, conforme consta nesse documento oficial do Reiki.

Segue um famoso discurso que nos remete ao poema:

Discurso de Cícero, tribuno romano, 42 a.C.

"Uma nação pode sobreviver aos idiotas e até aos gananciosos. Mas não pode sobreviver à traição gerada dentro de si mesma. Um inimigo exterior não é tão perigoso, porque é conhecido e carrega suas bandeiras abertamente. Mas o traidor se move livremente dentro do governo, seus melífluos sussurros são ouvidos entre todos e ecoa no próprio vestíbulo do Estado. E esse traidor não parece ser um traidor; ele fala com familiaridade a suas vítimas, usa sua face e suas roupas e apela

"Mil vezes melhor um inimigo declarado
que um falso amigo."

aos sentimentos que se alojam no coração de todas as pessoas. Ele ARRUÍNA AS RAÍZES (o grifo é nosso) *da sociedade; ele trabalha em segredo e oculto na noite para demolir as fundações da nação; ele infecta o corpo político a tal ponto que este sucumbe".*

Obs.: Poema analisado mediunicamente por Johnny De' Carli, com a contribuição da visão da reikiana Maria Julia Vicente Monteiro.

"Antes só do que mal acompanhado."

Poema 28 – Ancião

28　うまごにやたすけられつゝいでつらむ

umago niya tasukeraretsutsu idetsuran

　　　われを迎へてたてる老人　（　翁　）

ware wo mukaete tateru rouzin (okina)

"O ato de pedir possibilita o recebimento."

Análise do Poema 28 – Ancião

> "*O ancião que veio cumprimentar-me, amparado por seu neto,*
> *agora está apoiado em seus próprios pés.*"

Aqui, o Imperador Meiji exalta a humildade de um '*ancião*', título do poema, que contou com a ajuda de seu neto para vir ao seu encontro. O Imperador enaltece a condição de reconhecer as próprias limitações, ser capaz de enfrentar, conviver e aceitar a incapacidade e saber pedir ajuda. Quem precisa de apoio para andar, se alimentar, tomar banho, sabe bem disso. Ocorre que é preciso ser humilde para pedir ajuda. Ser humilde não significa de modo algum humilhar-se. Ser humilde é dar importância ao que importa e não se importar com o resto.

A mensagem implícita no poema é que é preciso ser humilde, saber receber. Muitas vezes é preciso permitir que alguém nos ajude, nos apóie, nos dê forças para continuar.

"É preciso permitir que alguém nos ajude,
nos apoie, nos dê forças para continuar."

Mikao Usui

O Mestre Mikao Usui seguramente selecionou esse poema pelo fato do Reiki precisar ser pedido. Cabe a cada um querer melhorar. O ato de pedir possibilita o recebimento. Quem pede é humilde e se reconhece necessitado.

Segue uma citação Bíblica que nos remete ao poema:

"Com os humildes está a sabedoria."
(Provérbios 11, 2)

Obs.: Poema analisado mediunicamente por Johnny De' Carli, com a contribuição da visão da Mestre de Reiki Zeneida Gomes Cardoso.

"É preciso ser humilde, saber receber."

Poema 29 – Árvores Cobertas De Lodo

29　うもれ木をみるにつけても思ふかな

umoregi wo mirunituketemo omoukana

しづめるまゝの人もありやと　（ 埋　木 ）

sizumeru mamano hito mo ariyato (umoregi)

"Precisamos ser humildes ao longo de toda a vida,
oferecendo sempre o que há de melhor em nós."

Análise do Poema 29 – Árvores Cobertas de Lodo

> *"Quando vejo as árvores cobertas de lodo, lembro que há pessoas que, desde o nascimento, vivem com humildade."*

Aqui, o Imperador Meiji associa metaforicamente o comportamento de algumas pessoas, que, por toda a vida, vivem com humildade, às *'árvores cobertas de lodo'*, título do poema.

No Oriente, o silencioso crescimento de cada árvore simboliza a humildade. Por mais frondosas que sejam, são oriundas de pequenas sementes. Depois de crescidas, fortes e frondosas, nunca reclamam ou dão as costas para ninguém; se dermos a volta em torno dela, a árvore estará sempre de frente para nós, assim como as pessoas humildes.

O lodo, formado de restos de vegetais ou animais, pode simbolizar metaforicamente problemas, sofrimento e infelicidade.

Árvores cobertas de lodo são árvores adultas, que apesar dessa situação, seguem oferecendo folhas, sombra, flores e frutos. A humildade é representada pelo que está debaixo do lodo. No simbolismo, o que não pode ocorrer é que o lodo apareça dentro de nós, encobrindo a beleza espiritual do ser humano.

A mensagem implícita no poema é que, mesmo "cobertos" de aflições e dificuldades, precisamos ser humildes ao longo de toda a vida, oferecendo sempre o que há de melhor em nós.

"A humildade é a base e o fundamento de todas as virtudes."

Mikao Usui

O Mestre Mikao Usui seguramente selecionou esse poema pela importância da humildade na atividade reikiana. Usui sabia que a humildade é a base e o fundamento de todas as virtudes, é a caminhada para a verdade.

Pregam os cinco Princípios do Reiki: *"Não se zangue"*, o humilde não se entrega à raiva, tem sempre o semblante radioso; *"Expresse a sua gratidão"*, a gratidão é prerrogativa das pessoas humildes; *"Seja gentil com os outros"*, gentileza e humildade andam de braços dados, o orgulho divide as pessoas, a humildade une e nos ajuda a enxergar e admitir erros e aprender com eles; *"Seja aplicado e honesto em seu trabalho"*, é possível encontrarmos pessoas que perdem a humildade após receberem iniciações de Reiki, principalmente no Nível de Mestrado, passam a se sentir superiores, melhores que os demais. Usui seguramente desejava evitar esse comportamento no Reiki, ele sabia que somos todos semelhantes.

O Mestre Jesus provou ser um grande Mestre ao lavar os pés dos discípulos, numa demonstração de humildade. Onde houver humildade definitivamente haverá amor.

Segue uma passagem Bíblica que nos remete ao poema:

"Bem aventurados os humildes de espírito,
porque deles é o reino dos Céus."
(Mateus 5, 3)

Obs.: Poema analisado mediunicamente por Johnny De' Carli, com a contribuição do reikiano Andréas Boos.

"Onde houver humildade
definitivamente haverá amor."

Poema 30 – Visitante na Neve

30　埋火のもとにいざなへふる雪の

umorebi no motoni izanai huru yuki no

はれまもまたできたる老人　（　雪中人来　）

haremamo mata dekitaru rouzin (sekityu hito kitaru)

"Devemos ter gratidão no coração."

Análise do Poema 30 – Visitante na Neve

> "*Ancião, vens me saudar sem esperar que pare de nevar?*
> *Por favor, aproxima-te mais do fogo.*"

Na frase *'Ancião, vens me saudar sem esperar que pare de nevar?'*, o Imperador Meiji demonstra surpresa ao receber um *'visitante na neve'*, título do poema, que enfrentou as dificuldades de uma nevasca para visitá-lo. Sabe-se que os anciãos, por suas limitações, não desperdiçam sua energia ou fazem sacrifícios por coisa sem importância. Somente um verdadeiro amigo, num momento de adversidade, vem ao nosso encontro.

A frase *'Por favor, aproxima-te mais do fogo'* aparece com o significado de demonstração de reconhecimento, gentileza e gratidão.

A mensagem implícita no poema diz que é nobre saber reconhecer o esforço individual, a amizade, a qualidade alheia e, principalmente, retribuir o carinho e a solidariedade.

"Todos aqueles que vêm até nós com boas intenções, devem ser tratados com gratidão, gentileza e carinho."

Mikao Usui

O Mestre Mikao Usui seguramente selecionou esse poema em respeito a dois dos cinco Princípios do Reiki: *"Seja gentil com os outros"* e *"Expresse sua gratidão"*.

O Mestre Usui deve ter observado que muitos não reconhecem o esforço alheio, ou se reconhecem, na hora de retribuir o fazem com má vontade ou são ingratos. Devemos ter gratidão no coração. A gratidão é a mais bela flor que brota da alma.

Todos aqueles que vêm até nós com boas intenções, seja em que situação for, devem ser tratados com gratidão, gentileza e carinho.

Segue uma citação que nos remete ao poema:

Esopo disse:
"A gratidão é a virtude das almas nobres."

Obs.: Poema analisado mediunicamente por Johnny De' Carli, com a contribuição da Mestre de Reiki Elza Ferreira.

"É nobre saber reconhecer o esforço individual,
a amizade, a qualidade alheia e, principalmente,
retribuir o carinho e a solidariedade."

小四 長野圭佑
秋の空
小四 小田青葉
努力賞
落ち葉
小五 小国渓吾
特賞
落ち葉
小五 堀田彩来
落ち葉
小五 小森健太

Poema 31 – Caligrafia

31　うるはしくかきもかゝずも文字はたゞ

uruwasiku kakimo kakazumo mozi ha tada

読みやすくこそあらまほしけれ　（　書　）

yomiyasuku koso aramahoshikere (sho)

“A forma não é essencial, o conteúdo sim.”

Análise do Poema 31 – Caligrafia

> "*Com letras belamente escritas ou não,*
> *uma carta deveria ser sempre fácil de ler.*"

Aqui, o Imperador Meiji aborda a '*caligrafia*', título do poema, a arte de bem apresentar as letras manuscritas.

A frase '*Com letras belamente escritas ou não, uma carta deveria ser sempre fácil de ler.*', corpo do poema, aparece com o significado de que "a forma não é essencial, o conteúdo sim". Independente de aparências, o importante, para comunicar-se bem, é a capacidade de saber expressar com clareza o que se quer. A simplicidade traz o entendimento.

É característica do ser humano comunicar-se. Comunicar significa tornar comum.

Os meios de comunicação conhecidos na atualidade (televisão, rádio, internet, telefonia, etc.) não existiam na época do Imperador Meiji, que morreu em 1912. A título de ilustração, só em março de 1925 ocorreu a primeira transmissão de rádio no Japão. Toda a comunicação era escrita, em geral, manuscrita.

No Japão, a comunicação escrita é feita através de *kanjis*, que são caracteres de origem chinesa, que se utilizam para escrever japonês. No Brasil, *kanji* também é sinônimo de ideograma, que são figuras que representam ideias. Alguns *kanjis* foram introduzidos várias vezes, em épocas diferentes, a partir de distintas regiões da China; por isso, possuem múltiplos significados, alguns *kanjis* apresentam dez ou mais interpretações possíveis. A interpretação depende do contexto, significado pretendido, uso em compostos, e até a localização na frase. Na época do Imperador Meiji, o Japão tinha cerca de 50.000 *kanjis* em uso. Nessa época, para poder ler um jornal, o leitor tinha que conhecer aproximadamente 4.000 *kanjis*. Depois da Segunda Guerra Mundial, o Ministro de Educação japonês começou a simplificar

"A simplicidade traz o entendimento."

o idioma, a quantidade de *kanjis* empregados em publicações oficiais foi reduzida para 1850. Essa modificação fez da leitura e da escrita algo muito menos complicado.

A mensagem implícita no poema é que para haver comunicação, o conteúdo é mais importante que a forma e deve ser objetivo, claro e simples.

Mikao Usui

O Mestre Mikao Usui seguramente selecionou esse poema porque sabia que o verdadeiro professor não é aquele que tem mais conhecimento, mas aquele que transmite melhor, de maneira simples de entender, o conhecimento a seus alunos. Bom Mestre de Reiki é aquele que cria bons reikianos. Se alguém quiser ser um bom Mestre, precisa se comprometer a produzir bons manuais, de fácil compreensão e entendimento. O Mestre Usui, quando lecionava, entregava a seus alunos um manual com o título *Reiki Ryoho Hikkei*. É um documento que comprova que o método Reiki não teve apenas uma tradição oral, como foi preliminarmente divulgado no Ocidente. A última parte desse manual contém os 125 poemas *(Gyosei)* escritos pelo Imperador Meiji, analisados nesse livro.

O Mestre Usui foi um homem de comunicação muito simples. Consta em seu memorial: "*... Por esse processo, ele tornou seu propósito de ensinar CLARO e acurado. Além disso, tentou tornar sua orientação tão FÁCIL E SIMPLES quanto possível, de maneira que nada fosse DIFÍCIL de ser entendido.*" (os grifos são nossos)...

Segue uma citação que nos remete ao poema.

Albert Einstein disse:
"Tudo deveria se tornar o mais simples possível."

Obs.: Poema analisado mediunicamente por Johnny De' Carli, com a contribuição do Mestre de Reiki Luis Felipe Chagas Ramos.

"O conteúdo é mais importante que a forma."

Poema 32 – Pais

32　老の坂こえぬる子をもをさなしと

roh no saka koenuru ko womo osanashi to

思ふや親のこゝろなるらむ　（　親　）

omou ya oya no kokoro naranan (oya)

"Para os pais, não importa quanto tempo passe,
seus filhos serão fonte de eterna preocupação
e de dedicação como se fossem menores."

Análise do Poema 32 – Pais

> “*Apesar de envelhecermos, nossos pais sempre nos consideram crianças. Esse é o espírito da paternidade.*”

Aqui, o Imperador Meiji exalta um comportamento típico dos '*pais*', título do poema, oriundo da atemporalidade do amor.

A frase '*Apesar de envelhecermos, nossos pais sempre nos consideram crianças*' se apresenta com o significado de que “para os pais, os filhos nunca crescem, serão sempre pequenos, frágeis e inocentes, não importando a idade”, por isso não é incomum os pais se referirem aos filhos como “minhas crianças” e, inclusive, tratá-los como crianças.

A frase '*Esse é o espírito da paternidade*' aparece com a ideia de que “os pais geralmente querem resolver os problemas dos filhos, pois acreditam que desta maneira os protegem”.

A mensagem implícita no poema é a dificuldade dos pais de entenderem que os filhos não são crianças a vida toda. Para os pais, não importa quanto tempo passe, seus filhos serão fonte de eterna preocupação e de dedicação como se fossem menores. Essa é a essência do amor dos pais, que não envelhece.

“O discípulo sempre permanecerá abaixo de seu Mestre.”

Mikao Usui

O Mestre Mikao Usui seguramente selecionou esse poema por encontrar semelhança entre o comportamento dos pais e o observado nos Mestres de Reiki: verem seus discípulos como eternos aprendizes.

O Mestre Usui provavelmente também selecionou esse poema em função da linhagem espiritual que se estabelece no Reiki. O discípulo sempre permanecerá abaixo de seu Mestre, mesmo que venha a refazer o curso com outro Mestre. Não há como desfazer uma iniciação, o vínculo será para toda a vida, apesar de prevalecer a última iniciação. No mundo material, quando uma coisa acontece não há como "desacontecer".

O Mestre Jesus disse: *"O discípulo não está acima do seu Mestre..."* (Lucas 6, 40 e Mateus 10, 24-25). Nessa passagem, Jesus enunciou o princípio da limitação do discípulo ao seu Mestre. Este princípio vale para a maioria das áreas da vida, mas especialmente para a vida espiritual. Sendo assim, um Mestre de Reiki será um eterno aprendiz.

Segue uma citação que nos remete ao poema:

Honoré de Balzac disse:
"Os pais devem dar sempre para serem felizes.
Dar sempre é o que faz que sejamos pais."

Obs.: Poema analisado mediunicamente por Johnny De' Carli, com a contribuição do Mestre de Reiki Christian Jeremias Mello.

"Apara os pais, os filhos nunca crescem, serão sempre pequenos, frágeis e inocentes, não importando a idade."

Poema 33 – Pensamento Ocasional

33　老人を家にのこしていくさびと

rohzin wo ie ni nokoshite ikusabito

国のためにと出づるをゝしさ　（をりにふれて）

kuni no tamenito izuru ohshisa (orinihurete)

"Ao defender o país também se defende a família."

Análise do Poema 33 – Pensamento Ocasional

> "*Os soldados que vão para a guerra, deixam as suas famílias seguras em casa. Quão corajosos e dedicados são para com sua pátria!*"

Aqui, o Imperador Meiji exalta o patriotismo.

Podemos dividir o poema em trechos: o primeiro '*Os soldados que vão para a guerra*' aparece pelo fato de que durante a Era Meiji, o povo japonês enfrentou duas ferozes guerras, um conflito com a China e outro com a Rússia; o segundo '*deixam as suas famílias seguras em casa*' se apresenta com o significado de "os soldados que vão à guerra pensam em deixar seus entes queridos protegidos", muitas vezes se colocando em segundo plano, e no terceiro trecho '*Quão corajosos e dedicados são para com sua pátria!*' o Imperador enaltece o patriotismo, o sentimento de amor e devoção à pátria.

Patriotismo é o espírito de solidariedade entre pessoas que tenham interesses comuns, por isso, o Imperador faz referência também à família. No Japão, geralmente, as pessoas têm muita gratidão à sua pátria, grande respeito e amor à terra que os acolheu. Para muitas culturas orientais, quem morre pelo seu país vive eternamente.

O amor à pátria começa na família, que é uma pequena sociedade, de suma importância para nossa vida, a base de toda nossa formação, o alicerce de nossa história de vida. Com ela moldamos o nosso caráter, aprendemos os valores humanos, adquirimos um bem precioso, um tesouro importante de valor incalculável e inestimável, talvez o mais sagrado do mundo, onde geralmente encontramos o amor verdadeiro e sincero. Não é difícil encontrar quem diga que os momentos mais felizes da vida foram aqueles que passaram em casa, com a família.

A mensagem implícita no poema é o patriotismo, pois ao defender o país também se defende a família, que fica em casa em segurança a fim de ser resguardada e na esperança de ter um futuro melhor.

"Ser patriota é uma das maneiras
de expressar gratidão à pátria que nos acolheu."

Mikao Usui

O Mestre Mikao Usui seguramente selecionou esse poema em respeito ao Princípio do Reiki *"Expresse sua gratidão"*. Ser patriota é uma das maneiras de expressar gratidão à pátria que nos acolheu.

O Mestre Usui certamente também selecionou esse poema para orientar os reikianos a serem patriotas. O sentimento de amor, gratidão e respeito à pátria deve ser despertado em todos os cidadãos. Ser um patriota implica fazer algo de bom pelo seu país ou nação, independente de guerras, pois há diferentes tipos de patriotismo, diferentes pessoas que são patriotas, diferentes maneiras de mostrar como são devotos ao seu lugar de origem (patriotismo nos esportes, patriotismo cultural, etc.).

Segue uma citação que nos remete ao poema:

Mikhail Lermontov disse:
"A nossa pátria está onde somos amados."

Obs.: Poema analisado mediunicamente por Johnny De' Carli, com a contribuição da reikiana Araceli Venys.

"O amor à pátria começa na família."

Poema 34 – Pássaros

34　大空を心のまゝにとぶ鳥も

oozora wo kokoro nomamani tobu tori mo

やどるねぐらは忘れざるらむ　（　鳥　）

yadoru negura wa wasurezaranan (tori)

"O mato cresce depressa em caminhos pouco percorridos."

Análise do Poema 34 – Pássaros

> “*Os pássaros que voam livremente pelo grande céu,*
> *nunca se esquecem de sua casa e de lá regressar.*”

Aqui, o Imperador Meiji, mais uma vez, se inspirou na Natureza, no caso, nos *'pássaros'*, título do poema, conhecidos como *tsurus*.

No trecho *'Os pássaros que voam livremente pelo grande céu'*, o Imperador, metaforicamente, se refere às pessoas adultas e livres. Pássaros podem ser interpretados como metáfora da liberdade e aqueles que voam livremente pelo céu são pássaros mais velhos.

No trecho *'nunca se esquecem de sua casa e de lá regressar'*, o Imperador Meiji se refere à "fidelidade, a importância de, mesmo depois de crescidos e formados, seguindo o nosso caminho, não nos esquecermos de nossas origens." Nossas raízes são muito importantes. Diz o dito popular: *"O bom filho a casa torna"*.

O pássaro *tsuru* frequenta as lagoas ao norte da ilha de Hokkaido, é a ave-símbolo do Japão e, também, o símbolo do *origami* japonês, bastante popular nos casamentos e festas. O *tsuru (Grus japonensis)*, que alguns chamam *grou*, outros cegonha, ave pernalta migratória que, de acordo com uma lenda, vive mil anos, é uma ave sagrada, considerada, no Japão, a ave mais antiga do planeta. Tradicionalmente, essa ave está relacionada à longevidade. Para os japoneses, o *tsuru*, entre outras coisas, simboliza também a fidelidade, pelo fato de se manter fiel ao companheiro ou companheira por toda a vida. Os orientais acreditam que, a exemplo do *tsuru*, alguns animais são verdadeiros "anjos disfarçados", mandados a terra por Deus para mostrar ao ser humano o que é a fidelidade.

A mensagem implícita no poema é que, depois de adultos, para qualquer lugar que formos, por melhor que seja, por mais que demoremos lá, jamais devemos nos esquecer de visitar periodicamente as nossas origens.

"Jamais devemos nos esquecer de
visitar periodicamente as nossas origens."

Mikao Usui

O Mestre Mikao Usui seguramente selecionou esse poema pela importância de se viver em gratidão *(Kansha shite)*, um dos cinco Princípios do Reiki. Tenhamos sempre gratidão ao nosso país, à nossa cidade natal, às nossas escolas e aos mestres e, principalmente, aos pais, seres a que seremos eternos devedores, pois fazem parte de nós. Se esquecermos de nossas raízes esqueceremos quem somos. Devemos visitar as nossas origens com frequência; o mato cresce depressa em caminhos pouco percorridos.

Segue uma citação que nos remete ao poema:

O Mestre Dalai Lama disse:
"Dê a quem você ama: asas para voar,
raízes para voltar e motivos para ficar."

Obs.: Poema analisado mediunicamente por Johnny De' Carli, com a contribuição da reikiana Cinthia Sinclayr.

"Se esquecermos de nossas raízes
esqueceremos quem somos."

Poema 35 – Aprendizado

35　幼児がもの書く跡をみても知れ

osanago ga monokaku ato wo mitemo shire

習へばならふしるしある世を　（ 手 習 ）

naraeba naranu shirusi aru yo wo (tenarai)

"Na teoria recebe-se conhecimento,
na prática adquire-se sabedoria."

Análise do Poema 35 – Aprendizado

> "*Quanto mais práticas houver no ensino para as crianças, melhores resultados se alcançarão.*"

Aqui, o Imperador Meiji utiliza o termo '*aprendizado*', título do poema, com o significado de "educação infantil". O poema nos orienta como devemos proceder a fim de conseguir melhores resultados no ensino das crianças.

A frase '*Quanto mais práticas houver no ensino para as crianças, melhores resultados se alcançarão*', corpo do poema, se apresenta com o significado de "as crianças aprendem melhor com aulas práticas e bons exemplos".

O ser humano é o único animal que não aprende nada sem ser ensinado: ao nascer não sabe falar, nem caminhar, nem comer, enfim, não sabe fazer nada no estado natural, a não ser chorar.

No aprendizado infantil, muitas são as teorias que trazem certos conhecimentos. Ocorre que não há quem aprenda profundamente alguma coisa simplesmente por tê-la ouvido, não se aprende bem só com a teoria, a criança precisa de práticas, em todos os sentidos, tanto no aspecto cognitivo quanto no comportamental. Somente a experiência de colocar a teoria em prática é que transforma o conhecimento em sabedoria.

Essas experiências oferecerão segurança na aprendizagem e correção dos erros.

Em educação infantil é preciso haver coerência entre o dizer e o fazer. As crianças aprendem mais com os olhos do que com os ouvidos. As crianças têm mais necessidade de modelos do que de críticas. Por isso, longo é o caminho através de regras e normas, porém curto e eficaz, através do exemplo. A palavra empolga, o exemplo ensina. O bom exemplo constitui o melhor e mais eficaz sistema de educar as crianças. Por isso não se pode educar uma criança com o

"O exemplo é sempre mais eficaz do que o preceito."

lema: *"Faça o que eu digo, mas não faça o que eu faço"*. Só é possível ensinar uma criança a amar, amando-a.

É preciso que nós adultos tenhamos muita responsabilidade em nossos atos, pois quando menos esperamos há uma criança nos observando para ter em nós um exemplo a seguir. Se você não respeita os seus pais, o seu filho não o irá respeitar.

A mensagem implícita no poema é que, para as crianças, os progressos obtidos por meio do ensino teórico são lentos; já os obtidos por meio de bons exemplos e práticas são mais imediatos e eficazes. Para a criança aprender, não basta só ouvir por fora, é necessário entender por dentro, para isso, quanto mais práticas e exemplos melhor. É observando e fazendo que as crianças aprendem a fazer aquilo que devem aprender.

Mikao Usui

O Mestre Mikao Usui seguramente associou as crianças aos novos discípulos do Reiki. Selecionou esse poema pela importância do reikiano aprender pelas práticas e pela observação. Também no Reiki, na teoria recebe-se conhecimento, na prática adquire-se sabedoria. Não há professor como o exercício prático, não se aprende bem o Reiki a não ser pela experiência.

Os reikianos devem colocar em prática, sempre que possível, os seus conhecimentos, assim, ficarão cada vez mais íntimos da energia e melhores resultados vão aparecer.

Da mesma forma, não existe meio mais certo e eficaz para um Mestre de Reiki exercer influência direta sobre os seus discípulos do que o bom exemplo. No dia a dia, na vivência dos cinco Princípios do Reiki, o exemplo é sempre mais eficaz do que o preceito.

"É preciso haver coerência entre o dizer e o fazer."

Nas práticas espirituais como o Reiki, o Mestre medíocre descreve, o Mestre bom explica, o Mestre ótimo demonstra e o Mestre fora de série inspira.

Segue uma citação que nos remete ao poema:

Albert Einstein disse:
"A única fonte de conhecimento é a experiência."

Obs.: Poema analisado mediunicamente por Johnny De' Carli, com a contribuição da Mestre de Reiki Elza Ferreira.

"Somente a experiência de colocar a teoria em prática é que transforma o conhecimento em sabedoria."

Poema 36 – Orvalho Sobre os Cravos do Jardim

36　をしへある庭にさきたる撫子の

oshiearu niwa ni sakitaru nadeshiko no

花は露にもみだりざりけり　（　瞿麦露　）

hana wa tsuyu nimo midarezarikeri (kugumugi tsuyu)

"Tudo na vida passa."

Análise do Poema 36 – Orvalho Sobre os Cravos do Jardim

> *"As jovens alunas, no pátio da escola,*
> *têm o frescor dos cravos do jardim molhados pelo orvalho."*

Aqui, o Imperador Meiji, mais uma vez, associou uma observação feita na natureza, no caso, das gotas de '*orvalho sobre os cravos do jardim*', título do poema, à transitória força e pureza da juventude feminina.

No poema, o Imperador compara metaforicamente o '*pátio da escola*' ao mundo terreno (escola da vida) e o vigor das '*jovens alunas*' ao frescor dos '*cravos do jardim*' molhados por gotinhas de orvalho. Isso, pelo fato das gotas do orvalho, como a juventude, durar pouco tempo e serem puras como as jovens alunas.

Orvalho é a precipitação atmosférica em que o vapor de agua se condensa e se deposita durante a noite e pela manhã. Na linguagem budista, o mundo de orvalho é o das aparências, representa o caráter efêmero, transitório, passageiro das coisas e da vida.

Na tradição japonesa, não só os cravos, mas todas as flores simbolizam a transitoriedade da vida, pois se transformam rapidamente, assim como as pessoas.

No Japão, o jardim é a representação da natureza em escala menor.

A mensagem implícita no poema fala da impermanência no mundo terreno, local das transformações, das passagens, da matéria, onde tudo muda: as situações e as pessoas.

"A verdade básica é que tudo muda."

Mikao Usui

O Mestre Mikao Usui seguramente associou o orvalho à Energia Primordial Cósmica *(Rei)* utilizada pelos reikianos, ambos são puros.

O Mestre Usui com certeza também selecionou esse poema pela rápida mudança e transformação a que se submete uma pessoa iniciada no Reiki. Enaltece, provavelmente, o sexo feminino por representar maioria entre os reikianos.

Segue uma citação que nos remete ao poema:

Camilo Castelo Branco disse:
"A infância é como a água que desce da bica, e nunca mais sobe."

Obs.: Poema analisado mediunicamente por Johnny De' Carli, com a contribuição da Mestre de Reiki Elza Ferreira.

"Tudo evolui, recriando-se a cada segundo."

Poema 37 – Sinceridade

37　鬼神もなかするものは世の中の

kizin mo nakasurumono wa yononaka no

人のこゝろのまことなりけり　（　誠　）

hito no kokoro no makoto narikeri (makoto)

"Por mais que a verdade doa, a sinceridade magoa menos que a mentira."

Análise do Poema 37 – Sinceridade

> “*A sinceridade do coração humano faz até o Céu chorar.*”

Aqui, o Imperador Meiji fala da '*sinceridade*', título do poema, a difícil virtude de “ser franco, dizer sempre a verdade”. Em latim, sincero significa “sem cera”, isto é, sem a cera usada para disfarçar os defeitos das esculturas e dos móveis de madeira. Ser sincero é exprimir o pensar e o sentir de forma muito clara e transparente.

A frase '*A sinceridade do coração humano faz até o Céu chorar*', corpo do poema, se apresenta com o significado de “a sinceridade pode complicar muito a vida, em excesso, é absolutamente perigosa, a ponto de comprometer injustamente a própria existência e se tornar fatal”.

O Imperador utiliza a expressão '*coração humano*' associada ao intelecto, diferentemente da simbologia ocidental, onde o coração simboliza os sentimentos e o amor. Para muitas culturas, o intelecto reside no coração.

A expressão '*Céu chorar*' aparece como metáfora da indignação Divina pelo sofrimento, punição e até a morte de alguém, causada por uma grande injustiça, no caso, por ter sido sincero. Pode-se citar como exemplo a crucificação de Jesus.

Não há no mundo coisa mais difícil e complicada do que a sinceridade e mais fácil do que a bajulação (louvor interesseiro). Ser autêntico às vezes é problemático, pois as pessoas esperam sempre boas palavras do outro e, em muitos casos, a sinceridade causa dores, machuca não só aos outros como a nós mesmos. Diz o dito popular: “*Quem fala o que quer ouve o que não quer*”. Todas as pessoas buscam por sinceridade, mas poucas têm a coragem e resignação de ouvir a verdade. A sinceridade incomoda a muitos, principalmente a todos aqueles que

> “Não há no mundo coisa mais difícil e complicada do que a sinceridade e mais fácil do que a bajulação.”

não conseguem ser sinceros com eles mesmos; por isso, as pessoas fracas não podem ser sinceras. A sinceridade se não for temperada com moderação conduz infalivelmente à ruína. Não foram poucos os que perderam a vida nas fogueiras da Inquisição, nos "espetáculos" sangrentos do Coliseu, e em muitas outras situações na história da humanidade, por falarem a verdade. Uma pessoa deixa de ser sincera não só quando fala mentira, mas quando não fala toda a verdade.

A mensagem implícita no poema é que as verdades incomodam, têm "espinhos", e podem até matar.

Mikao Usui

O Mestre Mikao Usui certamente selecionou esse poema pela ligação que a sinceridade tem com o Princípio do Reiki *"Seja aplicado e honesto em seu trabalho"*. A sinceridade e a honestidade andam de braços dados. Com honestidade e gentileza o reikiano consegue ser sincero sem magoar. Por mais que a verdade doa, a sinceridade magoa menos que a mentira.

É contraditório um comportamento falso, hipócrita, mentiroso com os Princípios do Reiki.

Segue uma citação que nos remete ao poema:

Marquês Maricá disse:
"Se fôssemos sinceros em dizer o que sentimos e pensamos uns dos outros, em declarar os motivos e fins das nossas ações, seríamos reciprocamente odiosos e não poderíamos viver em sociedade."

Obs.: Poema analisado mediunicamente por Johnny De' Carli, com a contribuição da Mestre de Reiki Elza Ferreira.

"A sinceridade se não for temperada com moderação conduz infalivelmente à ruína."

人不知而不
亦君子乎

Poema 38 – Pensamento Ocasional

38　おのがじしつとめを終へし後にこそ

onoga zisi tsutome wo oesi notinikoso

花のかげにはたつべかりけれ　（をりにふれて）

hana no kage niwa tatsubekarikere (orinihurete)

"Trabalhe, trabalhe, trabalhe. Mas não se esqueça, as vírgulas significam as pausas."

Análise do Poema 38 – Pensamento Ocasional

> "*É bom apreciar as flores, depois de cumprir as exigências do trabalho.*"

No poema, o Imperador Meiji recomenda a folga, desde que concluídas as obrigações laborais.

Podemos dividir o poema em dois trechos: o primeiro '*É bom apreciar as flores*' se apresenta metaforicamente com o significado de "é benéfico descansar e desfrutar do lazer" e o segundo '*depois de cumprir as exigências do trabalho*' pode ser entendido com o significado de "desde que priorizemos o trabalho".

Nada há melhor do que ser útil. Todo trabalho alimenta a alma se ele é honesto, feito com a melhor das nossas habilidades e se ele traz alegria aos outros. Nenhum trabalho, por mais humilde que seja, desonra a pessoa. Honramos a vida quando trabalhamos, o trabalho é fundamental e prioritário, afasta de nós o tédio, a corrupção e a necessidade, sem ele surge a neurose. Diz o ditado popular: "*Mente desocupada é oficina do demônio*". As pessoas crescem através do trabalho, aprendem diariamente com ele. Tudo que nasce do trabalho é bom, ele é a fonte de toda a riqueza e cultura. Ocorre que alguns fogem de seus problemas escondendo-se no trabalho compulsivo; outros perdem a saúde, trabalhando em excesso para juntar dinheiro e depois gastam o dinheiro para recuperá-la. Devemos deixar a vida correr mais leve e suavemente. Devemos saber usufruir dos frutos do trabalho, não viver só para ele, ter outras atividades paralelas. O fruto do trabalho é o mais doce de todos os prazeres. O tempo dedicado ao lazer, à família, ao esporte, à boa leitura, aos amigos nunca é perdido, desde que não haja prejuízo das ocupações ordinárias.

"Para cada almoço de negócios,
faça um jantar à luz de velas."

A mensagem implícita no poema estabelece a prioridade do trabalho e a recomendação de se fazer pausas, aproveitando as coisas boas da vida. Quando fazemos nosso trabalho com amor, dedicação, zelo e honestidade, depois de cumpridas as tarefas prioritárias, temos muito mais prazer no momento do descanso, desfrutando melhor os momentos de descontração. A arte do descanso é uma parcela da arte de trabalhar.

Mikao Usui

Mikao Usui certamente selecionou esse poema em atenção ao Princípio do Reiki *"Seja aplicado e honesto no seu trabalho"*. O ser humano nasceu para trabalhar, tal como o pássaro para voar. Não ensinar um filho a trabalhar é como ensinar-lhe a roubar. Aristóteles disse: *"Para nos mantermos bem é necessário comer pouco e trabalhar muito"*. O trabalho é o alimento das almas nobres. Não devemos, no entanto, confundir este importante Princípio achando que devemos viver só para o trabalho. O lazer e o descanso também são importantes para o ser humano.

Segue uma citação Bíblica que nos remete ao poema:

O Mestre Jesus disse:
"Olhai como crescem os lírios do campo."
(Mateus 6, 19-34)

Obs.: Poema analisado mediunicamente por Johnny De' Carli, com a contribuição do reikiano Barrios Lisandro Mathias.

"Não deixe que o trabalho sobre sua mesa
tampe a vista da janela."

Poema 39 – Lembrança

39　おのが身はかへりみずしてともすれば

ono ga mi wa kaerimizushite tomosureba

人のうへのみいふ世なりけり　（　述懐　）

hitono ue nomi iu yo narikeri (zyukkai)

"As línguas, geralmente, têm muito veneno para verter."

Análise do Poema 39 – Lembrança

> "*O ser humano não olha para dentro de si mesmo.*
> *Prefere falar dos demais. Assim é a verdade em sociedade.*"

Aqui, o Imperador Meiji, numa '*lembrança*', título do poema, aborda uma triste realidade humana.

Podemos dividir o poema em três trechos: o primeiro '*O ser humano não olha para dentro de si mesmo*' aparece com o significado de que "raramente nos apercebemos dos nossos defeitos"; no segundo '*Prefere falar dos demais*' o Imperador exalta um comportamento típico do ser humano em sociedade: "a maledicência" e o terceiro '*Assim é a verdade em sociedade*' vem com o significado de que "As nossas reuniões sociais são, em geral, verdadeiras academias de maledicências".

A palavra é um instrumento valioso, porém, nem sempre tem sido utilizada devidamente. Toda pessoa não suficientemente realizada em si mesma tem a instintiva tendência de falar mal dos outros. Trata-se de um complexo de inferioridade unido a um desejo de superioridade. A imensa maioria das pessoas não está em condições de medir o seu valor por si mesmo. Necessitam medir o seu próprio valor desvalorizando os outros. Essas pessoas julgam necessário apagar as luzes alheias a fim de fazerem brilhar mais intensamente a própria luz. Não percebem que aquele que tem luz própria não necessita apagar ou diminuir as luzes dos outros para poder brilhar.

A grande realidade, que somente poucos ainda perceberam, é que o mundo é um espelho gigante que nos reflete sempre. No mundo holográfico, tudo é você, e você está sempre falando de si mesmo. Projetamos nossas deficiências nos outros e ao fazer-lhes julgamentos, estamos julgando a nós mesmos. Dizemos do outro o que deveríamos estar dizendo de nós mesmos.

> "Quase todos nós somos muito maliciosos em apontar defeitos alheios, mas raramente nos apercebemos dos nossos."

A mensagem implícita no poema fala que quase todos nós somos muito maliciosos em apontar defeitos alheios, mas raramente nos apercebemos dos nossos.

Mikao Usui

O Mestre Mikao Usui seguramente selecionou esse poema em atenção ao Princípio do Reiki *"Seja gentil com os outros"*.

Muitas das técnicas originais do Reiki Japonês são coletivas, não é hábito no Japão os reikianos trabalharem isolados. O ideal é que esse seja um grupo harmônico em que não impere a maledicência. Ocorre que não é fácil montar um grupo de bons e verdadeiros amigos, pelo fato de que, lamentavelmente, no atual estágio evolutivo que vivemos em nosso planeta, as línguas, geralmente, ainda têm muito veneno para verter.

Segue uma citação Bíblica que nos remete ao poema:

O Mestre Jesus disse:
"Hipócritas, tirai primeiro a trave do vosso olho e depois, então, vede como podereis tirar o argueiro do olho do vosso irmão."
(Mateus 7, 3-5)

Obs.: Poema analisado mediunicamente por Johnny De' Carli, com a contribuição do Mestre de Reiki Christian Jeremias Mello.

"A palavra é um instrumento valioso, porém, nem sempre tem sido utilizada devidamente."

Poema 40 – Cume

40　おほぞらにそびえて見ゆるたかねにも

oozora ni sobiete miyuru takane nimo

登ればのほる道はありけり　（　峯　）

noboreba noboru michi ha arikeri (mine)

"Podemos escolher qualquer caminho."

Análise do Poema 40 – Cume

> "*Tão alta parece a montanha, que arranha o grande Céu.*
> *Se não te deres por vencido e começares a subir,*
> *por certo encontrarás um caminho.*"

Esse é mais um poema repleto de simbolismo.

Aqui, o Imperador Meiji utiliza o ponto mais alto da montanha, o '*cume*', título do poema, como metáfora para representar espiritualmente o Estado Absoluto de Consciência ou *Satori*. *Satori* é o termo japonês budista para Iluminação, equivalente ao termo sânscrito *Nirvana*.

Podemos dividir o poema em quatro trechos: o primeiro '*Tão alta parece a montanha*' aparece com o significado de "tão grande e difícil parece o desafio", afinal, subir uma montanha não é algo que se faz com pouco esforço; o segundo '*que arranha o grande Céu*' se apresenta metaforicamente com o significado de "se aproximar da Natureza Divina"; o terceiro '*Se não te deres por vencido e começares a subir*' vem com o significado de "se não desistir de elevar-se espiritualmente" e o último '*por certo encontrarás um caminho*' aparece com o significado de "certamente encontrará um meio de ascensão espiritual rumo à Iluminação".

A montanha tem um simbolismo muito grande, é feita de terra, assim como o ser humano. A montanha é o que, na terra, mais se aproxima do Céu, representa, pois, algo humano que se acerca do Divino, é um símbolo universal do estar mais perto de Deus. Costuma ser um local de iniciação, de elevação espiritual e de meditação, por esse motivo, é onde se processam as grandes "revelações". Quase todas as grandes tradições religiosas têm a sua montanha sagrada, ou várias delas.

A mensagem implícita no poema é que não devemos desistir de procurar um "caminho" (meio, filosofia, método ou mesmo uma religião) que nos faça melhorar a cada dia e evoluir rumo à Perfeição.

"Não desista de elevar-se espiritualmente."

Mikao Usui

A montanha tem uma importância muito grande na história do Reiki. O Mestre Mikao Usui descobriu o Reiki no cume de uma montanha sagrada em Kyoto, o Monte Kurama.

O Mestre Usui seguramente selecionou esse poema para deixar claro que o Método Reiki é um caminho seguro de expansão de consciência ou evolução espiritual. Reiki é um "farol" que nos leva de volta à Grande Luz.

Um manual com o título de *Reiki Ryoho Hikkei* era entregue aos alunos do Mestre Usui, quando lecionava. O manual contém uma entrevista com o próprio Usui. Segue uma pergunta que explica bem o porquê da escolha desse poema:

Entrevistador: *"A Usui Reiki Ryoho* (técnica terapêutica Reiki Usui) *trata somente problemas de saúde?"*

Mikao Usui: *"Não somente problemas de saúde. Pode também corrigir maus hábitos, tais como angústias, debilidades, timidez, indecisões e nervosismo. Com a energia Reiki, O CORAÇÃO SE TORNA SEMELHANTE A DEUS OU BUDA* (o grifo é nosso), *trazendo felicidade para si mesmo e para terceiros".*

Segue parte da música **A Montanha** de autoria do cantor Roberto Carlos, reikiano de Nível 3-A, que nos remete ao poema:

"Eu vou seguir,
Uma luz lá no alto eu vou ouvir,
Uma voz que me chama eu vou subir,
A montanha *e ficar bem mais perto de Deus e rezar,*
Eu vou gritar,
Para o mundo me ouvir e acompanhar,
Toda minha escalada e ajudar..."

Obs.: Poema analisado mediunicamente por Johnny De' Carli, com a contribuição da visão da reikiana Victoria Nemeth.

"Reiki é um 'farol' que nos leva de volta à Grande Luz."

Poema 41 – Pensamento Ocasional

41　おもふこと思ひ定めて後にこそ

omoukoto omoi sadamete notini koso

人にはかくといふべかりけれ　（をりにふれて）

hito niwa kakuto iubekarikere (orinihurete)

"Saber aguardar o momento certo de falar
é uma receita de grande sabedoria."

Análise do Poema 41 – Pensamento Ocasional

> "*Deverias falar com os outros depois que tenhas feito uma reflexão.*"

No poema, o Imperador Meiji condena a impulsividade, o ato de falar irrefletidamente, sem pensar nas consequências, sem avaliar se agredimos as pessoas.

A frase '*Deverias falar com os outros depois que tenhas feito uma reflexão.*', corpo do poema, se apresenta com o significado de "só depois de avaliar seriamente sobre o que podem causar nossas palavras, deveríamos levá-las aos outros".

Os seres humanos nasceram com esse grande dom Divino que é o da comunicação verbal. As palavras expressam o nosso ser e têm um poder incrível. Palavras e qualidade de vida estão intimamente relacionadas. Devemos sempre ter cuidado com as palavras pronunciadas para viver melhor, pensar bem antes de falar, utilizando não só a razão, mas consultando também o coração, evitando julgamentos precipitados ou acusações indevidas. Devemos ficar em silêncio se não tivermos certeza do que dizer; silenciar quando nos sentirmos tentados a falar mal de alguém; calar perante a tentação que pode levar a ferir com as palavras. Saber aguardar o momento certo de falar é uma receita de grande sabedoria. Se pensássemos profundamente antes de falar, evitaríamos muitos problemas e desentendimentos. Às vezes, por causa de uma frase impensada, vemos desmoronar um relacionamento afetivo ou fraternal, principalmente se não houver tolerância de parte a parte: humildade para desculpar-se e compaixão para perdoar.

A mensagem implícita no poema é que devemos parar e refletir antes de falar.

"Só depois de avaliar seriamente sobre o que podem causar nossas palavras, deveríamos levá-las aos outros."

Mikao Usui

O Mestre Mikao Usui seguramente selecionou esse poema em atenção ao Princípio do Reiki *"Seja gentil com os outros"*. Ser gentil com os outros implica saber falar sem agredir e ser sincero sem ofender, usando a franqueza com a gentileza. Se nos deixarmos levar pelas emoções momentâneas, poderemos causar muitos danos. A palavra não deve ser um instrumento para desfazer relações, mas uma ferramenta de entendimento e união.

Segue uma parábola que nos remete ao poema:

As Três Peneiras

Um rapaz procurou Sócrates, pois precisava contar-lhe algo. Sócrates ergueu os olhos e perguntou:

- *"O que você vai me contar já passou pelas três peneiras?"*

- *"Três peneiras?"*

- *"Sim, a primeira é a **verdade**. O que você vai me contar dos outros é um fato? Caso tenha apenas ouvido contar, a coisa deve morrer por aí mesmo. Suponhamos então, que seja verdade. Deve então passar pela segunda peneira: a **bondade**. O que você vai contar é coisa boa? Ajuda a construir o caminho, o sucesso e fama do próximo? Se o que você vai contar é verdade, é coisa boa, deverá ainda passar pela terceira peneira: a **necessidade**. Convém contar? É necessário? Resolve alguma coisa? Ajuda a coletividade? Pode melhorar seu ambiente de trabalho?"*

E arremata Sócrates:

- *"Se passar pelas três peneiras, conte. Tanto eu, você e seus amigos e colegas iremos nos beneficiar. Caso contrário, esqueça, enterre tudo. Será uma fofoca a menos para envenenar o ambiente e levar discórdia entre as pessoas que nos cercam. Devemos ser sempre a estação terminal de qualquer comentário infernal"*.

Obs.: Poema analisado mediunicamente por Johnny De' Carli, com a contribuição da Mestre de Reiki Claudia Secassi.

"Devemos parar e refletir antes de falar."

Johnny De' Carli &
国際交流& Re
Johnny と Reido Reiki

Poema 42 – Pensamento Ocasional

42　おもふこと思ふがまゝになれりとも

omoukoto omougamamani nareritomo

身を慎まむことな忘れそ　（をりにふれて）

mi wo tutusinu kotona wasureso (orinihurete)

"O orgulho divide as pessoas, a humildade une-as."

Análise do Poema 42 – Pensamento Ocasional

> “*Ainda quando tudo o que pensas se tenha manifestado,*
> *não permitas que te suba à cabeça e não esqueças a humildade.*”

Podemos dividir o poema em trechos: o primeiro *'Ainda quando tudo o que pensas se tenha manifestado'* se apresenta com o significado de "quando realizado profissionalmente e bem sucedido financeiramente"; o segundo *'não permitas que te suba à cabeça'* aparece com o significado de "não se transforme numa pessoa arrogante e orgulhosa" e o terceiro *'não esqueças a humildade'* vem com o significado de "nunca perca a humildade".

O sucesso, a fama, o reconhecimento e o dinheiro atraem e fascinam, mas infelizmente mudam e corrompem o fraco e sem personalidade. O Imperador, seguramente, observou esse comportamento nas Forças Armadas Japonesas, pelo fato de ter sido o Comandante de dois litígios bélicos, durante o seu governo. No meio militar há hierarquia e ascensão, diz o dito militar: *"Só conhecemos o soldado quando ele vira Tenente"*. A patente de Tenente é a primeira na hierarquia oficial, o primeiro cargo de poder.

A mensagem implícita no poema é que o poder, lamentavelmente, muda as pessoas. Mesmo realizados profissionalmente e financeiramente, deveríamos nos manter humildes ao longo de toda a vida, oferecendo sempre o melhor que há em nós.

"Somos todos semelhantes."

Mikao Usui

O Mestre Mikao Usui seguramente selecionou esse poema em atenção ao Princípio do Reiki *"Seja gentil com os outros"*. Gentileza e humildade andam de braços dados. É possível encontrarmos pessoas que recebem iniciações de Reiki, principalmente do Mestrado, e perdem a humildade, passam a se sentir superiores e melhores que os demais. Observam-se mudanças no modo de vestir, nas relações pessoais, nas antigas amizades, na maneira de tratar os outros. O Mestre Usui seguramente desejava evitar esse comportamento no Reiki, não permitindo que a arrogância e o orgulho se manifestassem, ele sabia que somos todos semelhantes.

A humildade é a base e o fundamento de todas as virtudes. O orgulho divide as pessoas, a humildade une-as. Reiki é amor, onde houver humildade definitivamente haverá amor.

Segue uma citação que nos remete ao poema:

Abraham Lincoln disse:
"Se quiser conhecer verdadeiramente uma pessoa dê-lhe poder."

Obs.: Poema analisado mediunicamente por Johnny De' Carli, com a contribuição da Mestre de Reiki Elza Ferreira.

"O poder, lamentavelmente, muda as pessoas."

Poema 43 – Pensamento Ocasional

43　及ばざる事な思ひそうつせみの

oyobazaru koto na omoiso utsusemi no

みはほどほどのありけるものを（をりにふれて）

mi wa hodohodono arikeru monowo (orinihurete)

“Não se pode realizar tudo o que se precisa
ou se gostaria de fazer.”

Análise do Poema 43 – Pensamento Ocasional

> *"Há tanto o que fazer e tanto para pensar,*
> *mas o que realmente se pode fazer é limitado."*

No poema, o Imperador Meiji fala da impossibilidade de solucionar todos os desejos e problemas pessoais e sociais de responsabilidade de um dirigente (saúde, educação, habitação, criminalidade, desemprego, desigualdades sociais, fome, pedofilia e outros crimes sexuais, etc.). Há também muito que fazer no que diz respeito à redução dos danos ecológicos causados ao planeta pelo próprio ser humano.

A mensagem implícita no poema é que não se pode realizar tudo o que se precisa ou se gostaria de fazer, mesmo para quem detém o poder.

"Estabeleça prioridades."

Mikao Usui

O Mestre Mikao Usui selecionou esse poema a fim de que fique claro que é impossível para um reikiano fazer todo o necessário e o que gostaria, somente com as suas próprias mãos. Ele mesmo pode vivenciar isso numa catástrofe que presenciou em Tóquio. Essa informação está talhada na pedra do Memorial de Mikao Usui, sobre o solidário trabalho dele, no socorro às vítimas sobreviventes do terremoto no Japão, quando faleceram mais de 140 mil pessoas: *"Em setembro de 1923, Tóquio sofreu um grande incêndio ocasionado por um terremoto no distrito de Kanto. Pessoas feridas e doentes padeciam de dores em todos os lugares. O Mestre Usui ficou muito tocado com tudo aquilo e se mobilizou com a terapia Reiki, percorrendo toda a cidade diariamente. Não podemos calcular quantas pessoas foram salvas da morte por sua devoção. Sua atuação ao estender suas mãos de amor por sobre aquelas pessoas que sofriam, naquela situação de emergência, se destacou".*

O reikiano deve estabelecer prioridades, em seguida fazer todo o bem sempre que puder.

Segue uma citação que nos remete ao poema:

John Wesley disse:
"Faça todo o bem que você puder, com todos os recursos que você puder,
por todos os meios que você puder, em todos os lugares que você puder,
em todos os tempos que você puder, para todas as pessoas que você puder,
sempre e quando você puder."

Obs.: Poema analisado mediunicamente por Johnny De' Carli, com a contribuição da Mestre de Reiki Elza Ferreira.

"Quando a responsabilidade é assumida,
passa a ser prioridade."

Poema 44 – Pinheiro na Neve

44　おりたちてとくうちはらへ枝よわき

oritatite toku tsuiharae eda yowaki

小松のうへに雪のつもれる　（　雪中松　）

komatu no ue ni yuki no tsumoreru (sekityu matu)

"Ajude aqueles que não têm as suas possibilidades."

Análise do Poema 44 – Pinheiro na Neve

> "*Quando a neve sobre o ramo débil de um pinheiro*
> *ficar muito pesada, aproxima-te e a retira.*"

No poema, o Imperador Meiji compara metaforicamente um fenômeno natural observado em um '*pinheiro na neve*', título do poema, a um fardo ou dificuldade enfrentado por uma pessoa. Aqui, o '*pinheiro*' aparece como metáfora do ser humano.

A expressão '*ficar muito pesada*' se apresenta com o significado de "um problema de difícil solução, que poderia, de alguma forma, comprometer ou deixar sequelas em alguém". O trecho '*o ramo débil de um pinheiro*' vem com o significado de "uma fragilidade de uma pessoa". A frase '*aproxima-te e a retira*' se apresenta com o significado de "ajude".

O poema fala da necessidade de socorrermos o próximo, quando uma adversidade da vida o atingir e percebermos que esteja precisando de ajuda, a fim de suavizar a situação.

A mensagem implícita no poema é a solidariedade humana, o amor ao próximo, nunca sendo indiferente nas circunstâncias alheias difíceis.

"Interesse-se pelos seus semelhantes."

Mikao Usui

O Mestre Mikao Usui seguramente selecionou esse poema em atenção ao Princípio do Reiki *"Seja gentil com os outros"*. Um bom reikiano deve ser solidário, interessar-se pelos seus semelhantes, sentir-se chamado a fim de diminuir o sofrimento dos outros, ajudando aqueles que não têm as suas possibilidades. A solidariedade é, sem sombra de dúvidas, uma grande forma de alguém expressar o seu amor.

Vale, mais uma vez, lembrar a informação talhada na pedra do Memorial do Mestre Usui, sobre o solidário trabalho dos reikianos, no socorro às vítimas sobreviventes do terremoto no Japão, quando faleceram mais de 140 mil pessoas, cujo trecho foi citado no poema anterior.

Segue uma citação que nos remete ao poema:

Theodore Roosevelt disse:
"Faça o que puder, com o que tem, onde estiver."

Obs.: Poema analisado mediunicamente por Johnny De' Carli, com a contribuição d a Mestre de Reiki Sueli Lucchi.

"Nunca seja indiferente nas circunstâncias alheias difíceis."

明治大帝聖像

Poema 45 – Pensamento Ocasional

45　かぎりなき世にのこさむと国の為

kagirinaki yo ni nokosanto kuni no tame

たふれし人の名をぞとゞむる　（をりにふれて）

taoreshi hito no na wozo todomuru (orinihurete)

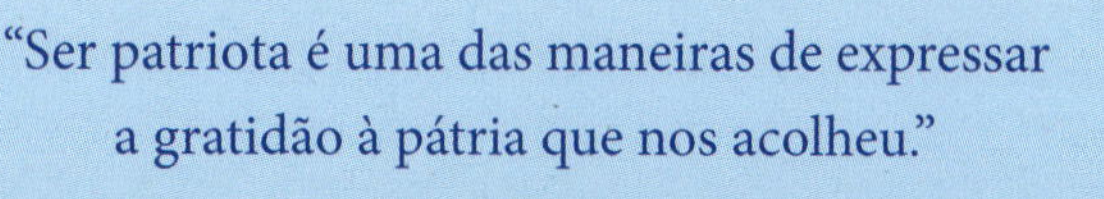

"Ser patriota é uma das maneiras de expressar
a gratidão à pátria que nos acolheu."

Análise do Poema 45 – Pensamento Ocasional

> "*Mortos na guerra: deixai-me guardar seus nomes na memória, para que a pátria possa perdurar.*"

Durante a Era Meiji, o povo japonês enfrentou duas ferozes guerras: um conflito com a China (1894 ~1895) e outro com a Rússia (1904~1905).

No poema, a expressão '*Mortos na guerra*' aparece com o significado de "mártires". O trecho '*deixai-me guardar seus nomes na memória, para que a pátria possa perdurar*' se apresenta com o significado de "permita-me realizar registros históricos dos mártires, que têm como objetivo não deixar a chama do patriotismo se apagar".

Aqui, o Imperador Meiji exalta a gratidão e a homenagem, através dos registros oficiais, das pessoas que lutaram e sacrificaram as suas vidas por uma causa patriótica.

No Japão, geralmente as pessoas têm grande gratidão, respeito e amor por sua pátria, à terra que os acolheu. Para muitas culturas orientais, quem morre pelo seu país vive eternamente.

A mensagem implícita no poema se refere à nobreza de saber reconhecer os mártires, expressando homenagem, imortalizando seus nomes nos memoriais oficiais históricos, como prova de gratidão e respeito patriótico.

"Tenha gratidão, respeito e amor por sua pátria, à terra que o acolheu."

Mikao Usui

O Mestre Mikao Usui com certeza selecionou esse poema em respeito ao Princípio do Reiki *"Expresse sua gratidão"*. O Mestre Usui deve ter observado que muitos não reconheciam os esforços das pessoas que se dedicaram, lutaram ou se sacrificaram por uma causa nobre. Certamente, ele queria evitar esse comportamento no meio reikiano, de forma que os novos reikianos e Mestres de Reiki guardassem registros dos primeiros Mestres, como prova do reconhecimento, gratidão e respeito ao trabalho pioneiro dedicado ao Reiki.

O Mestre Usui seguramente, conforme já abordado no poema 33, também selecionou esse poema incentivando os reikianos para que fossem patriotas. Ser patriota é uma das maneiras de expressar a gratidão à pátria que nos acolheu.

Segue uma citação que nos remete ao poema:

Edmund Burke disse:
"A nossa pátria, para fazer-se amar, deve ser amável."

Obs.: Poema analisado mediunicamente por Johnny De' Carli, com a contribuição da Mestre de Reiki Elza Ferreira.

"Respeite o trabalho pioneiro."

Poema 46 – Ventilador

46　かざぐるまいざかけさせよ日ざかりの

kazaguruma iza kakesaseyo hizakari no

暑さいとはず人のまゐくる　（　扇風器　）

atusa itowazu hito no maekuru (senpuki)

"Saiba retribuir o carinho expressando gratidão."

Análise do Poema 46 – Ventilador

"*No calor do meio dia vens visitar-me!*
Deixa-me, ao menos, pegar o ventilador."

Aqui, o Imperador Meiji faz uso de um '*ventilador*', título do poema, a fim de exaltar a virtude da gratidão.

No poema, o Imperador, pela presença da frase exclamativa '*No calor do meio dia vens visitar-me!*', demonstra surpresa ao receber um visitante, que enfrentara o desconforto do forte sol e calor para visitá-lo. Na frase '*Deixa-me, ao menos, pegar o ventilador.*', o Imperador, na intenção de retribuir o esforço, demonstra reconhecimento e gratidão.

Em 1882, durante a Era Meiji, o alemão Philip Diehl inventou o ventilador moderno de teto; como grande novidade, o preço era elevado, o que não permitia que todas as pessoas pudessem comprá-lo.

O Japão, devido à sua posição geográfica, sofre grande influência do mar sobre suas cidades, provocando um aumento da umidade relativa do ar. No verão, o país é regido pela massa de ar mais quente do mundo, proveniente do Pacífico norte, a temperatura pode passar dos 40° C, com umidade média de 76%, além de sofrer períodos contínuos de sol relativamente sem chuva.

A mensagem implícita no poema é que há nobreza em saber reconhecer o esforço individual alheio e retribuir o carinho expressando gratidão.

"Saiba reconhecer o esforço alheio."

Mikao Usui

O Mestre Mikao Usui seguramente selecionou esse poema em respeito a dois dos cinco Princípios do Reiki: *"Expresse sua gratidão"* e *"Seja gentil com os outros"*.

O Mestre Usui deve ter observado que muitos não reconhecem o esforço alheio, ou se reconhecem, na hora de retribuir o fazem com má vontade ou são ingratos. Todos aqueles que vêm até nós, seja em que situação for, devem ser tratados com gentileza, gratidão, carinho e calor humano.

Segue uma citação que nos remete ao poema:

Jean de La Bruyère disse:
"Não há no mundo exagero mais belo que a gratidão."

Obs.: Poema analisado mediunicamente por Johnny De' Carli, com a contribuição da Mestre de Reiki Sueli Lucchi.

"Não existe exagero na gratidão."

Poema 47 – Espírito

47　かざらむと思はざりせばなかなかに

kazaranu to omowazariseba nakanakani

うるはしからむ人のこゝろは　（　心　）

uruwasikaran hito no kokoro wa (kokoro)

"Seja uma fonte, não um dreno."

Análise do Poema 47 – Espírito

> “*És belo, assim, na tua simplicidade quando te ocupas da caridade.*”

Aqui, o Imperador Meiji fala da beleza interior do *‘Espírito’*, título do poema, da pessoa simples e caridosa. Toda moral ensinada pelos maiores Mestres espirituais se resume em duas simples palavras: caridade e humildade. Essas são as duas maiores virtudes que devemos desenvolver, concentrando todas as nossas forças, se pretendemos erradicar de nosso espírito o egoísmo que até hoje nos mantém presos às teias da ignorância. A caridade é a virtude predileta de Deus, é puro amor.

A expressão *‘és belo’* aparece como metáfora de verdadeiro. Nada é tão belo como a verdade de quem auxilia desinteressadamente. O termo *‘simplicidade’* se apresenta com o significado de “humildade”. A verdadeira caridade é praticada em segredo, é impalpável e invisível. A beleza maior é aquela que não se pode tocar nem ver. A *‘caridade’*, a que o Imperador se refere como sendo bela, não quer dizer dar alguma coisa de comer ao pobre depois de já estar satisfeito, mas a própria pessoa ficar com fome e dar a outro de comer, é dar mais do que se pode, sem interesses ocultos e necessidade de receber retribuição. Caridosas são as pessoas que dividem não só algo material, mas também um tempo agradável em companhia de outras. Sempre temos o que oferecer mesmo que estejamos nos sentindo carentes.

A mensagem implícita no poema é que a verdadeira lei do progresso do espírito é a caridade exercida com humildade. Não existe exercício melhor para o espírito do que se inclinar e levantar pessoas.

“Esteja sempre aberto a doar.”

Mikao Usui

Certamente, o Mestre Mikao Usui selecionou esse poema pela relação da caridade, da simplicidade e da humildade com o Princípio do Reiki *"Seja gentil com os outros"*. É sempre gentil a ajuda que a simplicidade dita.

Quando se consegue ser caridoso com alguém, estados mentais positivos se instalam, estados que nos enriquecem por nos conduzirem a uma melhor saúde mental e à sensação de felicidade. Desenvolver a habilidade de sermos caridosos é um ato de grande auto-estima. Os únicos que serão realmente felizes são aqueles que procuraram e encontraram como servir. A verdadeira caridade une e solidariza as pessoas, possibilitando ultrapassar as distâncias sociais, raciais e o preconceito.

Seguramente, o Mestre Usui desejava que os reikianos fossem uma fonte, não um dreno. Fizessem todo o bem que pudessem, com todos os recursos que pudessem, por todos os meios que pudessem, em todos os lugares que pudessem, em todos os tempos que pudessem, para todas as pessoas que pudessem. Internamente, nós reikianos devemos, sem hesitação, estar sempre abertos a doar.

Segue uma passagem que nos remete ao poema.

O Mestre Jesus disse:
"Quando tu deres esmola, não saiba a tua mão esquerda o que faz a tua direita."
(Mateus 6, 3)

Obs.: Poema analisado mediunicamente por Johnny De' Carli, com a contribuição do reikiano Andréas Boos.

"A verdadeira caridade é praticada em segredo,
é impalpável e invisível."

家之墓
南無阿弥陀佛

Poema 48 – Lembrança

48　かたしとて思ひたゆまばなにごとも

katashitote omoi tayumaba nanigotomo

なることあらじ人の世の中　（　述懐　）

narukoto arazi hito no yononaka (zyukkai)

"Nada substitui a persistência, para o caminho do êxito."

Análise do Poema 48 – Lembrança

> "*Esforça-te, mesmo quando tudo parecer difícil.*
> *É possível alcançares qualquer objetivo do mundo.*"

No poema, o Imperador Meiji louva a persistência como virtude que vence as dificuldades.

A frase '*Esforça-te, mesmo quando tudo parecer difícil*' se apresenta com o significado de "persista, pois nada termina até que deixemos de tentar". Os grandes feitos são conseguidos não pela força, mas pela perseverança. Nada substitui a persistência, para o caminho do êxito. O segredo é ser constante. Uma corrida não é sempre para o mais rápido, mas para aquele que continua correndo.

A frase '*É possível alcançares qualquer objetivo do mundo*' vem com o significado de "nada é impossível". Deus nunca nos dá uma tarefa que não possamos realizá-la. Um fardo nunca é tão pesado de forma que não se possa carregá-lo. Disse Julio Verne: "*Não há nada impossível; há só vontades mais ou menos enérgicas*". Atraímos aquilo que pensamos e acreditamos. Devemos acreditar em nós mesmos.

A mensagem implícita no poema é: aquilo que parece tão difícil e até impossível, pode ser realizado com dedicação e insistência. Nada é impossível, as dificuldades se resolvem conforme se avança.

"Nada termina até que deixemos de tentar."

Mikao Usui

Certamente, o Mestre Mikao Usui observou que muitos facilmente desistiam de seus propósitos, objetivos e ideais e, até mesmo, de tratar doenças de difícil recuperação, por considerá-las incuráveis. No Reiki, trabalhamos diretamente com a Fonte. As coisas que são impossíveis para as pessoas são possíveis para Deus. Albert Einstein disse: *"Algo só é impossível até que alguém duvide e acabe por provar o contrário"*.

Desistir é a saída dos fracos, insistir é a vitória dos fortes. Ser derrotado ou falhar é frequentemente uma condição temporária. Desistir é uma solução permanente para um problema temporário. Dizem os orientais que o sofrimento e os problemas são passageiros, desistir é para sempre.

Existem três opções na atividade reikiana: ser um bom reikiano, empenhar-se para se tornar um ou desistir.

Reikiano, prossiga e a luz aparecerá e brilhará com clareza crescente em seu caminho.

Segue uma passagem que nos remete ao poema.

O Mestre Jesus disse:
"Quem insiste alcança a benção."
(Marcos 5; 21-43)

Obs.: Poema analisado mediunicamente por Johnny De' Carli, com a contribuição da Mestre de Reiki Helly Mussi.

"As dificuldades se resolvem conforme se avança."

Poema 49 – Pilar

49　かりそめの事に心をうごかすな

karisomeno koto ni kokoro wo ugokasuna

家の柱とたてらるゝ身は　（　柱　）

ieno hasira to tateraruru mi wa (hasira)

"A não priorização de tarefas é uma perigosa armadilha que nos faz desviar do objetivo que pretendemos alcançar."

Análise do Poema 49 – Pilar

> “*Aquele que representa o pilar da família não deveria ter que se ocupar de miudezas.*”

Aqui, o Imperador Meiji utiliza o termo '*pilar*', título do poema, como metáfora do chefe da família ou a pessoa que é a base sólida. Usa o termo '*ocupar*' com o sentido de “envolver ou utilizar o tempo” e, o termo '*miudezas*' com o significado de “problemas de pequenas dimensões, pequenos detalhes, pormenores ou mesquinharias”.

O provedor deveria procurar ocupar-se somente das atividades relevantes. A não priorização de tarefas é uma perigosa armadilha que nos faz desviar do objetivo que pretendemos alcançar.

A mensagem implícita no poema nos diz que o sustentáculo de um grupo precisa delegar tarefas menos relevantes, evitando assumir para si toda a responsabilidade, seja em uma empresa, em uma casa ou em qualquer outra atividade, concentrando a sua energia e seu tempo sempre na solução de assuntos mais importantes. Ninguém consegue fazer tudo sozinho.

“É desnecessário fazer tudo sozinho
quando há mais pessoas aptas para ajudar.”

Mikao Usui

O Mestre Mikao Usui seguramente percebeu que não são poucas as pessoas sobrecarregadas de afazeres ou que executavam diversas atividades ao mesmo tempo, correndo o risco de não fazer nada bem feito e estressar a si e quem está a sua volta, ficando assim mais sujeitas a doenças. Toda tarefa consome tempo. É desnecessário fazer tudo sozinho quando há mais pessoas aptas para ajudar. Delegar com sucesso atribuições menores é uma habilidade que todo líder deveria adquirir. Quando se aprende a não fazer tudo sozinho, muita coisa melhora, permitindo fazer as tarefas prioritárias de uma forma mais plena.

O bom Mestre de Reiki costuma delegar responsabilidades e tarefas, permite que seus discípulos se tornem aptos a resolver problemas e a criar habilidades necessárias ao desenvolvimento da atividade reikiana.

Segue uma citação que nos remete ao poema:

Andrew Carnegie disse:
"Ninguém será um grande líder se quiser fazer tudo sozinho, ou ter todos os louros por tê-lo feito."

Obs.: Poema analisado mediunicamente por Johnny De' Carli, com a contribuição da Mestre de Reiki Ana Paula Granjeiro.

"Ninguém consegue fazer tudo sozinho."

茶ト
24時間営業
年中無休
DiCE
カラオケ
竹取御殿
3F
2F
餃子
がんこ
和食
月あかり夢てらす
Lush

Poema 50 – Lembrança da Relva

50　かりそめの言の葉草もともすれば

karisome no kotonohakusa mo tomosureba

ものの根ざしとなる世なりけり（　寄草述懐　）

monono nezasi to naru yo narikeri (kisou zyukkai)

"Aquele que pensa antes de falar raramente se arrepende."

Análise do Poema 50 – Lembrança da Relva

> “*Cautela! Se dizes algo sem muito refletir,*
> *isso logo se dissemina pela sociedade.*”

Aqui, o Imperador Meiji na expressão '*lembrança da relva*', título do poema, mais uma vez, nos ensina a viver fazendo associações do comportamento humano com a Natureza, as ervas daninhas, que crescem muito rápido e espontaneamente, podendo interferir de modo negativo na agricultura.

Podemos dividir o poema em três trechos: no primeiro '*Cautela!*' aparece com o significado de "tenha precaução e reflita"; o segundo '*Se dizes algo sem muito refletir*' se apresenta com o significado de "se falamos qualquer coisa sem avaliar se é o momento certo, adequado ou se será bom e produtivo" e o último '*isso logo se dissemina pela sociedade*' vem com o significado de "o assunto se espalha rapidamente entre as pessoas".

Da mesma forma que a relva, as maledicências se disseminam muito rápido. Notícia ruim corre depressa, é muito mais fácil as pessoas passarem adiante alguma informação desagradável, do que dar continuidade a alguma informação construtiva. Luís Fernando Veríssimo disse: "*A força mais destrutiva do Universo é a fofoca*".

A verdadeira força daquilo que se fala ainda é ignorada pela maioria. O Mestre Jesus disse: "*Não é o que entra pela boca o que contamina o homem, mas o que sai da boca, isto sim, contamina o homem*" (Mateus 15, 11). Quando falamos, emitimos energia, e essa, assim como uma flecha, uma vez lançada não poderá ser impedida de atingir o seu destino. Uma palavra mal proferida não retorna, por isso temos que ter cautela, analisar bem o que falamos, para que as nossas palavras sejam melhores que o silêncio.

"Antes cautela que arrependimento."

A mensagem implícita no poema é que devemos parar, pensar e analisar bem antes de falar. Então, só depois de uma séria reflexão sobre o que podem causar nossas palavras, levá-las aos outros.

Mikao Usui

O Mestre Mikao Usui seguramente selecionou esse poema em atenção aos Princípios do Reiki *"Seja gentil com os outros"* e *"Não se zangue"*.

Ser gentil também é evitar comentários maldosos, julgamentos precipitados ou acusações indevidas. É muito importante que tenhamos a certeza do que falamos, vigiar as palavras, para que elas sejam úteis, proveitosas e edificantes.

Na hora da raiva podemos falar coisas das quais nos arrependeremos pela vida inteira. É sábio sair de perto do que ou de quem nos atingiu, até recuperarmos a calma, não reagindo impulsivamente. Não precisamos ser tão apressados em manifestar nossa opinião. Antes cautela que arrependimento. Ter cautela é ficar em silêncio e em segurança. O silêncio vale ouro e nunca nos trai. Quantas vezes nos arrependemos de uma pequena frase, ou de um simples sim ou não dito sem uma reflexão mais cuidadosa. Aquele que pensa antes de falar raramente se arrepende.

Segue uma parábola que nos remete ao poema.

Palavras ao vento

"Certa vez, um homem tanto falou que seu vizinho era ladrão, que o vizinho acabou sendo preso. Algum tempo depois, descobriram que era inocente. Após muito sofrimento e humilhação o rapaz foi solto e processou o homem. No tribunal, o homem disse ao juiz:

– *"Comentários não causam tanto mal..."*

"Não precisamos ser tão apressados em manifestar nossa opinião."

E o juiz respondeu:

– *"Escreva os comentários que você fez sobre ele num papel. Depois pique o papel e jogue os pedaços pelo caminho de casa. Amanhã, volte para ouvir a sentença!"*

O homem obedeceu e voltou no dia seguinte, quando o juiz disse:

– *"Antes da sentença, terá que catar os pedaços de papel que espalhou ontem!"*

– *"Não posso fazer isso, meritíssimo!"* – respondeu o homem – *"O vento deve tê-los espalhado por tudo quanto é lugar e já não sei onde estão!"*

Ao que o juiz respondeu:

– *"Da mesma maneira, um simples comentário que pode destruir a honra de um homem, espalha-se a ponto de não podermos mais consertar o mal causado. Se não se pode falar bem de uma pessoa, é melhor que não se diga nada!"*

Obs.: Poema analisado mediunicamente por Johnny De' Carli, com a contribuição da reikiana Cinthia Sinclayr.

"Notícia ruim corre depressa."

Poema 51 – Lembrança de uma Canoa

51　川舟のくだるはやすき世なりとて

kawahune no kudaru ha yasuki yonaritote

棹に心をゆるさゞらなむ　（　寄船述懐　）

sao ni kokoro wo yurusazaranan (kisen zyukkai)

"Somos sempre levados para o caminho que desejamos percorrer."

Análise do Poema 51 – Lembrança de uma Canoa

> “*É simples deslizar corrente abaixo em uma canoa, assim também é no mundo, mas não se esqueça de pensar no leme.*”

Aqui, o Imperador Meiji na expressão *'lembrança de uma canoa'*, título do poema, mais uma vez, nos ensina a viver fazendo associações do que ocorre junto à Natureza com o comportamento humano: a tendência inata da maioria das pessoas para se acomodar.

Podemos dividir o poema em três trechos: no primeiro *'É simples deslizar corrente abaixo em uma canoa'* aparece com o significado de "é fácil navegar num pequeno barco acompanhando naturalmente a corrente de um rio"; o segundo *'assim também é no mundo'* se apresenta com o significado de "da mesma forma, é mais fácil e cômodo deixar que os outros tomem as decisões, sem a nossa interferência, nos deixando levar pelas facilidades e conveniências do cotidiano" e o último *'mas não se esqueça de pensar no leme'* vem com o significado de "assumir o controle da própria vida é essencial".

O Imperador alerta que a corrente de um rio só leva naturalmente quem se deixa levar. Precisamos saber para onde estamos indo e se queremos seguir esse caminho. Se você não sabe para onde vai, todos os caminhos o levam para lugar nenhum.

Sempre que podem, muitas pessoas têm a tendência de deixar as coisas como estão. Adotam o lema popular: "*Time que está ganhando, não se mexe*". Ocorre que toda a vida na terra é fruto de evolução e não existe evolução no que está acomodado.

A mensagem implícita no poema é que nós somos os condutores de nosso destino, não podemos nos deixar levar por outros. Devemos planejar o futuro, ter metas e decidir pessoalmente em que direção seguir.

"Somos os condutores de nosso destino."

Mikao Usui

O Mestre Mikao Usui certamente selecionou esse poema em atenção ao Princípio do Reiki *"Seja aplicado e honesto no seu trabalho"*.

Cada um deve assumir o comando de sua vida, procurar a profissão que a sua vocação pede, fazer algo que lhe agrade, que apresente menos dificuldades e agir com disposição de vencer. Somos sempre levados para o caminho que desejamos percorrer. O "leme" que nos indica a direção certa é a nossa consciência, embora muitos persistam em não usá-la. Sabe-se, principalmente, que a primeira hora da manhã é o "leme" do dia. Consta no memorial a Mikao Usui, situado em Tóquio: *"Sempre que você se sentar calmamente e unir suas mãos para rezar e cantar, pela MANHÃ e pela noite, vai desenvolver um som mental puro, que é a ESSÊNCIA DE FAZER DO SEU DIA-A-DIA O MELHOR QUE ELE PODE SER* (o grifo é nosso)".

Segue uma citação que nos remete ao poema:

Paul Koch disse:
"Assuma o comando da sua atitude.
Não deixe que outra pessoa a escolha por você."

Obs.: Poema analisado mediunicamente por Johnny De' Carli, com a contribuição da Mestre de Reiki Krishnaya.

"Assumir o controle da própria vida é essencial."

Poema 52 – Lembrança de uma Pedra Preciosa

52　きずなきはすくなかりけり世の中に

kizunaki wa sukunakarikeri yononaka ni

もてはやさるゝ玉といへども　（　寄玉述懐　）

motehayasaruru tama toiedomo (kigyoku zyukkai)

"Todos têm mais virtudes do que defeitos."

Análise do Poema 52 – Lembrança de uma Pedra Preciosa

> “*Todos os cidadãos dizem: ‘essa pedra preciosa é lindíssima!’. Mas, realmente, poucas há que não tenham defeito.*”

Aqui, o Imperador Meiji na expressão *‘lembrança de uma pedra preciosa’*, título do poema, mais uma vez, nos ensina fazendo associações do que ocorre na Natureza com o comportamento humano, comparando-nos a uma linda pedra preciosa, afinal, somos a maior criação Divina.

A frase “*Todos os cidadãos dizem: ‘essa pedra preciosa é lindíssima!’. Mas, realmente, poucas há que não tenham defeito.*”, corpo do poema, aparece com o significado de “da mesma forma que, por mais linda que seja uma pedra preciosa, terá sempre algum defeito, uma pessoa, por melhor que possa parecer, não será perfeita”. Todos no mundo têm defeitos, se uma pessoa fosse perfeita, seria Deus. A imperfeição é a causa necessária da variedade nos indivíduos da mesma espécie. Algo perfeito seria sempre idêntico.

A mensagem implícita no poema é que não existe ninguém sem defeitos.

“O perdão é o combustível do convívio.”

Mikao Usui

O Mestre Mikao Usui certamente selecionou esse poema para deixar claro que não há reikianos perfeitos; há, quando muito, reikianos que querem a perfeição, coisa que nunca irão atingir.

O Mestre Usui seguramente também selecionou esse poema em atenção ao Princípio do Reiki *"Seja gentil com os outros"*. No Japão, não é hábito os reikianos trabalharem sozinhos. Ser gentil com os outros implica saber aceitar os defeitos alheios e nunca julgar. Acreditar que todos têm mais virtudes do que defeitos.

Um amigo é um presente que você dá a si mesmo, um irmão que você escolhe. Entretanto, não é possível aprofundar as amizades, se não há disposição para perdoar os defeitos dos amigos. O perdão é o combustível do convívio. Havendo impasses, analise também a sua participação no desenrolar dos fatos. Assim como uma pessoa carrega o peso do próprio corpo sem o sentir, mas sente o de qualquer outro corpo que quer mover, também não nota os próprios defeitos e vícios, só os dos outros.

Segue uma citação que nos remete ao poema:

O Mestre Jesus disse:
"O que está puro entre vós atire a primeira pedra."
(João 8, 7)

Obs.: Poema analisado mediunicamente por Johnny De' Carli, com a contribuição da Mestre de Reiki Marlene Teresinha Valer.

"Não existe ninguém sem defeitos."

RIHGA ROYAL HOTEL

Poema 53 – Sentimento Durante uma Viagem

53　草まくら旅にいでては思ふかな

kusamakura tabini idete ha omoukana

民のなりはひさまたげむかと　（　旅中情　）

tamino nariwai samatagenkato (ryotyuuzyou)

"Dê sempre o mínimo de trabalho possível."

Análise do Poema 53 – Sentimento Durante uma Viagem

> "*Cada vez que saio em viagem,*
> *temo estar causando incômodos a minha gente.*"

Aqui, o Imperador Meiji, na expressão '*sentimento durante uma viagem*', título do poema, fala do seu cuidado durante as suas viagens, em não dar trabalho para as pessoas responsáveis pela viagem e hospedagem.

A frase '*Cada vez que saio em viagem, temo estar causando incômodos a minha gente.*', corpo do poema, aparece com o significado de "durante minhas viagens, procuro não atrapalhar, causar dificuldades e embaraços aos meus anfitriões".

Quando nos deslocamos em viagem, por qualquer que seja o motivo, obrigatoriamente somos obrigados a nos hospedar, sermos acolhidos, em algum lugar.

Para um anfitrião receber bem seus hóspedes, há sempre a preocupação de oferecer o melhor com relação ao conforto, dar atenção, organizar refeições, programar as compras, arrumar e cuidar de todos os detalhes da casa (lençóis, toalhas, travesseiros, cobertores extras, etc.) para que fique tudo em perfeito estado. Há também, muitas vezes, a preocupação de sempre sorrir, manter sempre um clima agradável e transmitir a sensação de que receber é prazeroso. É inevitável que chegue um momento em que o anfitrião sinta saudades da privacidade, de ficar sozinho, com a família, de não precisar sorrir o tempo todo e fazer o que quiser, quando der vontade.

Seria preciso muito tempo para que um hóspede fosse plenamente aceito, mas quase nunca chega a ser considerado membro da família. O hóspede é quase sempre uma ameaça, um intruso, alguém que põe em perigo a tranquilidade e

"Ser hóspede não é fácil,
mas é uma condição necessária para quem viaja."

a harmonia de uma rotina já estabelecida no local. Talvez, por isso, diga o dito popular: "*Visita dá duas alegrias: uma quando chega, outra quando vai embora*".

A mensagem implícita no poema é que ser hóspede não é fácil, mas é uma condição necessária para quem viaja. O hóspede sempre fica numa situação de dependência em relação ao anfitrião. A casa é a casa do outro, é emprestada, não lhe pertence. Por isso, não existe hóspede, por mais amigo que seja de quem o recebe, que não comece a incomodar depois de poucos dias.

Mikao Usui

O Mestre Mikao Usui certamente selecionou esse poema a fim de alertar que sejamos sempre bons hóspedes, para darmos o mínimo de trabalho possível. Afinal, é nessa situação de hóspede que, em suas viagens, o reikiano pesquisador aprende e o Mestre de Reiki itinerante ensina, partilha e transmite. Ser um bom hóspede é viver em sintonia com o Principio do Reiki "*Seja gentil com os outros*".

Consta no Memorial a Mikao Usui, situado em Tóquio: "*... Como sua reputação aumentava bastante, com frequência recebia convites vindos de todos os lugares do país. Atendendo a esses pedidos, viajou para Kure e Hiroshima. Depois esteve em Saga e finalmente Fukuyama, NUMA ESTALAGEM ONDE SE HOSPEDOU* (o grifo é nosso)"...

Segue uma citação que nos remete ao poema:

Plauto disse:

"Não existe hóspede, por mais amigo que seja de quem o recebe, que não comece a incomodar depois de três dias."

Obs.: Poema analisado mediunicamente por Johnny De' Carli, com a contribuição da Mestre de Reiki Krishnaya.

"Receba sempre muito bem aos seus hóspedes."

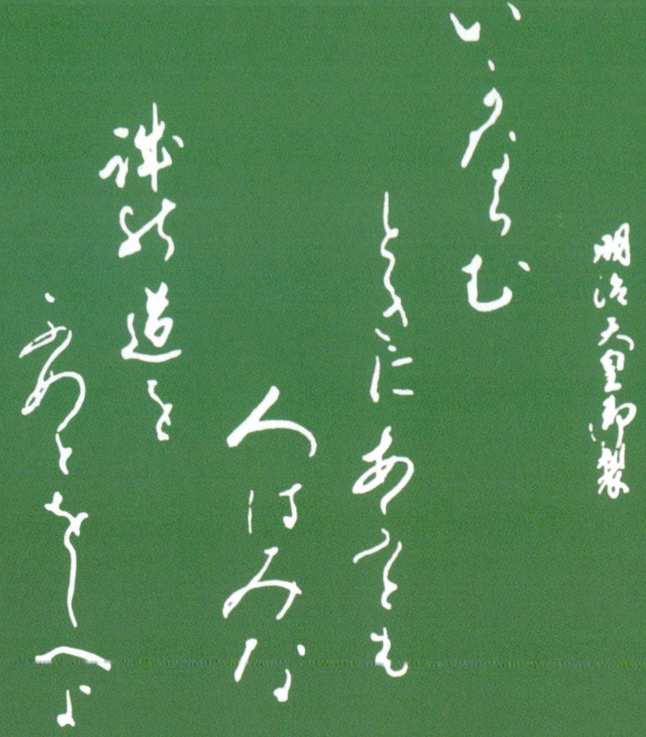

> “*Para os tempos que virão*
> *e do encontro do que deve ser encontrado*
> *Todo nosso povo*
> *Deve ser ensinado a caminhar*
> *ao longo do caminho da sinceridade.*”

Um *waka* escrito pelo Imperador Meiji

Poema 54 – A Humanidade

54　国のためあだなす仇はくだくとも

kuni no tame adanasu kataki wa kudakutomo

いつくしむべき事な忘れそ　（　仁　）

itsukusimubeki kotona wasureso (zin)

"Fazemos todos parte da mesma raça, a humana."

Análise do Poema 54 – A Humanidade

> *"Pela pátria combates o inimigo,*
> *porém não te esqueças do mais importante: o teu lar."*

Aqui, o Imperador Meiji utiliza o termo '*a humanidade*', título do poema, com o significado de "o grupo único que todos fazem parte: a raça humana".

Podemos dividir o poema em dois trechos: no primeiro '*Pela pátria combates o inimigo*' o Imperador exalta o patriotismo dos cidadãos alistados no exército, o sentimento de amor e devoção à pátria, pois, no Japão, geralmente as pessoas têm muita gratidão, muito respeito e amor por sua pátria; no segundo '*porém não te esqueças do mais importante: o teu lar*' pode-se entender o significado de "somos todos irmãos, a nossa verdadeira nacionalidade é a humanidade".

A mensagem implícita no poema fala que mais importante que o dever de servir à pátria, está o dever de servir à humanidade, respeitar ao próximo, ter a capacidade de entender e aceitar a opinião dos outros.

"Devemos participar da responsabilidade coletiva por toda a humanidade."

Mikao Usui

O Mestre Mikao Usui seguramente selecionou esse poema em respeito a dois dos cinco Princípios do Reiki, um deles seria o *"Expresse sua gratidão"*. Ser patriota é uma das maneiras de expressar a gratidão à pátria que nos acolheu. O outro seria o *"Seja gentil com os outros"*. Cada pessoa deve trabalhar para o seu aperfeiçoamento e, ao mesmo tempo, participar da responsabilidade coletiva por toda a humanidade.

Joaquim Nabuco disse:
"O verdadeiro patriotismo é o que concilia a pátria com a humanidade."

Obs.: Poema analisado mediunicamente por Johnny De' Carli, com a contribuição da reikiana Helizabeth Vanda.

"A nossa verdadeira nacionalidade é a humanidade."

空手道
GICHIN-KAI

Poema 55 – Medicamento

55　国のためながかれと思ふ老人に

kuni no tame nagakareto omou rouzin ni

死なぬ薬をさづけてしがな　（　薬　）

sinanu kusuri wo sazuketesigana (kusuri)

"Cultive a tradição de buscar no ancestral
a sabedoria necessária para as decisões mais importantes."

Análise do Poema 55 – Medicamento

> "*Pelo bem da pátria, daria o elixir da imortalidade ao ancião que gostaria de ver envelhecer.*"

Aqui, o Imperador Meiji fala de seu sonho de encontrar um '*medicamento*', título do poema, que aumentasse a expectativa de vida de algumas pessoas.

Podemos dividir o poema em trechos: o primeiro '*Pelo bem da pátria*' aparece com o significado de "em nome do interesse coletivo da nação"; o segundo '*daria o elixir da imortalidade*' se apresenta com o significado de "ministraria um medicamento que evitasse a morte" e o terceiro '*ao ancião que gostaria de ver envelhecer*' vem com o significado de "prolongasse a vida de uma sábia pessoa idosa que fará falta".

O Príncipe Mutsuhito (Imperador Meiji), ascendeu ao trono no dia 3 de fevereiro de 1867 com apenas 14 anos. Muito jovem, o Imperador tinha uma espécie de conselho privado *(genrô),* cujos conselheiros o ajudavam em todas as decisões, principalmente as militares. No Japão se cultiva a tradição de buscar no ancestral a sabedoria necessária para as decisões mais importantes da comunidade. O homem idoso era o depositário da sabedoria, respeitado como símbolo do conhecimento acumulado. A segurança da nação dependia dos conselhos sábios que o Imperador recebia. Diz o dito popular: *"Ouça os mais velhos"*.

Ocorre que no Japão, no final do século XIX, poucos passavam dos 40 anos de idade. Foi no século XX que a expectativa de vida japonesa realmente aumentou para mais de 80 anos.

A mensagem implícita no poema é que as pessoas mais velhas acumulam mais experiências e seria de grande valia para a sociedade se vivessem mais.

"A melhor sala de aula do mundo
está aos pés de uma pessoa mais velha."

Mikao Usui

O Mestre Mikao Usui sabia que o Reiki podia contribuir muito no aumento da qualidade e expectativa de vida das pessoas, trazendo benefícios pessoais e coletivos, afinal, a melhor sala de aula do mundo está aos pés de uma pessoa mais velha.

Seguem uma citação Bíblica que nos remete ao poema:

"Onde não há conselho fracassam os projetos,
mas com muitos conselheiros há bom êxito."
(Provérbios 15, 22).

Obs.: Poema analisado mediunicamente por Johnny De' Carli, com a contribuição da reikiana Mariza De Oliveira Barbosa.

"Ouça os mais velhos."

Poema 56 – Anciãos

56　くりかへす昔がたりにおのづから

kurikaesu mukasigatarini onozukara

いさめことばのまじる老人　（　老人　）

isamekotoba no mazuru rouzin (rousin)

"As pessoas idosas acumulam mais experiências."

Análise do Poema 56 – Anciãos

> "*Pode ser que repitam uma vez ou outra suas lembranças,*
> *mas escondidos, em suas palavras, há valiosos ensinamentos.*"

Aqui, o Imperador Meiji faz referência aos anciãos, título do poema. No trecho *'Pode ser que repitam uma vez ou outra suas lembranças'* o Imperador lembra um comportamento típico dos idosos: a tendência a repetir muitas vezes a mesma história pertencente ao seu passado. É comum aos idosos não conseguir se lembrar de fatos recentes, de nomes e lugares novos, porém, muitas vezes, conseguem relatar com precisão acontecimentos ocorridos há muito tempo. A repetição das histórias pode deixar os mais jovens entediados.

O trecho *'mas escondidos, em suas palavras, há valiosos ensinamentos'* se apresenta com o significado de "nesses relatos, se atentos, podemos usufruir de ensinamentos de grande valia, sabedoria acumulada com o passar dos anos". Os idosos passaram por todas as fases no aprendizado da vida e atingiram a maturidade na arte de viver. Devemos ser pacientes e ter a consciência que de nada adianta tentar mudar este comportamento, pois o idoso continuará a repetir os seus relatos.

Precisamos aprender a ouvir nossos anciãos com atenção verdadeira, pois em meio a muita coisa que dizem, por mais simples que sejam seus relatos, sempre teremos o que aprender. Vale lembrar que, geralmente, as pessoas idosas gostam muito de dar bons conselhos. Diz o dito popular: *"Ouça os mais velhos"*.

A mensagem implícita no poema é que a sabedoria vem com a velhice. Devemos escutar mais os anciãos, com paciência e atenção, eles têm muito a ensinar.

"A maior doença do idoso muitas vezes é a solidão."

Mikao Usui

O Mestre Mikao Usui seguramente selecionou esse poema em atenção ao Princípio do Reiki *"Seja gentil com os outros"*.

É preciso ter paciência, respeitar, ter carinho, ser calmo, ter sensibilidade e, principalmente, saber ouvir com atenção os idosos. A maior "doença" do idoso muitas vezes é a solidão. Todos, um dia, poderão também chegar à idade avançada.

O Mestre Usui sabia que a melhor sala de aula do mundo está aos pés de uma pessoa mais velha, as pessoas idosas acumulam mais experiências.

Segue uma parábola que nos remete ao poema:

Sabedoria do Ancião

Havia uma vez um ancião que passava o dia sentado junto ao poço na entrada do povoado. Um dia, um jovem se aproximou e lhe perguntou:

– "Nunca estive por aqui. Como são os habitantes desta cidade?"

O ancião lhe respondeu com outra pergunta:

– "Como eram os habitantes da cidade de onde vens?"

– "Egoístas e maus, por isso fiquei feliz de ter saído de lá."

– *"Assim são os habitantes desta cidade."* – lhe respondeu o ancião.

Pouco depois, outro jovem se aproximou e fez a mesma pergunta:

– "Estou chegando a este lugar. Como são os habitantes desta cidade?"

Como da vez anterior, o ancião devolveu a pergunta:

– "Como eram os habitantes da cidade de onde vens?"

– "Eram bons, generosos, hospitaleiros, honestos e trabalhadores. Tinha tão bons amigos que me custou muito separar-me deles."

"A sabedoria vem com a velhice."

– *"Os habitantes desta cidade também são assim."* – respondeu o ancião.

Quando o jovem se afastou, um homem que levara seus animais para beber da água do poço e acabara por escutar as conversas, disse ao ancião:

– "Por que respondeste assim para estas duas pessoas?"

– *"Veja* – respondeu ele – *cada pessoa carrega o Universo em seu coração. Quem nada encontrou de bom em seu passado, tampouco encontrará aqui. Ao contrário, aquele que tinha amigos em sua cidade, aqui também encontrará bons amigos. As pessoas refletem o que existe em si mesma. Encontram, sempre, o que esperam encontrar."*

Obs.: Poema analisado mediunicamente por Johnny De' Carli, com a contribuição da Mestre de Reiki Ana Paula Granjeiro.

"A melhor sala de aula do mundo
está aos pés de uma pessoa mais velha."

Poema 57 – Fim da Tarde

57　暮れぬべくなりていよいよ惜しむかな

kurenubeku narite iyoiyo oshimukana

なすことなくて過ぎし一日を　（　夕　）

nasukoto nakute sugishi ichinichi wo (yuu)

"Aquele que mais sabe, mais lamenta por tempo perdido."

Análise do Poema 57 – Fim da Tarde

> "*Quando o Sol começa a se por,*
> *lamento o dia que passei sem fazer nada.*"

Aqui, o Imperador Meiji faz uma reflexão no *'fim da tarde'*, título do poema. O trecho *'Quando o Sol começa a se por'* aparece com o significado de "no final do dia". Na frase *'lamento o dia que passei sem fazer nada'*, o Imperador demonstra arrependimento por um dia passado na ociosidade. O Imperador era um sábio e aquele que mais sabe, mais lamenta por tempo perdido. Perder tempo desagrada a quem mais conhece o seu valor.

O tempo é muito valioso, é um presente de Deus, é a única coisa que temos verdadeiramente nossa, é um capital igual ao dinheiro, temos que saber utilizá-lo, rende muito quando bem aproveitado, entretanto, é o único patrimônio em que a contagem é sempre decrescente.

Devemos nos ocupar da melhor maneira possível, crescendo, direcionando e concentrando nossa energia para afazeres que tenham um verdadeiro valor. Sempre há algo útil e bom a se fazer: trabalhar, ler, pesquisar, divertir-se, organizar-se, desenvolver trabalhos filantrópicos, etc. Perdido é somente o tempo que não se gasta com amor.

A mensagem implícita no poema é que passar mesmo que seja um dia em inatividade é lamentável. Perder tempo é desperdiçar a vida; o tempo perdido não se recupera.

"O trabalho é a melhor forma de ocupar o tempo ocioso."

Mikao Usui

O Mestre Mikao Usui seguramente selecionou esse poema em atenção ao Princípio do Reiki *"Seja aplicado e honesto em seu trabalho"*. A preguiça é a maior inimiga do trabalho e do progresso. Se vencermos a preguiça, daremos o primeiro passo rumo ao trabalho produtivo. Sabe-se que o trabalho é a melhor forma de ocupar o tempo ocioso. O trabalho é fundamental, sem ele surge a neurose. Diz o ditado popular: *"Mente desocupada é oficina do demônio"*. As pessoas crescem e aprendem com o trabalho na vida diária.

Não devemos, no entanto, confundir este importante Princípio achando que devemos viver só para o trabalho, devemos ter outras atividades paralelas também importantes. O tempo dedicado à saúde, à família, ao estudo, ao esporte, à boa leitura, aos amigos e ao lazer nunca é perdido.

Segue uma citação que nos remete ao poema:

Gandhi disse:
"A pureza de espírito e a ociosidade são incompatíveis."

Obs.: Poema analisado mediunicamente por Johnny De' Carli, com a contribuição do Mestre de Reiki Christian Jeremias Mello.

"O tempo perdido não se recupera."

Poema 58 – Coração dos Pais

58　子を思ふ焼野のきじははるの夜の

ko wo omou aykino no kisi wa haru no yo no

ゆめもやすくは結ばさるらむ　（　親心　）

yume mo yasuku wa musubasarunan (oyagokoro)

"Reconhece-se a qualidade de um bom líder
na forma como trata os seus liderados."

Análise do Poema 58 – Coração dos Pais

> "*O sonho primaveril dos camponeses, que, no campo queimado, ocupam-se de seus descendentes, não será de natureza tranquila.*"

Aqui, o Imperador Meiji utiliza a expressão '*coração dos pais*', título do poema, numa referência à preocupação dos pais com o futuro de seus dependentes. Conforme já citado em poemas anteriores, para muitas culturas orientais, o intelecto reside no coração.

A expressão '*O sonho primaveril*' se apresenta como metáfora da esperança. A primavera simboliza a renovação da vida na terra, o renascimento, a esperança de que sempre é possível recomeçar. O trecho '*O sonho primaveril dos camponeses*' aparece com o significado de "a esperança da população camponesa". Nos primeiros anos do governo Meiji a sociedade era dividida em quatro principais classes sociais: samurais, camponeses, artesãos e comerciantes. Camponeses são as pessoas que vivem e trabalham no campo, na atividade agrícola, a grande maioria pessoas de baixa renda.

A expressão '*no campo queimado*' vem com o significado de "as terras cultivadas para produção de alimentos, que foram queimadas pela ação da geada ou da neve". No inverno, o Japão sofre influência das mais frias massas de ar do mundo, podendo atingir temperaturas muito baixas, as temperaturas médias no inverno, em algumas regiões fora das cidades, é de -8º C, com frequente presença de neve e geada.

O trecho '*ocupam-se de seus descendentes*' se apresenta com o significado de "criam ou educam seus filhos e netos", e o trecho '*não será de natureza tranquila*' vem com o significado de "será difícil de realizar".

"Não seja indiferente nas circunstâncias alheias difíceis."

No poema, percebe-se a solidariedade do Imperador com as dificuldades e a angústia dos agricultores em função dos prejuízos advindos do clima. Reconhece-se a qualidade de um bom líder na forma como trata os seus liderados.

A mensagem implícita no poema é que devemos ser solidários, principalmente com aqueles que dependem de nós.

Mikao Usui

O Mestre Mikao Usui seguramente selecionou esse poema a fim de incentivar os reikianos a serem solidários. Ser solidário é não ser indiferente nas circunstâncias alheias difíceis. Para os reikianos, isso não deve ser algo eventual, mas sim permanente. Um bom reikiano deve interessar-se pelos seus semelhantes, ajudar àqueles que não têm as suas possibilidades. A solidariedade é, sem sombra de dúvida, uma grande forma de alguém expressar seu amor.

Segue uma citação que nos remete ao poema:

Theodore Roosevelt disse:
"Faça o que puder, com o que tem, onde estiver."

Obs.: Poema analisado mediunicamente por Johnny De' Carli, com a contribuição do o reikiano Ary Ximendes.

"A solidariedade não deve ser algo eventual, mas sim permanente."

Poema 59 – Medicamento

59　こころある人のいさめの言の葉は

kokoro aru hito no isame no kotonoha wa

病なき身の薬なりけり　（　薬　）

yamai naki mi no kusuri narikeri (kusuri)

"É conveniente pedirmos conselho,
nem sempre para seguirmos, mas para que nos ilumine."

Análise do Poema 59 – Medicamento

> "*O conselho do honesto é como o bom medicamento,*
> *até para as pessoas saudáveis.*"

Aqui, o Imperador Meiji utiliza o termo '*medicamento*', título do poema, como metáfora para um bom conselho. Um conselho nada mais é que um parecer sobre o que convém fazer ou não. Um bom conselho sempre ajuda porque vem pautado na dignidade, na decência, na verdade e na sinceridade, é um "remédio" edificante, que a tempo e em certas situações, traz preciosos benefícios. O Imperador utiliza a expressão '*conselho do honesto*' como sendo a opinião proveniente de uma pessoa honrada e virtuosa em seus atos e declarações, perfil do sábio e do verdadeiro Mestre. Um bom conselheiro geralmente é uma "farmácia viva" onde se encontram "remédios" para muitos males, principalmente morais.

O trecho '*até para as pessoas saudáveis*' aparece com o significado de "contribui até para pessoas de decoro".

A mensagem implícita no poema é que um bom conselho motivador pode possuir propriedades terapêuticas para distúrbios éticos e mesmo doenças, trazendo benefícios inclusive para pessoas íntegras e sãs.

"É impossível aconselhar a quem não admite conselhos."

Mikao Usui

O Mestre Mikao Usui seguramente selecionou esse poema a fim de incentivar os reikianos a se aconselharem sempre. É conveniente pedirmos conselho, nem sempre para seguirmos, mas para que nos ilumine.

Os sábios Mestres de Reiki japoneses costumam não dar conselhos a quem não os pede. Sabem que é impossível aconselhar a quem não admite conselhos.

O Mestre Usui certamente também selecionou esse poema em atenção ao Princípio do Reiki *"Seja aplicado e honesto em seu trabalho"*. Também no trabalho, nenhum inimigo é pior do que um mau conselho, proveniente de uma pessoa propensa a enganar, mentir ou fraudar.

Segue um texto Bíblico que nos remete ao poema.

"Busca conselho de toda a pessoa sensata, e não desprezes nenhum conselho salutar."
(Tobias 4,18)

Obs.: Poema analisado mediunicamente por Johnny De' Carli, com a contribuição do reikiano Ary Ximendes.

"Um bom conselho sempre ajuda."

Poema 60 – Pensamento Ocasional

60　ことしげき世にふる人もわがこのむ

kotosigeki yo ni huru hito mo waga konomu

道にわけいるひまはありけり　（をりにふれて）

miti ni wakeiru hima wa arikeri (orinihurete)

"Basta querer e conseguiremos tempo
para fazer o que desejamos."

Análise do Poema 60 – Pensamento Ocasional

> *"Mesmo uma pessoa ocupada pode arranjar tempo para fazer aquilo que realmente queira."*

No poema, o Imperador Meiji nos mostra que o tempo e o desejo são coisas que temos verdadeiramente nossas. Basta querer e conseguiremos tempo para fazer o que desejamos.

Podemos dividir o corpo do poema em três trechos: o primeiro *'Mesmo uma pessoa ocupada'* aparece com o significado de "até uma pessoa que tenha muitas atividades"; o segundo *'pode arranjar tempo'* se apresenta com o significado de "consegue tempo para fazer o que se deseja" e o último *'para fazer aquilo que realmente queira'* vem com o significado de "a fim de executar atividades que tragam verdadeira satisfação".

Conseguimos realizar os nossos propósitos, economizando os minutos. Aliás, as pessoas mais ocupadas têm tempo para tudo, observa-se que as pessoas que pouco ou nada fazem são as que mais reclamam da falta de tempo. Bem diz um provérbio chinês: "*Se quiser ver uma tarefa executada, confia-a a uma pessoa ocupada*".

O tempo dedicado às atividades que trazem alegria nunca é perdido, além de ser de suma importância para a qualidade de vida. A cada nascer do Sol, nos é dada mais uma oportunidade de utilizar nosso tempo nas diversas áreas de nossas vidas. A pessoa bem organizada emprega sempre melhor o tempo, que rende muito quando é bem aproveitado.

A mensagem implícita no poema é que mesmo as pessoas que têm muitas atividades ou muito trabalho podem encontrar tempo para fazer as coisas que realmente desejam, seja se dedicando à manutenção ou melhoria da saúde, à família, ao estudo, ao esporte, à boa leitura, aos amigos, a trabalhos filantrópicos ou ao lazer.

"O tempo dedicado às atividades que trazem alegria nunca é perdido."

Mikao Usui

O Mestre Mikao Usui seguramente percebeu que muitos reikianos, alegando falta de tempo, não faziam uso dos três pilares do Reiki: meditação *Gassho, Reiji-Ho* e *Chiryo* (autotratamento), bem como práticas de atividade física, atividades de lazer, etc.

Ninguém é tão ocupado que não possa realizar o que de fato deseja, é necessário somente organizar os afazeres. Devemos administrar bem o nosso tempo, temos sempre momentos livres quando priorizamos as coisas mais importantes.

Segue uma citação que no remete ao poema.

Antoine de Saint-Exupéry disse:
"Foi o tempo que perdi com a minha rosa
que a fez tão importante."

Obs.: Poema analisado mediunicamente por Johnny De' Carli, com a contribuição do Mestre de Reiki Isnar Feliciano Teixeira.

"Devemos administrar bem o nosso tempo,
temos sempre momentos livres quando priorizamos
as coisas mais importantes."

Poema 61 – Relva de Verão

61　事繁き世にも似たるか夏草は

kotosigeki yo nimo nitaruka natsukusa wa

払ふあとよりおひ茂りつゝ　（　夏草　）

harauatoyori ooisigeritsutsu (natsukusa)

"Um problema, por mais difícil que seja,
somente ficará sem solução a partir do
momento em que abandonamos as tentativas."

Análise do Poema 61 – Relva de Verão

> “*A relva de verão representa o mundo agitado.*
> *Corta-se uma vez e outra e, ainda assim, volta sempre a crescer.*”

Aqui, o Imperador Meiji compara metaforicamente o comportamento da *'relva de verão'*, título do poema, à agitação da humanidade no planeta. O Imperador associa os conflitos do dia-a-dia ao comportamento da relva ou erva daninha durante o calor do verão japonês. As ervas daninhas aparecem espontaneamente, muitas vezes nos lugares que menos desejamos, causam prejuízos e danos, interferindo negativamente na agricultura e por mais que as retiremos, voltam sempre, mais cedo ou mais tarde. São cíclicas, crescendo com mais vigor no calor e na umidade do verão.

A expressão *'mundo agitado'* se apresenta com o significado de "perturbações do cotidiano".

A mensagem implícita no poema é que vivemos num mundo inquieto, movimentado, cíclico, de *karma* coletivo. Portanto, sempre teremos problemas que mesmo solucionados ou minimizados, ciclicamente retornarão ou surgirão outros.

"Se não fosse difícil não seria um problema."

Mikao Usui

O Mestre Mikao Usui percebeu que vivemos em um mundo alvoroçado, desordenado e tumultuado, com grandes agitações políticas, econômicas, sociais, culturais, ambientais, dificuldades e problemas permanentes. Por isso, estamos constantemente sujeitos a diferentes disfunções e problemas de saúde. O Reiki pode muito contribuir para reduzir o estresse, melhorando e ajudando a manter a nossa saúde física e emocional.

A entrevista contida no manual com o título de *Reiki Ryoho Hikkei*, entregue aos alunos do Mestre Usui quando lecionava, contém a seguinte pergunta:

Entrevistador: "*Por que ensinar o método Reiki ao público?*"

Mikao Usui: "*... Nossa técnica terapêutica Reiki é original, baseada na capacidade do Espírito (Rei) do Universo, que fortalece as pessoas e promove moderação de ideias e prazer de viver...*".

Segue uma citação que nos remete ao poema.

O Mestre Jesus disse:
"*Basta a cada dia o seu mal.*"
(Mateus 6, 34)

Obs.: Poema analisado mediunicamente por Johnny De' Carli, com a contribuição da Mestre de Reiki Elen Weiss.

"O tamanho de um problema
tem que ver com a força de que dispomos."

Poema 62 – Razão

62　ことなしとゆるぶ心はなかなかに

kotonasito yurubu kokoro wa nakanakani

仇あるよりもあやふかりけり　（　心　）

kataki aruyorimo ayaukarikeri (kokoro)

“Quando cultivamos a razão, diminuímos os males.”

Análise do Poema 62 – Razão

> "*Os perigos nos espreitam mais quando estamos cercados de inimigos, não quando relaxamos a razão.*"

Aqui, o Imperador Meiji utiliza o termo '*razão*', título do poema, com o significado da nossa função usada para pensar, o raciocínio, a mente, sem a ação das emoções. O ser humano é um animal racional. A razão é uma dádiva do céu, uma faculdade usada para discernir o bem do mal, que permite o processo para se chegar a conclusões. Quando cultivamos a razão, diminuímos os males.

O Imperador utiliza o termo '*perigos*' com o significado de "situações que nos colocam em risco".

A expressão '*cercados de inimigos*' se apresenta com o significado de "pessoas do nosso convívio, próximas, que procuram ou podem vir a nos prejudicar, seriam os falsos amigos". Disse Voltaire: *"Que Deus me proteja dos meus amigos. Dos inimigos, cuido eu"*.

O termo '*relaxamos*' apresenta o sentido de "tornamos menos severo". Os perigos crescem se os desprezamos, afinal, não há inimigo insignificante.

A expressão '*relaxamos a razão*' vem com o significado de "entramos no campo da emoção e dos sentimentos", como, por exemplo, sentir pena e ajudar quem não mereça.

A mensagem implícita no poema é que dentre os perigos que corremos, há mais risco quando temos ao nosso lado falsos amigos, pessoas invejosas, que queiram e possam nos causar dano.

"Não há inimigo insignificante."

Mikao Usui

O Mestre Mikao Usui percebeu que os reikianos, com a sua felicidade aparente, acabavam gerando falsos amigos. Todos têm inimigos que os adulam, inclusive os reikianos.

O Mestre Usui aceitava todos para o Nível 1 do Reiki, mas pessoas que não tivessem boa personalidade, pessoas não transparentes, promotoras de intrigas, fofoqueiras, desagregadoras, mal intencionadas, etc., não eram aceitas para o Nível 2. Diz o dito popular: *"Antes só do que mal acompanhado"*. A seleção era feita usando a razão, título do poema, sem a influência das emoções. Disse Jesus: *"Sede prudentes como as serpentes"* (Mateus 10, 16). As serpentes não são emotivas. Assim pensava Mikao Usui, conforme consta na única entrevista concedida por ele. Segue o trecho:

Entrevistador: *"Como deve uma pessoa proceder para receber o Okuden* (segundo Nível do método Reiki)*?"*

Mikao Usui: *"...Transmitimos primeiramente o Shoden* (primeiro Nível do método Reiki) *e às pessoas que alcançaram bons resultados e TÊM BOA PERSONALIDADE* (o grifo é nosso) *transmitimos o Okuden"*.

Segue uma citação que nos remete ao poema:

Santo Agostinho disse:
"Há dois gêneros de inimigos: os que perseguem e os que adulam.
Mas é mais para temer a língua do lisonjeiro
do que as mãos do perseguidor."

Obs.: Poema analisado mediunicamente por Johnny De' Carli, com a contribuição da Mestre de Reiki Elza Ferreira.

"Os perigos crescem se os desprezamos."

96-13
練馬 333
は 20-07

Poema 63 – Caminho Estreito

63　小山田の畔のほそ道細けれど

oyamadano hotorino hosomiti hosokeredo

ゆづりてあひてぞしづは通へる　（　細径　）

yuzuriteaitezo sizu wa tohreru (hosomichi)

"Esteja sempre atento."

Análise do Poema 63 – Caminho Estreito

> *"Os caminhos são realmente estreitos entre os arrozais,*
> *mas os aldeões, com atenção, utilizam bem esses espaços."*

No Japão, o arroz, grão considerado sagrado, simboliza, entre outras coisas, prosperidade, riqueza, alegria e fartura, por isso o hábito japonês de jogar esses grãos sobre os recém-casados, um ato que representa votos de abundância ao novo casal; este costume passou depois para o Ocidente. Aliás, o arroz não falta em nenhuma comemoração japonesa.

O ideograma do arrozal (campo onde se cultiva arroz) também simboliza crescimento e prosperidade.

O Imperador Meiji utiliza o termo *'arrozais'* como metáfora dos encantos do mundo, tais como: alegrias, diversões, festas, dinheiro, luxo e prazer; oportunidades ofertadas pelo mundo que facilmente nos desviam do caminho da evolução espiritual.

O termo *'aldeões'* aparece como metáfora para os seres humanos.

A expressão, *'caminho estreito'*, título do poema, aparece como metáfora do limitado meio ou via de ascensão espiritual de uma pessoa rumo à iluminação *(Satori* ou *Nirvana)*. Não é fácil trilhar pelo *'caminho estreito'*, é preciso estar "atento" como recomenda o Imperador na expressão *'com atenção, utilizam bem esses espaços'*. O Mestre Jesus disse: *"E porque estreita é a porta, e apertado o caminho que leva à vida, e poucos há que a encontrem"*. (Mateus 7, 14)

A mensagem implícita no poema é que o "caminho" para a evolução espiritual é "apertado" e difícil. Quem quer seguir pelo "caminho" que leva à "Pátria Celeste" deve estar cônscio que muitas oportunidades precisarão ser desprezadas para se manter no "caminho" correto. Não existem muitos "caminhos" rumo à evolução, há um só, que é o da caridade exercida com humildade.

"Somente levaremos aquilo
que tivermos dado desinteressadamente."

Mikao Usui

O Mestre Mikao Usui seguramente percebeu que a ganância, a riqueza e os prazeres materiais fascinam tanto que os valores espirituais correm o risco de ficarem esquecidos ou em segundo plano. O Mestre Usui selecionou esse poema a fim de incentivar os reikianos a exercerem a verdadeira caridade.

Quando morrermos somente levaremos aquilo que tivermos dado desinteressadamente.

Segue uma lenda que nos remete ao poema:

Não esqueça o principal

Conta uma lenda que certa mulher pobre com uma criança no colo, passando diante de uma caverna escutou uma voz misteriosa que lá dentro lhe dizia: *"Entre e apanhe tudo o que você desejar, mas não se esqueça do principal. Lembre-se, porém, de uma coisa: Depois que você sair, a porta se fechará para sempre. Portanto, aproveite a oportunidade, mas não se esqueça do principal"*.

A mulher entrou na caverna e encontrou muitas riquezas. Fascinada pelo ouro e pelas joias, pôs a criança no chão e começou a juntar, ansiosamente, tudo o que podia no seu avental.

A voz misteriosa falou novamente: *"Você só tem oito minutos"*.

Esgotados os oito minutos, a mulher carregada de ouro e pedras preciosas, correu para fora da caverna e a porta se fechou. Lembrou-se, então, que a criança ficara lá e a porta estava fechada para sempre. A riqueza durou pouco e o desespero sempre. O mesmo acontece, às vezes, conosco. Temos uns oitenta anos para viver, neste mundo, e uma voz sempre nos adverte: *"Não se esqueça do principal!"*. E o principal são os valores espirituais, a oração, a vigilância, a família, os amigos, a vida. Mas a ganância, a riqueza, os prazeres materiais nos fascinam tanto que o principal vai ficando sempre de lado. Assim, esgotamos o nosso tempo aqui, e deixamos de lado o essencial: os tesouros da alma.

"Muitas oportunidades precisarão ser desprezadas para se manter no caminho correto."

Que jamais nos esqueçamos que a vida, neste mundo, passa rápido e que a morte chega inesperadamente. E quando a porta desta vida se fechar para nós, de nada valerão as lamentações. Portanto, que jamais nos esqueçamos do principal.

Obs.: Poema analisado mediunicamente por Johnny De' Carli, com a contribuição da Mestre de Reiki Elen Weiss.

"Jamais se esqueça do principal."

Poema 64 – Casa de Arrozal

64　こらは皆軍のにはにいではてゝ

koraha mina gun no niba ni idehatete

翁やひとり山田もるらむ　（　田家翁　）

okina ya hitori yamata morunan (take ohna)

"Os filhos, embora vivam conosco no início,
não nos pertencem."

Análise do Poema 64 – Casa de Arrozal

> "*Os jovens estão na guerra. Enquanto isso, um ancião ocupa-se, sozinho, dos arrozais nas montanhas.*"

Esse é mais um poema repleto de simbolismo.

Arrozal é o campo onde se cultiva arroz (alimento considerado sagrado para os japoneses), são muitas as plantações de arroz por todo o país. Originário da Ásia, onde é cultivado há pelo menos 7 mil anos, o arroz é o item mais presente à mesa dos japoneses, seja em pratos salgados ou doces e até na bebida alcoólica *(sakê).*

A expressão *'Casa de arrozal'*, título do poema, ao pé da letra, é o espaço destinado à habitação de uma ou mais pessoas ligadas ao cultivo. Aqui, o Imperador Meiji utiliza essa expressão como metáfora de "uma família tradicional".

A frase *'Os jovens estão na guerra.'* aparece com o significado de "os filhos estão fora do lar, muitas vezes, em situação difícil e contra a vontade da própria família".

A expressão *'um ancião ocupa-se, sozinho'* vem com o significado de "uma pessoa mais velha vivendo e trabalhando longe dos filhos já crescidos".

A montanha tem um simbolismo muito grande, na terra é o que mais se aproxima do céu, representa, pois, algo físico que se acerca do Divino. O Imperador utiliza a expressão *'arrozais nas montanhas'* com o significado de "estar mais próximo de Deus".

A mensagem implícita no poema é que os filhos, embora vivam conosco no início, não nos pertencem e acabam partindo. Chegada essa fase, é comum os pais, agora mais maduros e com mais tempo, se inclinarem a uma vida de elevação espiritual.

"Os alunos estão com o Mestre, mas são livres."

Mikao Usui

O Mestre Mikao Usui seguramente comparou o comportamento dos filhos ao dos discípulos de um Mestre de Reiki: os alunos estão com o Mestre, mas são livres, não são do Mestre, somente convivem com ele durante o treinamento, que uma vez terminado, acabam partindo e seguindo o seu próprio caminho.

O Mestre Usui provavelmente percebeu também que o Reiki, como caminho espiritual, era procurado por muitas pessoas que já tinham seus filhos formados e encaminhados, que encontravam assim mais tempo para se dedicar.

Segue um poema que nos remete ao assunto:

Os Filhos

Uma mulher que carregava o filho nos braços disse: "*Fala-nos dos filhos*".

E ele falou: "*Vossos filhos não são vossos filhos. São os filhos e as filhas da ânsia da vida por si mesma. Vêm através de vós, mas não de vós. E embora vivam convosco, não vos pertencem. Podeis outorgar-lhes vosso amor, mas não vossos pensamentos, porque eles têm seus próprios pensamentos. Podeis abrigar seus corpos, mas não suas almas; pois suas almas moram na mansão do amanhã, que vós não podeis visitar nem mesmo em sonho. Podeis esforçar-vos por ser como eles, mas não procureis fazê-los como vós, porque a vida não anda para trás e não se demora com os dias passados.*

Vós sois os arcos dos quais vossos filhos são arremessados como flechas vivas. O arqueiro mira o alvo na senda do infinito e vos estica com toda a sua força, para que suas flechas se projetem rápidas e para longe. Que vosso encurvamento na mão do arqueiro seja vossa alegria; pois assim como ele ama a flecha que voa, ama também o arco que permanece estável".

Gibran Khalil Gibran

Obs.: Poema analisado mediunicamente por Johnny De' Carli, com a contribuição do Mestre de Reiki José Joaquim Rosado Marques.

"Quando mais maduros e com mais tempo,
é bom nos inclinarmos a uma vida de elevação espiritual."

Poema 65 – Dia

65　さしのぼる朝日のごとくさわやかに

sashinoboru asahi no gotoku sawayakani

もたまほしきは心なりけり　（　日　）

motamahoshiki ha kokoro narikeri (hi)

“Procure ser uma pessoa em busca
do aperfeiçoamento diário.”

Análise do Poema 65 – Dia

" *Gostaria muito de ter um espírito rejuvenescido como o Sol nascente.* "

Aqui, o Imperador Meiji utiliza o termo '*dia*', título do poema, com o significado de "a cada dia ou no momento presente".

No poema, a expressão '*Sol nascente*', símbolo do começo de um novo dia, aparece com o significado de "renovado". Os japoneses têm uma relação especial com o Sol, que além de simbolizar a força, é reverenciado como a fonte da vida, que nos aquece e ilumina. O nome original do Japão é *Nihon*, os dois ideogramas que formam essa palavra em japonês designam, respectivamente, "Sol" e "origem". Essa denominação vem da China, em razão da posição geográfica do arquipélago japonês no extremo leste da Ásia. Por essa razão, o Japão é conhecido como "a terra do Sol nascente". De fato, era lá, nas mais de três mil ilhas que compõem o Japão, que a humanidade contemplava os primeiros raios do alvorecer. *Hinomaru*, a bandeira japonesa, é branca com um grande círculo vermelho ao centro, que simboliza o nascer do Sol diariamente. Ela foi apresentada como símbolo da nação no ano de 1860 (Era Edo), mas foi no ano de 1872 que a "Bandeira do Sol" foi utilizada pela primeira vez em uma cerimônia nacional, durante a inauguração da primeira ferrovia do Japão, pelo Imperador Meiji.

Na frase '*Gostaria muito de ter um espírito rejuvenescido como o Sol nascente.*', corpo do poema, o Imperador manifesta o desejo de renovar, diariamente, seus pontos de vista em busca da evolução. Deus, a cada nascer do Sol, nos dá uma nova oportunidade de despertar, evoluir, mudar e refazer conceitos.

A mensagem implícita no poema é que nós deveríamos renascer todos os dias para a vida, abandonar os erros do passado, rever ideias e modificar opiniões.

"Deveríamos começar cada manhã
como se fosse o dia mais importante de nossa vida."

Mikao Usui

Consta no Memorial a Mikao Usui, localizado em Tóquio, que os cinco Princípios do Reiki devem ser vivenciados diariamente *(Kyo Dake Wa - Só por hoje).*

Há pessoas que, em lugar de viverem intensamente o momento presente, prendem-se ao passado ou projetam-se no futuro. Vivem como um pêndulo em movimento, do passado para o futuro, sem nunca conseguirem parar no ponto zero, que é o nosso presente. A lembrança do passado rouba-lhes metade do presente e a preocupação com o futuro, a outra metade. Todas as pessoas têm, nesse sentido, dois inimigos: o passado e o futuro.

Deveríamos começar cada manhã como se fosse o dia mais importante de nossa vida. Procurar ser uma pessoa em busca do aperfeiçoamento diário.

Segue uma citação que nos remete ao poema:

Chico Xavier psicografou:
"Cada dia que amanhece assemelha-se a uma página em branco,
na qual gravamos os nossos pensamentos, ações e atitudes."
(in Indicações do Caminho)

Obs.: Poema analisado mediunicamente por Johnny De' Carli, com a contribuição da Mestre de Reiki Elen Weiss.

"Renove diariamente seus pontos de vista
em busca da evolução."

義経

Poema 66 – Estação das Chuvas

66　梅雨（さみだれ）にたゝみの上もしめれるを

samidareni tatami no ue mo shimereru wo

たむろのうちぞ思ひやらるゝ　（　梅雨　）

tamuro no uchizo omoiyararuru (samidare)

"Nunca seja insensível às situações dramáticas das outras pessoas."

Análise do Poema 66 – Estação das Chuvas

> “*Durante a estação das chuvas, a superfície das esteiras de junco estão úmidas e molhadas. Então, me preocupo com as casas dos camponeses.*”

No Japão, durante o verão, chove continuamente no período compreendido entre o início de junho e o final de julho. É a *tsuyu* ou *'estação das chuvas'*, título do poema, época na qual ocorrem grandes tempestades, chuvas torrenciais, que causam calamidades devido aos transbordamentos dos rios, com presença inclusive de tufões. O clima fica muito quente e úmido.

O *'junco'*, citado no poema, é um vegetal de crescimento rápido, caules cilíndricos que podem atingir até 1,5 m de altura, que cresce, geralmente, em lugares úmidos como os lagos. Os japoneses utilizam o junco para tecer cestos, esteiras e assentos de cadeira.

O Imperador Meiji faz referência às *'esteiras de junco'* conhecidas no Japão como *tatamis,* piso mais tradicional naquele país. Todas as casas, até as mais novas, têm um quarto com o chão de *tatami*. Cada tapete de *tatami* tem, aproximadamente, 5 cm de altura, 90 cm de largura e 180 cm de comprimento.

A *'superfície das esteiras de junco úmidas e molhadas'* submetida às altas temperaturas do verão propicia a proliferação de fungos (mofo) e o consequente surgimento de diversas doenças em seres humanos, especialmente alérgicas, do aparelho respiratório.

No poema, o Imperador demonstra preocupação com a saúde dos camponeses, indivíduos que se dedicam às atividades rurais, na época, a grande maioria, pessoas de baixa renda que dificilmente tinham condição financeira para tratamentos médicos convencionais.

A mensagem implícita no poema, mais uma vez, é a solidariedade humana, o amor ao próximo. Nunca seja insensível às situações dramáticas das outras pessoas.

“Seja solidário.”

Mikao Usui

Sabe-se que os fungos podem crescer em ambientes fechados, dentro das casas, onde muitas crianças, desde o nascimento, ficam expostas a esses agentes patogênicos. Os principais sintomas encontrados pela alergia ao mofo são: congestão nasal, redução da capacidade olfativa, coriza, sensação de coceira no nariz e nos olhos, problemas nas adenóides, sinusites, espirros, tosse, expectoração, otites, sintomas da asma comum, "chieira", falta de ar, febre baixa, dores de cabeça, dores no corpo, desânimo, queimação na garganta e mau hálito.

O Mestre Mikao Usui seguramente observou que os sintomas de muitas doenças costumam se agravar nos períodos mais úmidos e quentes do ano e que o Reiki podia abrandar e até eliminar essas disfunções.

Segue uma citação que nos remete ao poema:

Marco Aurélio disse:

"Um homem separado de um só homem é excluído de toda a comunidade."

Obs.: Poema analisado mediunicamente por Johnny De' Carli, com a contribuição do Mestre de Reiki Christian Jeremias Mello.

"Tenha amor ao próximo."

Poema 67 – Pensamento Numa Noite Fria

67　さゆる夜の嵐のおとに夢さめて

sayuru yo no arashi no oto ni yume samete

しづがふせやを思ひやるかな　（　寒夜述懐　）

shizuga fuseya wo omoiyaru kana (kanyo zyukkai)

"A solidariedade é uma grande forma de alguém expressar o seu amor."

Análise do Poema 67 – Pensamento Numa Noite Fria

> *“Desperto de um sonho, com o barulho da tempestade.*
> *E me preocupo com as casas dos camponeses.”*

No poema, o Imperador Meiji faz uma reflexão numa *‘noite fria’*, título do poema, durante uma tempestade de inverno.

O clima do Japão varia muito de um lugar para outro. No norte, durante o inverno, o arquipélago sofre influência das mais frias massas de ar do mundo, podendo atingir temperaturas de até -40º C, com ventos frios que podem chegar a 150 km/h, vindos da Sibéria e da Mongólia, que frequentemente causam grandes nevascas.

Aqui, percebe-se a preocupação do Imperador com as dificuldades e a angústia dos camponeses que, não raro, têm suas casas destruídas ficando desabrigados.

A mensagem implícita no poema é, uma vez mais, a solidariedade humana, o amor ao próximo.

“Promova o amor ao próximo.”

Mikao Usui

O Mestre Mikao Usui seguramente selecionou esse poema em atenção ao Princípio do Reiki *"Seja gentil com os outros"*, incentivando os reikianos a serem solidários, interessando-se pelos seus semelhantes permanentemente e não apenas como algo eventual. Ser solidário é não ser indiferente nas circunstâncias alheias difíceis. A solidariedade não pode ser vista apenas como partilha de bens materiais, mas também dedicação de tempo e atenção, e é, sem sombra de dúvidas, uma grande forma de alguém expressar o seu amor.

Vale lembrar novamente a informação talhada na pedra do Memorial do Mestre Mikao Usui, sobre o solidário trabalho dos reikianos, no socorro às vítimas sobreviventes do terremoto no Japão de 1923, quando faleceram mais de 140 mil pessoas, cujo trecho já foi citado em poemas anteriores.

Segue uma citação que nos remete ao poema:

Arnold Glasgow disse:
"Um dos testes de liderança é a habilidade de reconhecer um problema antes que ele se torne uma emergência."

Obs.: Poema analisado mediunicamente por Johnny De' Carli, com a contribuição da reikiana Luiza Lustosa.

"A solidariedade não pode ser vista apenas como partilha de bens materiais, mas também dedicação de tempo e atenção."

Poema 68 – Pedra Preciosa

68　しら玉を光なしともおもふかな

shiramata wo hikari nasitomo omoukana

磨きたらざることを忘れて　（　玉　）

migakitarazaru koto wo wasurete (tama)

"O espírito humano tem tanta necessidade de meditação e oração, como o corpo, de água e oxigênio."

Análise do Poema 68 – Pedra Preciosa

> “*Poderá pensar que a pedra transparente não brilha.*
> *É que se esqueceste de lustrá-la.*”

Aqui, o Imperador Meiji nos ensina, mais uma vez, fazendo associações. Compara o ser humano a uma *'pedra preciosa'*, título do poema, afinal somos o mais belo dos diamantes, a maior obra Divina.

A frase, *'Poderá pensar que a pedra transparente não brilha. É que se esqueceste de lustrá-la.'*, corpo do poema, aparece metaforicamente com o significado de "assim como uma pedra preciosa cristalina pode sujar e parar de brilhar; da mesma forma, as pessoas perdem o seu "brilho" quando nutrem maus pensamentos, consequentemente emoções inferiores e distúrbios de comportamento surgem". No estado não-meditativo, nossa mente está cheia de "lixo", lembrando um espelho embaçado. Há um tráfego incessante de pensamentos, preocupações, ansiedades, ambições, até na hora do sono.

Existe uma relação íntima entre a parte material e a espiritual do ser humano. O espírito humano tem tanta necessidade de meditação e oração, como o corpo, de água e oxigênio. Se a oração alivia o espírito, a meditação alivia a mente, a mente alivia as emoções, o que, por sua vez, alivia o sistema nervoso. Meditar e orar, para os grandes mestres espirituais, é essencialmente uma atitude permanente e não apenas um ato transitório. A lapidação pessoal está no exercício diário. Água parada fica podre; as pessoas também. É necessário que as pessoas criem dentro de si essa atmosfera permanente de meditação e oração e vivam nesse ambiente, como quem vive em plena luz do Sol.

A mensagem implícita no poema é que a mente e o espírito humano precisam ser permanentemente "lustrados" a fim de se manterem puros e saudáveis. "Lustramos" a mente e o espírito através da meditação e da oração, respectivamente.

"A lapidação pessoal está no exercício diário."

Mikao Usui

O Mestre Mikao Usui seguramente selecionou esse poema a fim de incentivar os reikianos a viver em constante manutenção, vigiando pensamentos, emoções e ações. Mantemos limpa a mente através da prática constante da meditação *(Gassho)*, o espírito através da prática constante da oração *(Reiji-Ho)* e as ações vivendo numa postura de retidão (cinco Princípios do Reiki).

Segue uma citação que nos remete ao poema:

Aristóteles disse:
"Somos o que repetidamente fazemos."

Obs.: Poema analisado mediunicamente por Johnny De' Carli, com a contribuição do reikiano Lucas de Castro Lima Franco.

"É necessário que as pessoas criem dentro de si essa atmosfera permanente de meditação e oração e vivam nesse ambiente, como quem vive em plena luz do Sol."

Poema 69 – Relógio

69　進むありおくるゝもあり時はかる

susumu ari okururumo ari toki hakaru

うつはの針もまちまちにして　（　時計　）

utsuha no hari mo machimachini site (tokei)

“Pode-se influenciar o tempo de vida em função de atitudes e fatores físicos, como alimentação, repouso, atividade física, prudência, prevenção, etc.”

Análise do Poema 69 – Relógio

> "*Um vai mais rápido, outro mais lentamente. Todos os relógios têm diferentes tamanhos e diferentes ponteiros.*"

Há muito simbolismo nesse poema.

Aqui, o Imperador Meiji utiliza o termo '*relógio*', título do poema, como metáfora para a morte. No Japão, os relógios simbolizam a morte, por esse motivo nunca são presenteados.

O relógio é um instrumento que permite medir intervalos de tempo, é utilizado desde a Antiguidade, em variados formatos. É uma das mais antigas invenções humanas.

Podemos dividir o corpo do poema em duas frases: a primeira '*Um vai mais rápido, outro mais lentamente.*' aparece com o significando de que "mais cedo ou mais tarde ninguém escapa da morte"; a segunda frase '*Todos os relógios têm diferentes tamanhos e diferentes ponteiros.*' se apresenta com o significado de "o tempo de vida física difere entre as pessoas".

Começamos a morrer no momento em que nascemos, cada segundo nos leva em direção à morte, o tempo de vida física não para, está sempre em contagem decrescente até terminar.

A mensagem implícita no poema é que ninguém escapa da morte, seja por doença, por velhice ou acidentes, pois a morte não escolhe idades. Entretanto, pode-se influenciar o tempo de vida em função de atitudes e fatores físicos, como alimentação, repouso, atividade física, prudência, prevenção, etc.

"Começamos a morrer no momento em que nascemos."

Mikao Usui

O Mestre Mikao Usui seguramente selecionou esse poema a fim de alertar que o Reiki pode contribuir muito no aumento da expectativa de vida das pessoas, trazendo inclusive muitos benefícios pessoais.

Segue uma citação que nos remete ao poema:

Giuseppe Belli disse:
"A morte está escondida nos relógios."

Obs.: Poema analisado mediunicamente por Johnny De' Carli, com a contribuição do reikiano Lucas de Castro Lima Franco.

"O tempo de vida física não para,
está sempre em contagem decrescente até terminar."

Poema 70 – Caminho da Vida

70　すゝむにはよし早くともあやうしと

susumuniha yosi hayakutomo ayaushito

思ふ道には入らずもあらなむ　（　道　）

omou michi niwa hairazumo aranan (michi)

"Quem se expõe ao perigo, uma hora perde."

Análise do Poema 70 – Caminho da Vida

> *"Melhor seria não tomar o caminho mais perigoso, mesmo que penses que assim chegarias mais rápido ao destino."*

Aqui, o Imperador Meiji utiliza a expressão *'caminho da vida'*, título do poema, com o significado de "a direção ou meio de vida escolhido por cada um".

A expressão *'caminho mais perigoso'* aparece com o significado de "uma decisão adotada que possa gerar sofrimento, dificuldades e arrependimento". Não é raro encontrar pessoas que num ato impensado, mudaram o rumo das coisas, comprometeram ou destruíram algo que fora construído arduamente.

O Imperador recomenda cautela com as decisões importantes. Devemos sempre analisar bem o que vamos fazer, para que nossas ações sejam úteis, proveitosas e edificantes.

Somos, a princípio, todos colocados na "estrada principal da vida", que nos conduz rapidamente até a primeira "bifurcação". A vida é feita de escolhas, temos a liberdade para decidir qual caminho desejamos percorrer; o ser humano é dotado do livre arbítrio ou a capacidade de tomar decisões por sua própria conta e risco. As escolhas são nossas e devemos nos responsabilizar por elas. Platão disse: *"Deus não é culpado. A culpa é de quem escolhe"*. Ocorre que as "bifurcações" são muitas, além de que o caminho que desce e o caminho que sobe são os mesmos, escolher um é excluir o outro. Em geral, optamos pelo caminho mais fácil. É importante escolher sem impulsividade, com muita reflexão, pois uma vez feita a escolha, algo sempre é deixado para trás. Sábio é aquele que consegue discernir isso, tomar atitudes mais assertivas na vida.

Não vale a pena correr riscos desnecessários. Muitas atitudes são desastrosas pelo simples fato de agir sem a reflexão prévia necessária. Em todos os tempos, os prudentes venceram os audazes e impulsivos.

"As escolhas são nossas
e devemos nos responsabilizar por elas."

Na maioria das vezes, não precisamos ser tão apressados em decidir nada. Se nos deixamos levar pelas emoções momentâneas, podemos causar muitos danos.

Aquele que pensa antes de agir, raramente se arrepende. Antes cautela que arrependimento.

A mensagem implícita no poema é que as nossas escolhas determinam os nossos destinos, nossa vida e o nosso futuro. Não são raras as vezes que temos que escolher entre um caminho longo e seguro e outro mais rápido e perigoso. Quem se expõe ao perigo, uma hora perde. Geralmente o caminho com menos obstáculos é o caminho do "perdedor".

Mikao Usui

O Mestre Mikao Usui afirmava que o Reiki é um *"caminho correto de vida"*.

A entrevista contida no manual com o título de *Reiki Ryoho Hikkei*, entregue aos alunos do Mestre Usui quando lecionava, contém a seguinte pergunta:

Entrevistador: *"O que é Usui Reiki Ryoho* (técnica terapêutica Reiki Usui)*?"*

Mikao Usui: *"A técnica tem por objetivo, primeiramente, a saúde da mente e, secundariamente, a saúde física. Fortalece a mente e o físico. Serve também para direcionar um CAMINHO CORRETO DE VIDA* (o grifo é nosso), *observando as palavras deixadas pelo IMPERADOR MEIJI* (o grifo é nosso)...".

Segue uma citação evangélica que nos remete ao poema:

O Mestre Jesus disse:
"Sejam simples como as pombas e prudentes como as serpentes."
(Mateus 10, 16)

Obs.: Poema analisado mediunicamente por Johnny De' Carli, com a contribuição do Mestre de Reiki Christian Jeremias Mello.

"Uma vez feita uma escolha,
algo sempre é deixado para trás."

Air Japan
ANA
619

Poema 71 – Pensamento Ocasional

71　すゝむべき時をはかりて進まずば

susumubeki toki wo hakarite susumazuba

危き道にいりもこそすれ　（をりにふれて）

ayauki michi ni irimokososure (orinihurete)

"Saber agir na hora certa é privilégio de poucos."

Análise do Poema 71 – Pensamento Ocasional

> "*Deves refletir sobre o momento certo de seguir ou poderás tomar um caminho perigoso.*"

O Imperador Meiji era um líder militar. "*A hora é a hora, antes da hora não é a hora, depois da hora já não é mais a hora*", com esse velho ditado, os militares nos alertam que existe o momento correto para a tomada das decisões, das ações, do agir e do não agir. Saber agir na hora certa é privilégio de poucos. O tempo e as oportunidades não esperam ninguém.

Podemos dividir o corpo do poema em dois trechos: o primeiro '*Deves refletir sobre o momento certo de seguir*' aparece com o significado de "nem sempre é hora de agir" e o segundo '*ou poderás tomar um caminho perigoso*' se apresenta com o significado de "caso contrário poderá gerar situações que causem arrependimento".

A sabedoria oriental contida numa de suas mais valiosas obras, o I Ching, nos ensina a importância de nos sentirmos parte integrante da Natureza, de agirmos sempre em sintonia com o seu ritmo, plantando as sementes do que queremos e esperando pelo momento propício para vê-las germinar. Quando a semente já foi plantada, a criança está crescendo no útero, a ostra está cobrindo o grão de areia, transformando-o em uma pérola, é uma época para permanecer na passividade, deixando que a Natureza siga o seu caminho. Só o ser humano destoa desta harmonia, pois insiste em querer apressar os acontecimentos de acordo com os seus desejos, sempre determinados pelo ego. A maior parte da humanidade vive totalmente inconsciente dos ciclos naturais da vida. Quanto mais rapidamente aprendermos a nos mover num ritmo totalmente diferente, muito mais lento que aquele que a vida nas grandes cidades nos impõe, mais facilmente atingiremos um estado de equilíbrio e serenidade, assim, nos libertaremos do desejo de querer controlar os acontecimentos, a maior das ilusões que podemos alimentar. De nada adianta querer apressar as coisas, mas, infelizmente,

"Nem sempre é hora de agir."

a natureza humana não é muito paciente. Um dos mais significativos desafios que a vida nos apresenta é aprender a esperar, esse é um atributo quase esquecido. Há momentos em que a única coisa a fazer é manter-se simplesmente atento, paciente, à espera, sem sinais de ansiedade. Estamos tão imersos nesta ansiedade do "tudo para ontem" que perdemos a noção de um dos maiores presentes que a Natureza nos oferece: perceber a hora correta da colheita, pois uma fruta retirada antes da hora é verde, depois apodrece e cai. Tudo vem a seu tempo, dentro do prazo que lhe foi previsto. Saber esperar o tempo certo é sinal de maturidade. Xavier Maistre disse: *"Saber quando se deve esperar é o grande segredo do sucesso"*.

Geralmente quando alguma coisa está na hora de acontecer, pequenas manifestações do cotidiano, enviarão sinais indicando o caminho e a hora certa. Pode ser a palavra de um amigo, um texto lido, uma observação qualquer. Basta observar melhor o que está à nossa volta.

A mensagem implícita no poema é que devemos estar sempre atentos ao que fazemos, pensando o tempo necessário, a fim de agir com bom senso e no momento certo.

Mikao Usui

O Mestre Mikao Usui seguramente queria nos alertar que em alguns casos é de bom senso aguardar o momento certo de aplicar a energia Reiki. Por exemplo, no caso em que o receptor esteja sob o efeito de anestesia (trabalho cirúrgico); como a energia Reiki trabalha no expurgo de substâncias estranhas ao corpo, pode ocorrer uma leve diminuição do efeito da anestesia. É aconselhável que a aplicação de Reiki seja feita antes (para fortalecer o sistema imunológico) e depois da cirurgia (para agilizar a recuperação). Outro exemplo seria a amputação de um membro do corpo por acidente; a energia Reiki trabalha acelerando o processo de cicatrização de tal forma, que pode impossibilitar o reimplante do membro amputado. Deve-se esperar que um médico cirurgião faça o reimplante, aí sim aplicar Reiki para acelerar o processo de cicatrização. Ainda podemos citar o

"Tudo vem a seu tempo,
dentro do prazo que lhe foi previsto."

caso de fraturas ósseas, por razão similar ao processo de amputação em que a energia Reiki trabalha acelerando o processo de calcificação, podendo ocasionar deformação dos ossos. Só após os ossos estarem devidamente no lugar, é que deve ser utilizada a energia Reiki.

Segue um ensinamento do Mestre Osho que nos remete ao poema:

"Nós nos esquecemos de como esperar; este é um espaço quase abandonado.
No entanto, ser capaz de esperar pelo momento certo é nosso maior tesouro.
A existência inteira espera pelo momento certo.
Até as árvores sabem disso – qual é o momento de florescer,
e o de deixar que as folhas caiam, e de se erguerem nuas ao céu.
Também nessa nudez elas são belas, esperando pela nova folhagem com grande
confiança de que as folhas velhas tenham caído, e de que as folhas novas
logo estarão chegando. E as folhas novas começarão a crescer.
Nós nos esquecemos de como é esperar: queremos tudo com pressa.
Trata-se de uma grande perda para a humanidade..."

(In Osho Zen: The Diamond Thunderbolt – Capítulo 10)

Obs.: Poema analisado mediunicamente por Johnny De' Carli, com a contribuição da Mestre de Reiki Elza Ferreira.

"O tempo e as oportunidades não esperam ninguém."

Poema 72 – Coração de Criança

72　すなほなるをさな心をいつとなく

sunaonaru osanagokoro wo itsutonaku

忘れはつるが惜しくもあるかな　（　心　）

wasurewaturuga osikumo arukana (kokoro)

"Que pena que o ser humano, com a idade,
perde a pureza da infância."

Análise do Poema 72 – Coração de Criança

> “*Que pena! Um dia, esquecemos, totalmente, nossa própria inocência.*”

O Imperador Meiji utiliza a expressão '*coração de criança*', título do poema, a fim de excluir toda ideia de egoísmo e de orgulho.

As crianças estão ligadas a Deus pela pureza de seus corações, têm uma aura de luz em torno de si, vivem em harmonia espiritual. Nisso, os adultos não conseguem ser iguais às crianças.

A exclamação '*Que pena!*' aparece com o sentido de lamentação, para expressar a tristeza do Imperador.

A frase '*Um dia, esquecemos, totalmente, nossa própria inocência.*' se apresenta com o significado de que o ser humano, com a idade, perde a pureza da infância.

A mensagem implícita no poema é que, lamentavelmente, as pessoas, com o tempo, perdem a inocência da criança e desenvolvem a malícia.

"O amor das crianças é universal."

Mikao Usui

O Mestre Mikao Usui seguramente desejava que os reikianos aprendessem com as crianças e se comportassem como elas. As crianças ensinam três coisas muito importantes para os adultos: a sinceridade, a simplicidade e a autenticidade. O amor delas é universal, sorriem e fazem amizades em um instante e respeitam as diferenças entre as pessoas. As crianças não guardam mágoas e rancores como os adultos e perdoam com muita facilidade.

Segue uma citação evangélica que nos remete ao poema:

O Mestre Jesus disse:
"Deixem vir a Mim as crianças e não as impeçam.
Pois o reino de Deus pertence aos que são semelhantes a elas."
(Lucas 18, 6)

Obs.: Poema analisado mediunicamente por Johnny De' Carli, com a contribuição da Mestre de Reiki Elen Weiss.

"Aprenda com as crianças."

Poema 73 – Criança

73　すなほにもおほしたてなむいづれにも

sunaonimo oositatenan izurenimo

かたぶきやすき庭のわか竹　（　子　）

katabukiyasuki niwa no wakatake (ko)

"Desenvolva a capacidade de adaptações às mudanças."

Análise do Poema 73 – Criança

> "*Espero que o jovem bambu do jardim cresça em forma reta, porém se inclinando, habilmente, para todas as direções possíveis.*"

Aqui, o Imperador Meiji manifesta o seu desejo para o futuro da '*criança*', título do poema, representado no texto, metaforicamente, pela expressão '*o jovem bambu do jardim*'. O bambu *(kaki)* é um vegetal resistente, de raízes muito profundas, depois do ataque a Nagasaki, foi a primeira planta a crescer novamente naquela região. Calcula-se que existam cerca de 1.250 espécies de bambu no mundo. No Budismo, o bambu tem significado especial, sua flexibilidade representa a sabedoria de se curvar diante das adversidades, para em seguida voltar a levantar. Para Buda, o bambu ajuda o ser humano a alcançar a serenidade e a paz interior. Até o som produzido pelo bambu, ao receber a mais leve brisa, é considerado importante para a paz de espírito. No Japão, é uma planta de bons auspícios ou sorte, pintá-lo é considerado não só arte como também um exercício espiritual.

Podemos dividir o corpo do poema em duas frases: a primeira '*Espero que o jovem bambu do jardim cresça em forma reta*' aparece com o significado de "desejaria que as crianças se tornassem adultos com integridade de caráter" e a segunda '*porém se inclinando, habilmente, para todas as direções possíveis*' se apresenta com o significado de "e soubessem ceder a situações externas adversas, para melhor triunfar na vida".

A mensagem implícita no poema é um sonho do Imperador: que todas as crianças se transformem em adultos de conduta reta, honrados, éticos, educados, justos e puros de espírito, porém sem rigidez, com humildade e flexibilidade que conduz à capacidade de adaptações e mudanças.

"Quanto menos alguém se opuser à realidade da vida, mais resistente se tornará."

Mikao Usui

Da Natureza o Método Reiki tomou como símbolo o bambu, que pode representar metaforicamente o funcionamento da energia no reikiano. O bambu é flexível, reverencia o vento que o toca soprando, se dobra mostrando-nos que quanto menos alguém se opuser à realidade da vida, mais resistente se tornará para viver em plenitude. O bambu é forte, servindo para construção de embarcações, móveis e construções, assim como todos que receberam a iniciação no método Reiki tendem a ficar fortes e resistentes. Entre um nó e outro, o bambu é oco, como vazio é o espaço entre o Céu e a Terra, representando os que escolheram ser canais de energia Reiki, que passam a funcionar como verdadeiros "tubos" direcionadores de Energia Cósmica. A retidão sem igual do bambu, a perfeição do seu projetar-se para o alto, assim como seus nós, que simbolizam os diferentes estágios do "caminho", simbolizam o objetivo do nosso itinerário interior, o crescimento e a evolução.

Segue uma parábola que nos remete ao poema:

O bambu diz ao carvalho: "Não se preocupe com a minha
suposta fragilidade, você se engana com ela. Por trás dessa aparência
delicada existe, em essência, uma força que me faz ser forte e auto-suficiente.
Eu sou flexível, me curvo se preciso for, mas não quebro.
Na verdade, os ventos são mais perigosos para você do que para mim."

Obs.: Poema analisado mediunicamente por Johnny De' Carli, com a contribuição do Mestre de Reiki Fernando Martins.

"Saiba se curvar diante das adversidades."

Poema 74 – Flor Lembra Nuvem

74　たかゝらぬ松のこのまにさきながら

takakaranu matsu no konomani sakinagara

雲かとみゆる山桜かな　（　花以雲　）

kumokato miyuru yamazakura kana (hananikumo)

"Nunca desista de seus ideais."

Análise do Poema 74 – Flor Lembra Nuvem

> “*Cerejeiras em flor são como nuvens*
> *entre pinheiros anões da montanha.*”

Há muito simbolismo nesse poema.

O Imperador Meiji utiliza a expressão *'flor lembra nuvem'*, título do poema, pelo fato de ambas serem de pouca duração.

Na tradição japonesa, a flor simboliza a impermanência, uma vez que vive pouco tempo.

Metaforicamente, as nuvens representam os conflitos e problemas que surgem durante a vida e também simbolizam a impermanência, por estarem sempre em movimento, modificando-se constantemente e se desintegrando em chuva para, em seguida, se formarem novamente.

No Japão, flores de cerejeiras *(sakura),* como desabrocham em massa, são associadas às nuvens; ambas representam a natureza efêmera da vida, a realidade de que tudo muda rapidamente, um aspecto da tradição cultural japonesa que é frequentemente associado à influência budista.

No poema, os *'pinheiros anões'* representam metaforicamente os seres humanos. O pinheiro, por ser uma árvore de folhas perenes, resistentes, sempre verdes e frescas, simboliza a longevidade. No Japão, também representa a força de caráter eterno, símbolo das pessoas que souberam conservar as suas crenças, apesar das críticas que as cercavam.

O poema faz também referência à *'montanha'*, que no Japão simboliza, entre outras coisas, a estabilidade.

A mensagem implícita no poema é a necessidade de reagir com firmeza, perante qualquer dificuldade que se venha a enfrentar nesse mundo, com o entendimento de que tudo é transitório.

“Conserve as suas crenças,
apesar das críticas que o cercam.”

Mikao Usui

O Mestre Mikao Usui seguramente selecionou esse poema a fim de incentivar os reikianos a nunca desistirem de seus ideais, reagindo com firmeza e estabilidade perante qualquer situação desagradável e dificuldade, afinal tudo passa. É preciso estar preparado, pois todos estão sujeitos a diferentes tipos de problemas, sejam de saúde, de família, de relacionamentos, de finanças, de dogmas religiosos, etc.

Segue parte da letra da música de Hermes de Aquino que nos remete ao poema:

Nuvem passageira

"Eu sou nuvem passageira
Que com o vento se vai
Eu sou como um cristal bonito
Que se quebra quando cai..."

Obs.: Poema analisado mediunicamente por Johnny De' Carli, com a contribuição da Mestre de Reiki Elen Weiss.

"É preciso estar preparado,
pois todos estão sujeitos a diferentes tipos de problemas."

Poema 75 – Casas no Verão

75　たちつゞく市の家居は暑からむ

tachitsuzuku shi no iei wa atsukaran

風の吹入る窓せばくして　（　夏住居　）

kaze no fukiiru madosebakushite (natuzyukyo)

“Seja solidário.”

Análise do Poema 75 – Casas no Verão

> *"As casas da cidade enfileiradas, uma ao lado da outra. Através das pequenas janelas, o vento não passa. Deve fazer tanto calor!"*

Aqui, o Imperador Meiji demonstra o seu carinho e apreensão com o bem estar dos habitantes das cidades, dentro de suas *'casas no verão'*, título do poema.

O Japão tem as quatro estações do ano muito bem definidas. É agradável na primavera, quando há o florescimento das cerejeiras *(sakura)*, no outono, quando as folhas das árvores *(momiji)* estão vermelhas e no inverno, quando neva. Nos meses de junho, julho e agosto ocorre o incômodo verão japonês *(natsu)* que é regido pela massa de ar mais quente do mundo: a massa de ar do Pacífico norte. Nessa época, a temperatura pode chegar a 40º C ou mais em determinadas regiões, o calor é insuportável. É quente, muito quente, um calor abafado e sufocante, sem vento, sol ardido, parece um forno. Os japoneses dizem: *"Nihon no natsu wa jigoku desu" (o verão japonês é um inferno)*. Mesmo para quem já está acostumado há anos no Japão, o calor do verão é algo difícil de ser superado.

Sabe-se que uma das principais características do Japão é a extrema falta de espaço, o país possui área equivalente ao estado de São Paulo, suas cidades são densamente povoadas, as casas são apertadas e projetadas com pequenas janelas para enfrentar o rigoroso inverno. No verão, mesmo durante as chuvas, o abafamento nas casas é muito grande. São comuns casos de insolação e/ou desidratação com vítimas fatais todos os anos. A mensagem implícita no poema, mais uma vez, é a solidariedade humana, a fraternidade e o amor ao próximo.

"Interesse-se pelos seus semelhantes."

Mikao Usui

O Mestre Mikao Usui seguramente selecionou esse poema em atenção ao Princípio do Reiki *"Seja gentil com os outros"*, incentivando os reikianos a serem solidários, interessando-se pelos seus semelhantes, nunca sendo indiferentes às situações alheias difíceis.

Segue uma citação que nos remete ao poema:

O Mestre Dalai Lama disse:
"Quando a sua ajuda aos semelhantes é fruto de motivação e preocupação sinceras, isso lhe traz sorte, amigos, alegrias e sucesso. Se você desrespeita os direitos dos outros e descuida-se do bem-estar alheio, acabará imensamente solitário."

Obs.: Poema analisado mediunicamente por Johnny De' Carli, com a contribuição da Mestre de Reiki Elza Ferreira.

"Nunca seja indiferente às situações alheias difíceis."

明治神宮崇敬会婦人部
明治神宮崇敬会婦人

Poema 76 – Abnegação Frente aos Pais

76　たらちねの親につかへてまめなるが

tarachineno oya ni tsukaete mamenaruga

人のまことの始なりけり　（　孝　）

hito no makotono hazimenarikeri (koh)

"Se esquecermos de nossos pais,
esqueceremos quem somos."

Análise do Poema 76 – Abnegação Frente aos Pais

> "*Ocupar-se dos pais, com amor, é o começo da retidão humana.*"

Aqui, o Imperador Meiji utiliza a expressão '*abnegação frente aos pais*', título do poema, com o sentido de "renúncia e sacrifício em favor de nossos pais". Devemos sempre separar e priorizar um tempo para destinar a eles. Se esquecermos de nossos pais, esqueceremos quem somos. Devemos seguir o nosso caminho, mas sem esquecer as nossas origens.

A recomendação do Imperador, seguramente, abarca também as relações de parentesco com outros membros do grupo familiar, como os avós e demais antepassados, aos quais devemos igualmente gratidão, honra, afeto e reconhecimento.

A expressão '*Ocupar-se dos pais, com amor*' aparece com o significado de "dedicar-se com amor aos pais". O primeiro dever de um filho para com seus pais é o de amá-los, o amor se demonstra com obras, cuidar de quem nos deu a vida, cuidar como eles cuidaram de nós, esse ato de amor está de acordo com o lado positivo da Lei do Retorno. O amor entre pais e filhos deve permanecer eterno. É preciso dar-lhes satisfações e alegrias, ajudá-los, cuidar do que eles precisam segundo as nossas possibilidades, sobretudo, se estão enfermos ou são anciãos.

O respeito aos pais se demonstra na sincera reverência quando se fala com eles e deles. É falta de respeito levantar a mão contra eles, desprezá-los, insultá-los ou ofendê-los de qualquer modo, ou ter vergonha deles. Caso nossos pais tenham algum defeito, peculiaridades ou que não façam o que deveriam fazer, é necessário compreendê-los e desculpá-los, ocultando seus defeitos e tratando de ajudá-los para que os superem, sem que jamais saia de nossa boca uma palavra de crítica.

O Imperador utiliza a expressão '*é o começo da retidão humana*' com o sentido de que não é possível ser uma pessoa confiável, com integridade de caráter,

"Nossas raízes são muito importantes."

de conduta reta, honrada, ética, justa e pura de espírito, se abandona os pais no esquecimento, muitas vezes em asilos.

A mensagem implícita no poema é que tenhamos sempre gratidão aos nossos pais, seres aos quais seremos eternos devedores, eles fazem parte de nós. Aqueles que nos deram tanto de si, precisam de nós exatamente quando amadurecemos e eles envelhecem. Nesse momento, é nosso papel ajudá-los a viver e a enfrentar a velhice, manter-se presente, demonstrar carinho, companheirismo, gratidão, amá-los incondicionalmente e respeitá-los até o fim de seus dias, independente de erros e acertos.

Mikao Usui

O Mestre Mikao Usui seguramente selecionou esse poema pela importância de se viver em gratidão *(Kansha shite)*, um dos cinco Princípios do Reiki.

O Mestre Usui certamente também associou a relação dos filhos para com os seus pais, que lhes deram a vida, ao discípulo para com o seu Mestre de Reiki. Nossas raízes são muito importantes.

Segue uma citação Bíblica que nos remete ao poema:

"Honra o teu pai e a tua mãe."
(Êxodo, 20, 12)

Obs.: Poema analisado mediunicamente por Johnny De' Carli, com a contribuição da Mestre de Reiki Krishnaya. Fui inspirado também no bom exemplo de comportamento que presenciei por parte de minha prima, a Mestre de Reiki Georgia Alessandra Hollanda de Requena Moura, ao acolher, com amor, em sua casa, o nosso avô Jorge Federico Requena, impedindo que o mesmo fosse para um asilo, aos 90 anos de idade.

"O amor entre pais e filhos deve permanecer eterno."

Poema 77 – Coração dos Pais

77　たらちねの親の心は誰もみな

tarachineno oya no kokoro wa daremo mina

年ふるまゝにおもい知るらむ　（　親心　）

tosihurumamani omoisiranan (oyagokoro)

"Para compreender os pais é preciso amadurecer."

Análise do Poema 77 – Coração dos Pais

> “*Quando tu envelheceres, é que entenderás o coração dos teus pais e deles te lembrarás.*”

Aqui, o Imperador Meiji utiliza e expressão *'coração dos pais'*, título do poema, com o significado de “maneira de pensar e agir dos pais”. Conforme já citado anteriormente, para muitas culturas orientais, o intelecto reside no coração.

Mais uma vez o Imperador destaca a sabedoria dos idosos, que acumularam mais experiências, passaram por todas as fases no aprendizado da vida e atingiram a maturidade na arte de viver.

No início, os filhos amam os pais, depois de certo tempo, geralmente, passam a julgá-los. Os jovens, não raro, são orgulhosos, se acham os “donos da verdade”, totalmente independentes e não entendem o comportamento dos pais. Na maturidade é que começam a entender tudo o que se passou nos corações deles, as noites mal dormidas, etc. A dimensão que representa ser pai e mãe é algo tão grandioso que, muitas vezes, os filhos só os entendem no dia em que se tornam pais. Nesse momento é que aperta a saudade, a memória do coração, aqui representado pela expressão *'deles te lembrarás'*.

A mensagem implícita no poema é que a sabedoria vem com o tempo. Para compreender os pais é preciso amadurecer.

“Só estando no lugar do outro para compreendê-lo melhor.”

Mikao Usui

O Mestre Mikao Usui seguramente associou essa relação cronológica de entendimento entre filhos e os pais aos discípulos para com o seu Mestre de Reiki. Só estando no lugar do outro para compreendê-lo melhor.

Segue um poema que nos remete ao assunto:

Sobre pais e filhos (autor desconhecido)

– 03 anos: "Papai, eu te amo."

– 06 anos: "Meu pai é meu herói."

– 10 anos: "Pai, me dá aquele brinquedo."

– 16 anos: "Meu pai é tão irritante."

– 18 anos: "Eu não aguento mais meu pai."

– 20 anos: "Eu quero sair de casa, não tem mais condições de continuar morando com meu pai."

– 25 anos: "Pai, você tinha razão."

– 30 anos: "Eu quero voltar pra casa do meu pai."

– 50 anos: "Eu não quero perder o meu pai."

– 70 anos: "Eu abriria mão de TUDO pra ter meu pai aqui comigo."

Reikiano, abrace seu pai enquanto você ainda pode!

Obs.: Poema analisado mediunicamente por Johnny De' Carli, com a contribuição da Mestre de Reiki Elza Ferreira.

"A sabedoria vem com o tempo."

Poema 78 – Conselho

78　たらちねのにはの教はせばけれど

tarachineno niwano osie wa sebakeredo

ひろき世にたつもとゐとぞなる　（　庭訓　）

hiroki yoni tatsumotoitozonaru (niwa kun)

"A educação de uma pessoa começa no berço."

Análise do Poema 78 – Conselho

> “*Os ensinamentos dos pais são feitos de inúmeras pequenas coisas. São, contudo, a base que levas contigo, quando seguires teu próprio caminho.*”

Aqui, o Imperador Meiji utiliza o termo '*conselho*', título do poema, com o significado de "orientação ou o que convém fazer". Os pais nada melhor podem dar a um filho do que uma boa educação. Antonio Vieira disse: "*A boa educação é moeda de ouro, em toda a parte tem valor*". A educação de uma pessoa começa no berço; antes de falar, antes de entender, já se instrui o bebê. A educação visa melhorar a própria natureza da criança e é, sem dúvida, a segunda natureza.

O Imperador utiliza a expressão '*inúmeras pequenas coisas*' com o significado de "pequenos exemplos no dia-a-dia". A melhor instrução não está nas palavras, o princípio da educação está em pregar com o exemplo diário.

A expressão '*base que levas contigo, quando seguires teu próprio caminho*' aparece com o significado que "a educação influi sobre toda a vida". A educação é um patrimônio que ninguém nos pode tirar. Muitas vezes, depois de adultos, nos vemos repetindo gestos e seguindo condutas que fizeram parte da vida de nossos pais e que presenciamos muitas vezes.

A mensagem implícita no poema é que no dia-a-dia é que se constrói a formação da criança e do jovem. Os pais devem prestar atenção na vida cotidiana, nos pequenos exemplos, nas palavras e na forma como tratam as pessoas e a vida, pois tudo isso vai ajudar a moldar a personalidade de seus filhos.

"O princípio da educação
está em pregar com o exemplo diário."

Mikao Usui

O Mestre Mikao Usui seguramente selecionou esse poema a fim de nos orientar sobre a escolha de bons Mestres de Reiki. No Reiki, pregar os cinco Princípios é muito fácil, difícil é viver de acordo com eles. Um instrutor deve cumprir o que ensina. De nada adiantam teorias, explicações, se não formos bons modelos. A melhor sala de aula está aos pés de uma pessoa que ofereça bons exemplos. Um bom exemplo vale mais que mil palavras. Há muita gente iniciada no Mestrado de Reiki, mas há pouca gente "acabada". Mestres de Reiki que não vivem de acordo com os Princípios do Reiki são verdadeiros cegos espirituais; no caminho espiritual isso é um desastre. Como bem disse o Mestre Jesus: "*Se um cego guiar outro cego, ambos cairão no barranco*". (Mateus 15, 14)

Segue uma citação que nos remete ao poema:

Albert Einstein disse:
"A educação é o que resta depois de se ter esquecido
tudo o que se aprendeu na escola."

Obs.: Poema analisado mediunicamente por Johnny De' Carli, com a contribuição da Mestre de Reiki Elen Weiss.

"A educação influi sobre toda a vida."

Poema 79 – Palavras para as Flores

79　散りやすきうらみはいはじいく春も

chiriyasuki urami wa iwazi ikuharu mo

かわらでにほへ山ざくら花　（　対花言志　）

kawaradenioe yamazakura hana (taikagenkokorozasi)

“É importante sermos resignados,
estarmos dispostos a suportar o que nos sucede.”

Análise do Poema 79 – Palavras para as Flores

> “*As flores das cerejeiras da montanha florescem e exalam seu aroma durante anos. Nunca se queixam apesar de caírem logo depois de se abrirem.*”

Esse é mais um poema repleto de simbolismo.

Aqui, a expressão ‘*palavras para as flores*’, título do poema, aparece metaforicamente com o significado de “mensagem para as pessoas”. O poema enaltece o ciclo efêmero da vida humana: a juventude, a maturidade e a velhice.

Conforme já citado em poemas anteriores, na tradição japonesa, as flores simbolizam a transitoriedade da vida, pois se transformam rapidamente, assim como as pessoas.

No Japão, a montanha, entre outras coisas, simboliza o ser humano, por ser feita de terra, assim como as pessoas (*porque és pó, e em pó te hás de tornar, Gên 3, 19*).

Podemos dividir o poema em duas frases: a primeira ‘*As flores das cerejeiras da montanha florescem e exalam seu aroma durante anos.*’ significa “a vida é cíclica” e a segunda ‘*Nunca se queixam apesar de caírem logo depois de se abrirem.*’ faz referência ao hábito de queixar dos idosos, pela falta de aceitação do desaparecimento da beleza e do vigor da juventude. Geralmente se observam na velhice muitas reclamações, em função da perda da força da mocidade; as pessoas desejam viver muito tempo, mas não querem ser velhas. Poucas pessoas sabem envelhecer.

A mensagem implícita no poema é que muitos erram reclamando da idade avançada ao invés de agradecer por terem nascido e estarem vivos. É importante sermos resignados, estarmos dispostos a suportar o que nos sucede.

> “As pessoas desejam viver muito tempo, mas não querem ser velhas.”

Mikao Usui

O Mestre Mikao Usui seguramente selecionou esse poema pela importância de se viver em gratidão *(Kansha shite)*, um dos cinco Princípios do Reiki. É impossível viver em gratidão e reclamando simultaneamente. Devemos deixar de reclamar e passar a agradecer, para que as coisas mudem positivamente na vida.

Segue uma citação que nos remete ao poema:

Henri Amiel disse:
"Saber envelhecer é a grande sabedoria da vida."

Obs.: Poema analisado mediunicamente por Johnny De' Carli, com a contribuição do Mestre de Reiki Christian Jeremias Mello.

"Poucas pessoas sabem envelhecer."

Poema 80 – Poeira

80　つもりなば払ふ方たくなりぬべし

tsumorinaba haraukatataku narimubesi

塵ばかりなる事とおもへど　（　塵　）

chiribakarinaru koto to omoedo (chiri)

“Os problemas são criados na mente.”

Análise do Poema 80 – Poeira

> “ *É bom tirar o pó, quando ele se acumula,*
> *mesmo que embaixo dele não encontres nada importante.* ”

Há muito simbolismo nesse poema.

Aqui, o Imperador Meiji utiliza o termo *'poeira'*, título do poema, como metáfora para os maus pensamentos e as emoções inferiores.

A frase *'É bom tirar o pó, quando ele se acumula, mesmo que embaixo dele não encontres nada importante'*, corpo do poema, aparece metaforicamente com o significado de "da mesma forma que uma linda joia ou um objeto sem valor, representado aqui pela expressão *'nada importante'*, podem empoeirar e perder o seu brilho, as pessoas, virtuosas ou não, perdem a sua "luz" quando nutrem maus pensamentos, consequentemente, armazenam emoções inferiores, como mágoas, ressentimentos, medos, ódio, etc.".

No estado não-meditativo, nossa mente está cheia de "poeira", lembrando um espelho embaçado. Há um tráfego incessante de pensamentos negativos, preocupações, ansiedades, ambições, etc., até na hora do sono.

A mensagem implícita no poema é que a mente e o espírito humanos precisam ser periodicamente "limpos" a fim de nos mantermos puros e saudáveis. "Limpamos" a mente e o espírito através da meditação e da oração, respectivamente.

"Muitos males podem resultar da falta de harmonia interior."

Mikao Usui

O Mestre Mikao Usui seguramente selecionou esse poema a fim de alertar que uma pessoa deve manter-se em constante "purificação", vigiando pensamentos e emoções inferiores. Os reikianos mantêm "limpa" a mente através da prática constante da meditação *Gassho*, o espírito através da prática constante de *Reiji-Ho* (oração). Se a oração alivia a alma, a meditação alivia a mente, a mente sadia alivia as emoções inferiores, o que, por sua vez, alivia o sistema nervoso. Não se pode fazer com que uma pessoa tenha um corpo sadio enquanto ela não tiver um espírito são. Há em nosso espírito todos os recursos de que precisamos para vivermos felizes. Existe uma relação íntima entre corpo e alma, entre a parte material e a espiritual do ser humano. Muitas vezes, senão sempre, uma age sobre a outra: a saúde ou doença de uma afeta o bem-estar ou mal-estar da outra parte. Muitos males podem resultar da falta de harmonia interior. Os problemas são criados na mente. Diz o antigo dito popular: *"Mente sã, corpo são"*.

Segue uma citação que nos remete ao poema:

Gandhi disse:
"Como o corpo que não se lava fica sujo,
assim a alma sem oração fica impura."

Obs.: Poema analisado mediunicamente por Johnny De' Carli, com a contribuição da reikiana Ana Maria Assunção.

"Mantenha-se em constante manutenção."

Poema 81 – Aprendizado

81　手ならひをものうきことに思ひつる

tenarai wo monoukikotoni omoituru

をさな心を今くゆるかな　（　手習　）

osanagokoro wo ima kuyurukana (tenarai)

"Tudo que merece ser feito, merece ser bem feito."

Análise do Poema 81 – Aprendizado

> "*Lamento minha atitude na infância, quando acreditava que, no aprendizado, não valia à pena o esforço.*"

Aqui, o Imperador Meiji faz referência ao *'aprendizado'*, título do poema, significando o período durante o qual se recebe conhecimentos na infância.

A frase, *'Lamento minha atitude na infância, quando acreditava que, no aprendizado, não valia à pena o esforço'*, corpo do poema, significa "me arrependo do tempo de estudo desperdiçado e mal utilizado na minha juventude". O Imperador era um sábio e aquele que mais sabe, mais lamenta por oportunidades perdidas. São aqueles que aproveitam as oportunidades que posteriormente têm mais possibilidades de sucesso.

A mensagem implícita no poema é que aprender é a coisa mais inteligente que se pode fazer na infância. A educação é um patrimônio que ninguém pode nos tirar, além de influir sobre toda a vida. A falta de estudo é um obstáculo por toda vida.

"Nada se obtém sem esforço."

Mikao Usui

O Mestre Mikao Usui certamente selecionou esse poema em atenção ao Princípio do Reiki *"Seja aplicado e honesto no seu trabalho"*. Aqui, o trabalho pode ser visto também como o processo de instrução e aprendizagem, ou seja, o Mestre Usui desejava incentivar os reikianos a serem aplicados no estudo do Reiki. Nada se obtém sem esforço. Quem não se esforça em aprender certas coisas acaba por conhecê-las apenas de modo superficial. No que diz respeito à dedicação, não existe meio termo, ou se faz uma coisa bem feita ou não se faz. Tudo que merece ser feito, merece ser bem feito.

Segue uma citação que nos remete ao poema:

Emanuel Wertheimer disse:
"O arrependimento sincero é geralmente resultado da oportunidade perdida."

Obs.: Poema analisado mediunicamente por Johnny De' Carli, com a contribuição da Mestre de Reiki Ana Paula Granjeiro.

"A falta de estudo é um obstáculo por toda vida."

小町通り
SHOPPING TOWN
鮨
小林内科医院
和らく
利休

Poema 82 – Lembrança

82　照るにつけくもるにつけて思ふかな

teru ni tsuke kumoru ni tukete omoukana

わが民草のうへはいかにと　（　述懐　）

waga tamikusano uewaikanito (zyukkai)

"Cumpra com as suas obrigações."

Análise do Poema 82 – Lembrança

> " *Penso na vida do meu povo,*
> *em como eles vivem quando chove ou brilha o Sol.* "

Aqui, o Imperador Meiji enaltece uma '*lembrança*', título do poema, de como ele se comporta enquanto dirigente. O poema fala da responsabilidade social do líder para com os seus liderados, representados aqui pela expressão '*meu povo*'.

Podemos dividir o corpo do poema em dois trechos: no primeiro '*Penso na vida do meu povo, em como eles vivem*' o Imperador manifesta o seu carinho e preocupação com o povo japonês e o segundo '*quando chove ou brilha o Sol*' se apresenta com o significado de "constantemente, aconteça o que acontecer".

A mensagem implícita no poema trata da responsabilidade assumida por um dirigente, mesmo um chefe de família, junto às pessoas que dele dependem. Haja o que houver, um líder deve estar permanentemente atento às necessidades de seus liderados, cumprindo com as suas obrigações.

"Seja sempre responsável, cumpra os seus deveres."

Mikao Usui

O Mestre Mikao Usui certamente selecionou esse poema em atenção ao Princípio do Reiki *"Seja aplicado e honesto no seu trabalho"*. Ele seguramente queria orientar aos Mestres de Reiki a serem sempre responsáveis, cumprindo seus deveres e obrigações para com os seus discípulos.

Segue uma citação que nos remete ao poema:

Alexandre Dumas disse:
"Por vezes é penoso cumprir o dever,
mas nunca é tão penoso como não cumpri-lo."

Obs.: Poema analisado mediunicamente por Johnny De' Carli, com a contribuição do Mestre de Reiki Christian Jeremias Mello.

"Um líder deve estar permanentemente atento
às necessidades de seus liderados."

Poema 83 – Caminho

83　遠くとも人の行くべき道ゆかば

tookutomo hito no ikubeki michiyukaba

危なき事はあらじとぞ思ふ　（　道　）

abunaki koto wa arazitozo omou (michi)

"Todo objetivo para ser alcançado honestamente requer sacrifícios."

Análise do Poema 83 – Caminho

> "*Por mais longe que esteja o objetivo, se trilhas o caminho pelo qual o ser humano deveria andar, não correrás maiores riscos.*"

Aqui, o Imperador Meiji utiliza o termo '*caminho*', título do poema, com o significado de "o meio de vida escolhido por cada um".

A frase '*Por mais longe que esteja o objetivo, se trilhas o caminho pelo qual o ser humano deveria andar, não correrás maiores riscos.*', corpo do poema, aparece com o significado de "por mais que uma meta que desejemos atingir esteja fora de alcance, se escolhermos uma vida honesta, honrada, ética, justa e íntegra, não nos envolveremos em situações que possam nos gerar sofrimento, dificuldades e arrependimento". Antes cautela que arrependimento. Não é raro encontrar pessoas que numa atitude inconsequente mudaram o rumo das coisas, comprometeram ou destruíram uma reputação construída arduamente. A reputação é como fogo: uma vez aceso, conserva-se bem, mas se apagar é difícil acendê-lo. Cada um é criador do seu próprio destino, por isso, devemos escolher bem, sem impulsividade e com muita reflexão o '*caminho*' que trilharemos para ganhar a vida, pensando o tempo necessário, a fim de agir com bom senso. A desonestidade só cria infelicidade, ódio, guerra e inimizades.

A mensagem implícita no poema é que não são raras as vezes que temos que escolher entre um caminho longo e seguro e outro mais rápido e perigoso. Em geral optamos pelo caminho mais fácil. Ocorre que, por mais longe que esteja o nosso objetivo, por mais difícil que pareça ser, só trilhando o caminho do bem, da honestidade e integridade é que chegaremos a alcançá-lo de forma segura e plena. Todo objetivo para ser alcançado honestamente requer sacrifícios.

"Antes cautela que arrependimento."

Mikao Usui

O Mestre Mikao Usui certamente selecionou esse poema em atenção ao Princípio do Reiki *"Seja aplicado e honesto no seu trabalho"*. O Mestre Usui seguramente incentivava os reikianos a serem honestos e íntegros em seu trabalho. A honestidade é a primeira virtude necessária para o ser humano se ligar ao mundo angelical. Atos honestos são sagrados. Só a justiça e a honestidade propiciam o amor. A Lei do *Karma* é: *"O que plantarmos, haveremos de colher"*. Se plantarmos um trabalho com energia honesta e produtiva, colheremos de volta a mesma energia.

Segue uma citação que nos remete ao poema:

Platão disse:
"Devemos seguir sempre o caminho que conduz ao mais alto."

Obs.: Poema analisado mediunicamente por Johnny De' Carli, com a contribuição da Mestre de Reiki Elen Weiss.

"Cada um é criador do seu próprio destino."

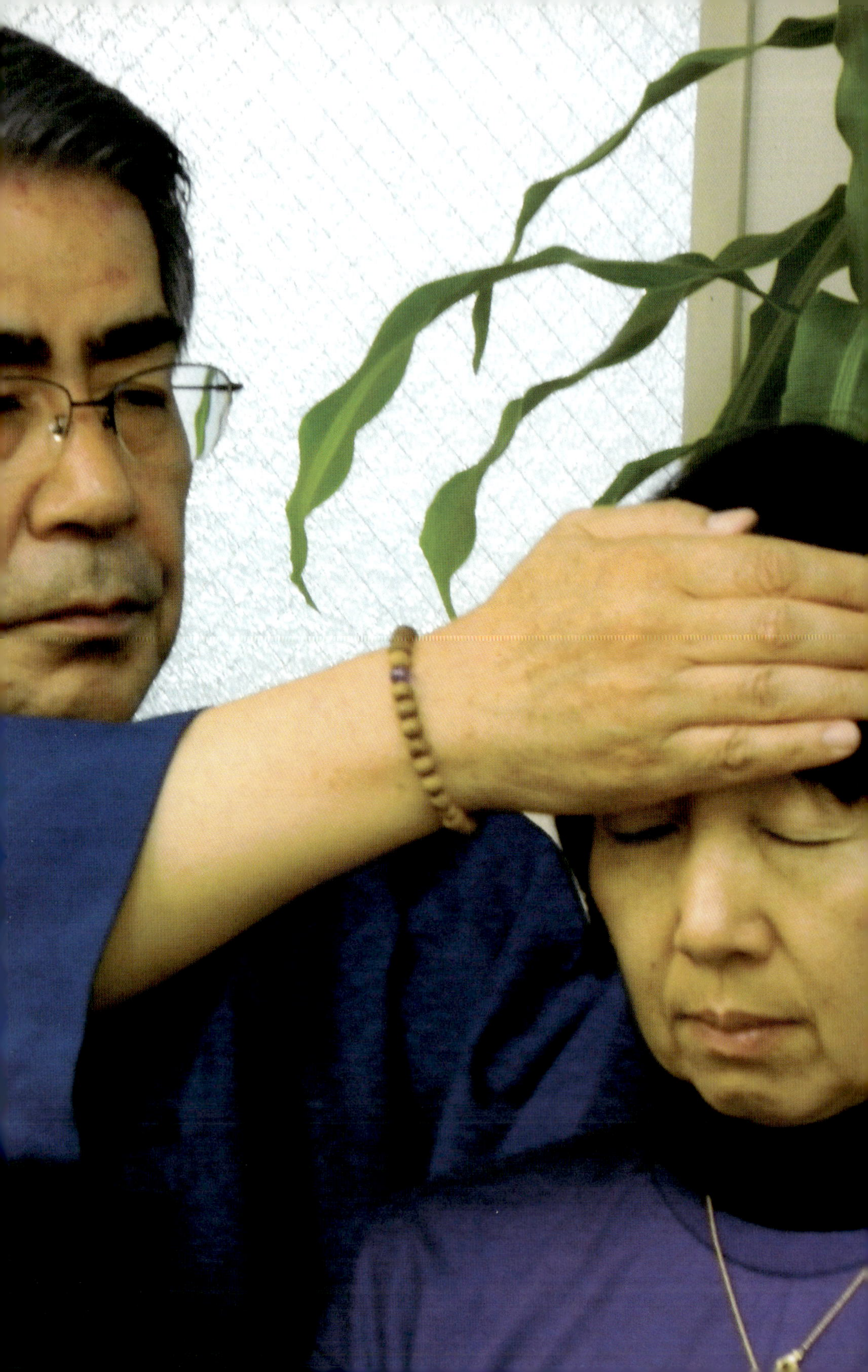

Poema 84 – Pensamento Ocasional

84　歳月は射る矢のごとし物はみな

saigetsu wa iruyanogotosi monowa mina

すみやかにこそなすべかりけれ（をりにふれて）

sumiyakani koso nasubekarikere (orinihurete)

"Faça do trabalho um hábito diário."

Análise do Poema 84 – Pensamento Ocasional

> *"Trabalhe constantemente independente do que fizeres.*
> *O tempo voa como uma flecha!"*

No poema, o Imperador Meiji, mais uma vez, enaltece o trabalho.

Podemos dividir o poema em três trechos: no primeiro '*Trabalhe constantemente*' aparece com o significado de "faça do trabalho um hábito diário"; o segundo '*independente do que fizeres*' se apresenta com o significado de "nenhum trabalho honesto, por mais humilde que seja, desonra uma pessoa" e o último '*O tempo voa como uma flecha!*' vem com o significado de "o tempo, assim com uma fecha atirada, é algo que não volta atrás". Não devemos desperdiçar o tempo, pois ele é a "pérola" dada por Deus para a nossa realização.

Nada há melhor do que ser útil. Essa qualidade é o elo que nos prende aos nossos semelhantes. Uma sociedade saudável só se consolida com a cooperação de um grande número de pessoas. Tudo que fazemos e como trabalhamos tem um peso e afeta diretamente o outro. Qualquer forma de trabalho é válida e digna, se for feita com honestidade; nada há de humilhante. O trabalho afasta de nós o tédio, a corrupção e a necessidade; é a fonte de toda a riqueza e cultura. O trabalho é fundamental, sem ele surge a ociosidade, que é a mãe de todos os vícios. Diz o dito popular: "*Mente desocupada é oficina do demônio*".

A mensagem implícita no poema é que perder tempo é desperdiçar a vida e trabalhar é a melhor forma de ocupar o tempo. Devemos ocupar nosso tempo crescendo, desenvolvendo nossas atividades e nossos talentos. O tempo perdido não se recupera.

"O tempo perdido não se recupera."

Mikao Usui

O Mestre Mikao Usui certamente selecionou esse poema em atenção ao Princípio do Reiki *"Seja aplicado e honesto em seu trabalho" (Gyo wo hage me)*. As pessoas crescem através do trabalho, aprendem com o trabalho e a vida diária. Tudo que nasce do trabalho é bom. Não podemos perder tempo, devemos procurar a profissão que a nossa vocação pede, fazer algo que nos agrade, tentar ser o que gostaríamos de ser.

Segue uma citação que nos remete ao poema:

Louis Pasteur disse:
"Teria a impressão de ter cometido um roubo,
se passasse um dia sem trabalhar."

Obs.: Poema analisado mediunicamente por Johnny De' Carli, com a contribuição do Mestre de Reiki Christian Jeremias Mello.

"Perder tempo é desperdiçar a vida
e trabalhar é a melhor forma de ocupar o tempo."

Poema 85 – Canoa no Juncal

85　とる棹のこゝろ長くもこぎよせむ

toru sao no kokoro nagakumo kogiyosen

蘆間の小舟さはりありとも　（　蘆間舟　）

asimano kobune sawariaritomo (asimahune)

"Haverá partes do caminho livres e haverá momentos que teremos que desviar dos obstáculos."

Análise do Poema 85 – Canoa no Juncal

> "*Seja paciente com o leme. A canoa no juncal não se pode movimentar livremente.*"

Aqui, o Imperador Meiji utiliza a expressão '*canoa no juncal*', título do poema, como metáfora, para falar das barreiras e dificuldades, encontradas ao longo de nossa caminhada, que temos de sabiamente contornar para atingir o nosso objetivo. A canoa, uma pequena embarcação primitiva, aberta em cima, movida a remos ou pás, pode simbolizar metaforicamente a jornada ou o movimento. No Japão, entre outras coisas, é utilizada para colheita do junco nas águas dos lagos, assim é forma de trabalho e meio de transporte. O '*juncal*', citado no poema, é o local onde crescem os juncos. O junco é um vegetal que cresce rápido, geralmente em alagadiços como os lagos, com caules cilíndricos e podem atingir até 1,5 m de altura. Os japoneses utilizam os juncos para tecer cestos, assentos de cadeira e esteiras. As esteiras de junco, conhecidas no Japão como *tatamis*, são o piso mais tradicional no país. As touceiras de juncos são obstáculos pelo fato de dificultarem o livre navegar de uma canoa.

Podemos dividir o corpo do poema em dois trechos: o primeiro '*Seja paciente com o leme.*' aparece com o significado de "mantenha o controle emocional para desviar dos obstáculos, sem perder a calma". O Budismo tem como um dos símbolos um leme, um instrumento plano situado na parte traseira de um barco que serve para dar orientação e direção. No poema, '*o leme*' aparece como metáfora das "decisões que tomamos a fim de evitar confrontos e corrigir nosso rumo". O segundo trecho, '*A canoa no juncal não se pode movimentar livremente.*', se apresenta com o significado de "nem sempre temos a passagem livre para fazer o que queremos".

"Corrija o rumo a fim de evitar confronto."

A mensagem implícita no poema é que haverá partes do caminho livres e haverá momentos que teremos que desviar dos obstáculos. Não devemos perder tempo e energia por causa de um incidente natural, e sim contornar o bloqueio e seguir normalmente o nosso curso.

Mikao Usui

O Mestre Mikao Usui certamente selecionou esse poema a fim de alertar que nem todos os problemas de saúde e disfunções com que deparamos são plenamente solucionáveis. Muitas vezes o restabelecimento da saúde não ocorre por fatores cármicos ou pelo fato dos receptores terem outras prioridades no momento. Nesses casos, em virtude do reikiano ser só um canal, ele não será responsável, caso não haja recuperação. Nem a classe médica promete a cura, principalmente quando o problema de saúde já atingiu um estágio avançado e os danos já são graves.

Em muitos casos, são obstáculos para o Reiki a falta de suporte médico, de dietas adequadas, de exercícios físicos, de repouso restaurador e o que é o mais importante: a falta de pensamentos, atitudes e emoções positivas.

Segue uma citação que nos remete ao poema:

Lao-Tsé disse:

"O rio atinge seus objetivos porque aprendeu a contornar obstáculos."

Obs.: Poema analisado mediunicamente por Johnny De' Carli, com a contribuição do Mestre de Reiki Egon Klein.

"Nem sempre temos a passagem livre
para fazer o que queremos."

Poema 86 – Caminho

86　なかばにてやすらふことのなくもがな

nakabanite yasuraukotono nakumogana

学の道のわけがたしとて　（　道　）

manabino michi no wakegatasitote (michi)

"Parar de estudar seria o mesmo que andar para trás."

Análise do Poema 86 – Caminho

> "*Ao aprender, é possível que interrompas para logo recomeçar.*
> *O caminho do aprendizado não é fácil!*"

Aqui, o Imperador Meiji utiliza o termo '*Caminho*', título do poema, numa alusão ao processo de aprendizagem ou do recebimento de conhecimentos.

Podemos dividir o corpo do poema em duas frases: na primeira '*Ao aprender, é possível que interrompas para logo recomeçar.*' significa que "o aprendizado ocorre ao longo de uma existência inteira, podendo ocorrer pausas no processo, afinal, o conhecimento vem em doses e na medida exata do nosso entendimento. O importante é nunca interromper definitivamente os estudos, qualquer idade é boa para aprender, sempre haverá novos conhecimentos esperando por nós. Parar de estudar seria o mesmo que andar para trás"; na segunda '*O caminho do aprendizado não é fácil!*' vem com o significado que "o aprendizado não se obtém sem esforço".

A mensagem implícita no poema é que o aprendizado nunca termina, devemos estudar a vida toda, buscar conhecimento sempre e constantemente, somos eternos estudantes e aprendizes, mas aprender de fato não é fácil, não basta só "ouvir por fora", é necessário "entender por dentro".

"Qualquer idade é boa para aprender."

Mikao Usui

O Mestre Mikao Usui certamente selecionou esse poema em respeito ao Princípio do Reiki *"Seja aplicado e honesto no seu trabalho"*. Aqui, o trabalho pode ser visto também como o processo de aprendizagem. O Mestre Usui seguramente queria alertar os reikianos que o conhecimento vem em etapas, por isso, nunca devemos parar de estudar, pensando que já sabemos tudo sobre o Reiki, ninguém aprende aquilo que pensa que já sabe. Aquele que realmente aprendeu sabe que desconhece muitas coisas, sempre haverá novas lições, o aprendizado sobre o Reiki nunca termina, o conhecimento é ilimitado assim como é o Universo. É preciso estar consciente disso e deixar sempre espaço para algo novo, estar sempre receptivo e flexível a novas informações.

Segue uma citação que nos remete ao poema:

Isaac Newton disse:
"O que sabemos é uma gota, o que ignoramos é um oceano."

Obs.: Poema analisado mediunicamente por Johnny De' Carli, com a contribuição da Mestre de Reiki Elza Ferreira.

"Ninguém aprende aquilo que pensa que já sabe."

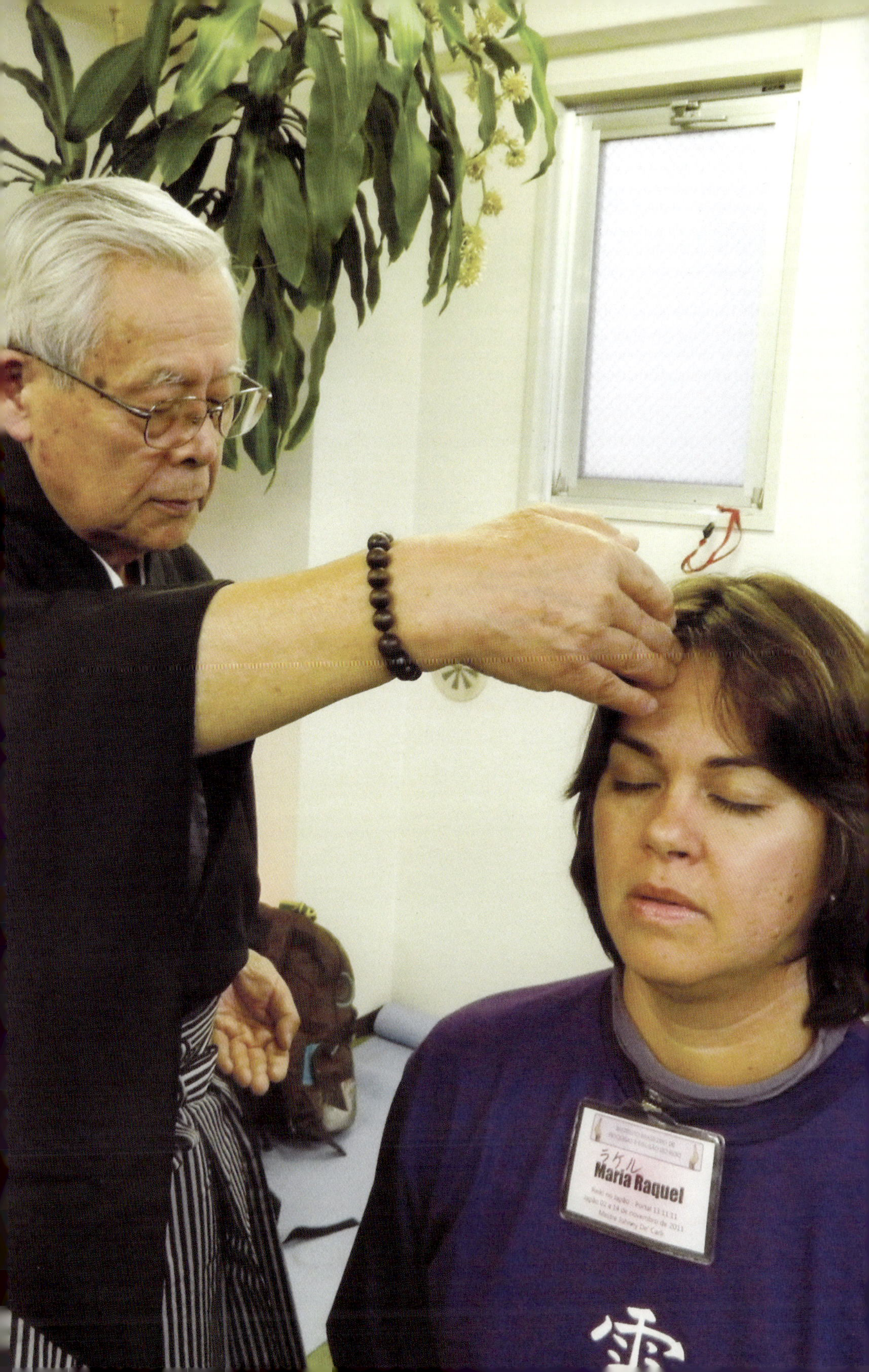
ラケル
Maria Raquel

Poema 87 – Pensamento Ocasional

87　なすことのなくて終わらば世に長き

nasukoto no nakute owaraba yoni nagaki

よはひをたもつかひやなからむ（をりにふれて）

yowai wo tamotu kaiya nakaran (orinihurete)

"Saber envelhecer é a grande sabedoria da vida."

Análise do Poema 87 – Pensamento Ocasional

> “*Viver muito tempo, neste mundo, não vale à pena, se chegar, ao final da vida, sem alguma habilidade ou ocupação.*”

Aqui, a frase '*Viver muito tempo, neste mundo, não vale à pena, se chegar, ao final da vida, sem alguma habilidade ou ocupação*', corpo do poema, aparece com o significado de “não há razão para uma vida longa se a pessoa chega à velhice na ociosidade”. A mente ociosa é danosa para si mesma e para a sociedade. Uma mente absolutamente vazia vive angustiada. Diz o ditado popular: “*Mente desocupada é oficina do demônio*”. Há pessoas que não vivem, apenas estão fazendo hora para morrer. Poucas pessoas sabem envelhecer. Quando se é idoso, é preciso ser mais ativo do que na juventude. Todo idoso deve procurar fazer algo que lhe agrade, ter sempre uma ocupação, por mais singela que seja, concentrando sua energia para afazeres que tenham um verdadeiro valor, não só com um trabalho, como também com a família, estudo, esporte, boa leitura, atividades filantrópicas, atividades religiosas, amigos e lazer.

A mensagem implícita no poema fala que é preferível viver menos a chegar numa idade avançada em total ociosidade. É preciso viver, não apenas existir.

“O trabalho é a melhor forma de ocupar o tempo ocioso.”

Mikao Usui

O Mestre Mikao Usui seguramente selecionou esse poema em atenção ao Princípio do Reiki *"Seja aplicado e honesto em seu trabalho"* (Gyo wo hage me). Sabe-se que o trabalho é a melhor forma de ocupar o tempo ocioso. Saber envelhecer é a grande sabedoria da vida. Nada há melhor do que ser útil. Esta qualidade é o elo que nos prende aos nossos semelhantes. O Mestre Usui certamente queria nos alertar que o ensino e a aplicação de Reiki é uma excelente forma dos idosos ocuparem o seu tempo de forma produtiva.

Segue uma citação que nos remete ao poema:

Voltaire disse:
"Quanto mais envelhecemos, mais precisamos ter o que fazer.
Mais vale morrer do que arrastarmos na ociosidade
uma velhice insípida: trabalhar é viver."

Obs.: Poema analisado mediunicamente por Johnny De' Carli, com a contribuição do Mestre de Reiki Luis Felipe Chagas Ramos.

"Quando se é idoso,
é preciso ser mais ativo do que na juventude."

REIKI
Sistema Tradicional Japonês
靈氣

Poema 88 – Pessoas

88　なにごとも思ふがまゝにならざるが

nanigotomo omougamamani narazaruga

かへりて人の身の為にこそ　（　人　）

kaerite hito no mi no tamenikoso (hito)

“O excesso de expectativa
é o caminho mais curto para a frustração.”

Análise do Poema 88 – Pessoas

> *"As coisas poderão não correr como programadas. Mas, depois, quando olhares para trás, verás que afinal, tudo andou bem na tua vida."*

Aqui, o Imperador Meiji faz alusão às expectativas que comumente criamos nas outras *'pessoas'*, título do poema.

Podemos dividir o corpo do poema em duas frases: a primeira *'As coisas poderão não correr como programadas.'* aparece com o significado de "as expectativas geradas nos outros geralmente causam frustrações" e a segunda *'Mas, depois, quando olhares para trás, verás que afinal, tudo andou bem na tua vida.'* se apresenta com o significado de "passadas as decepções, percebemos que todos que passaram por nossa vida nos deixaram algo de bom, contribuindo de alguma forma para a nossa evolução".

A mensagem implícita no poema é que as expectativas criadas nas pessoas, na maior parte das vezes, não correspondem à realidade. O excesso de expectativa é o caminho mais curto para a frustração. Mas, passado algum tempo, percebemos que todos que passaram por nós, de alguma maneira, contribuíram para o nosso crescimento.

"A expectativa geralmente gera desapontamento."

Mikao Usui

O Mestre Mikao Usui selecionou esse poema a fim de nos alertar a não superestimarmos o trabalho dos reikianos e dos Mestres de Reiki. Quando criamos expectativas, tudo que vem parece ser pior do que o esperado. A expectativa geralmente gera desapontamento. Quando não há expectativa também não há desilusão.

Segue uma citação que nos remete ao poema:

William Shakespeare disse:
"A expectativa é a raiz de toda mágoa."

Obs.: Poema analisado mediunicamente por Johnny De' Carli, com a contribuição do reikiano Luiz Alberto de Oliveira Teixeira.

"Quando criamos expectativas,
tudo que vem parece ser pior do que o esperado."

Poema 89 – Razão

89　波風のしづかなる日もふなびとは

namikaze no sizukanaru hi mo funabito wa

かぢにこゝろを許さゞらなむ　（　心　）

kazini kokoro wo yurusazaranan (kokoro)

"É preciso ser cauteloso e precavido em qualquer situação."

Análise do Poema 89 – Razão

> "*No dia em que o vento e as ondas estão tranquilos,*
> *o piloto deve ser especialmente cuidadoso.*"

Aqui, o Imperador Meiji faz, mais uma vez, referência à '*razão*', título do poema, que é a função usada para o raciocínio, sem a ação das emoções. É uma faculdade que permite o processo para se chegar a conclusões. O homem é um animal racional. Quando cultivamos a razão, diminuímos os males.

Esse é mais um poema repleto de simbolismo. O termo '*vento*' se apresenta como metáfora de mudança, perturbação, turbulência de algo equilibrado, ou seja, situações desagradáveis em nossas vidas. O '*piloto*' se apresenta como metáfora do ser humano. As'*ondas*' simbolizam metaforicamente a continuidade através da mudança, principalmente no campo emocional humano. No Japão, acalmar as ondas simboliza tranquilizar o espírito.

Podemos dividir o corpo do poema em dois trechos: o primeiro '*No dia em que o vento e as ondas estão tranquilos*' aparece com o significado de "nos períodos em nossa vida em que estamos, principalmente, com saúde, em paz e sem problemas" e o segundo '*o piloto deve ser especialmente cuidadoso*' se apresenta com o significado de "também devemos ficar atentos e precavidos às possíveis mudanças".

A prevenção nos fortalece, por isso, facilmente escutamos que um homem prevenido vale por dois. Diz o dito popular: "*Águas paradas, cautela com elas. A calmaria precede a tempestade.*".

A mensagem implícita no poema é que a vida está em constante movimento, a mudança é a lei da vida, tudo na vida move-se em ciclos. A cada ciclo que se fecha, inicia-se outro; todas as coisas, inquietações e circunstâncias adversas ou agradáveis são transitórias, nada é definitivo. Por isso, é preciso ser cauteloso e precavido em qualquer situação, mesmo nos momentos tranquilos, todos os dias, em todos os lugares onde estivermos.

> "Nada na vida é imutável ou estático, tudo é transitório."

Mikao Usui

O Mestre Mikao Usui seguramente selecionou esse poema a fim de alertar que o Reiki é também um método preventivo, destinado inclusive para as pessoas saudáveis. Nada na vida é imutável ou estático, tudo é transitório, inclusive a saúde. É sempre melhor prevenir doenças, que remediar.

Segue uma citação que nos remete ao poema:

Confúcio disse:
"O sábio teme o céu sereno;
em compensação, quando vem a tempestade
ele caminha sobre as ondas e desafia o vento."

Obs.: Poema analisado mediunicamente por Johnny De' Carli, com a contribuição da Mestre de Reiki Mariza de Oliveira Barbosa.

"É sempre melhor prevenir doenças, que remediar."

DE CARLI
REIKI PARTY 様
Victory
RS27
yasaka
足立230
あ・312

Poema 90 – Caminho

90　ならび行く人にはよしやおくるとも

narabiiku hitoniha yoshiya okurutomo

たゞしき道をふみなたがへそ　（　道　）

tadashiki michi wo huminatagaeso (michi)

"A velocidade só faz sentido se estamos na direção certa."

Análise do Poema 90 – Caminho

> "*Quando és mais lento que os demais que vão contigo,*
> *é que deves escolher o caminho correto.*"

Aqui, o Imperador Meiji utiliza o termo '*caminho*', título do poema, com o significado de "a direção para a qual nos movemos".

A expressão '*Quando és mais lento que os demais que vão contigo*' aparece com o significado das pessoas lentas no agir, que perdem tempo em começar, geralmente por indecisão.

A expressão '*é que deves escolher o caminho correto*' se apresenta com o significado de "uma decisão adotada que não gere sofrimento, dificuldades e arrependimento".

O Imperador nos mostra que o mais importante na vida não é a situação em que nos encontramos, mas a direção para a qual nos movemos.

A velocidade só faz sentido se estamos na direção certa. Precisamos saber para onde estamos indo e se queremos seguir aquele caminho. Se não se sabe para onde vai, todos os caminhos levam para lugar nenhum.

A mensagem implícita no poema é que para onde se vai é mais importante do que quão rápido se está indo.

"Nas coisas espirituais, só aquilo que demora nos inicia."

Mikao Usui

O Mestre Mikao Usui certamente queria sensibilizar os reikianos para o fato de que estar no caminho certo é mais importante do que a pressa. Aliás, é importante não termos tanta pressa para aprender o Reiki, a fim de percebermos bem cada etapa dos diferentes níveis. Nas coisas espirituais, só aquilo que demora nos inicia.

A vida tem sido comparada a uma corrida, mas observamos que os mais rápidos normalmente são aqueles com mais probabilidade de perder a direção. No Reiki, com pressa, corremos o risco de ficarmos na superfície e não encontrarmos o verdadeiro conhecimento. Ter uma atitude sem pressa significa colocar mais atenção no que se faz. A pressa impede-nos de ver e viver certas realidades, pequenos detalhes da vida, das pessoas. Às vezes, em um pequeno detalhe há uma preciosa lição.

Segue uma citação que nos remete ao poema:

Thomas Paine disse:

"É a direção e não a intensidade que deve ser levada em consideração."

Obs.: Poema analisado mediunicamente por Johnny De' Carli, com a contribuição da Mestre de Reiki Mariza de Oliveira Barbosa.

"Ter uma atitude sem pressa
significa colocar mais atenção no que se faz."

Poema 91 – Pensamento Ocasional

91　払はずば思はぬかたにかたぶかむ

harawazuba omowanukatani katabukan

つゆおきあまるなでしこの花　（をりにふれて）

tsuyuoki amaru nadeshiko no hana (orinihurete)

“Os mesmos sofrimentos unem mais
do que as mesmas alegrias.”

Análise do Poema 91 – Pensamento Ocasional

*“Muitas são as gotas de orvalho sobre os cravos do jardim.
Se não tirá-las, as flores poderão dobrar-se em direções imprevisíveis.”*

O orvalho é a precipitação atmosférica, em que o vapor de água se condensa e se deposita durante a noite e pela manhã. Dessa forma, pode-se associar o orvalho ao elemento água, às emoções boas e ruins, aos problemas emocionais a que todos estão sujeitos (medos, tristezas, etc). No poema, o Imperador Meiji metaforicamente utiliza a expressão *'gotas de orvalho'* com o significado de “lágrimas de tristeza”, que representam a linguagem muda da dor, do sofrimento. A expressão *'muitas são'* se apresenta com o significado de “bastante comuns”. O Mestre Jesus disse: *“Basta a cada dia o seu próprio mal”*. (Mateus 6, 34)

Na tradição japonesa, não só os cravos, mas todas as flores simbolizam a transitoriedade da vida, pois se transformam rapidamente, assim como o ser humano. No poema, os *'cravos'* metaforicamente simbolizam pessoas.

O jardim japonês é a representação da natureza em escala menor, representa também a Perfeição. No texto, o Imperador utiliza metaforicamente o termo *'jardim'* simbolizando a família.

Assim, no poema, a expressão *'cravos do jardim'* pode ser interpretada como metáfora para os jovens de nossa família, que ainda não decidiram que direção tomar (*'direções imprevisíveis'*).

O trecho *'Se não tirá-las'* se apresenta com o significado de “ajuda e socorro”.

Muitas vezes, temos que socorrer os jovens de nossa família: filhos, netos, sobrinhos, etc. Pitágoras disse: *“Ajuda o teu semelhante a levantar a carga, mas não a levá-la”*. O sofrimento quando compartilhado une a família, sabe-se que os mesmos sofrimentos unem mais do que as mesmas alegrias.

“Não existe exercício melhor para o coração do que se inclinar e levantar pessoas.”

A expressão *'as flores poderão dobrar-se em direções imprevisíveis'* vem com o significado de "o risco dos jovens tomarem caminhos que possam gerar sofrimento e arrependimento". Não é raro depararmos com jovens que se envolvem com álcool e outras drogas, gravidez precoce, prostituição, atividades ilícitas, contaminação com doenças sexualmente transmissíveis, depressão, síndrome de pânico, suicídio, etc.

A mensagem implícita no poema é que nas horas mais difíceis, de maior sofrimento, é importante ajudar aos familiares que, de alguma forma, necessitam de nós, principalmente os jovens que se encontram em formação, em busca de seu próprio caminho.

Mikao Usui

O Mestre Mikao Usui seguramente selecionou esse poema fazendo a comparação dos jovens familiares com os receptores de Reiki e discípulos do Mestre de Reiki, procurando demonstrar que é preciso ajudar o próximo. Não existe exercício melhor para o coração do que se inclinar e levantar pessoas. Diz o dito popular: *"temos duas mãos, uma para ajudar a si mesmo e outra pra ajudar aos outros"*.

Segue uma citação que nos remete ao poema:

Albert Schweitzer disse:
"A quem o sofrimento pessoal é poupado,
deve sentir-se chamado a diminuir o sofrimento dos outros."

Obs.: Poema analisado mediunicamente por Johnny De' Carli, com a contribuição da Mestre de Reiki Sueli Lucchi.

"O sofrimento quando compartilhado une a família."

Poema 92 – Pedra Preciosa

92　人なみのえらびしうへにえらびたる

hitonomi no erabisi ue ni erabitaru

玉にもきずのある世なりけり　　（　玉　）

tama nimo kizu no aru yo narikeri (tama)

"Todos no mundo têm defeitos."

Análise do Poema 92 – Pedra Preciosa

> *"Uma pedra preciosa, entre tantas, escolhida,*
> *tem sempre uma impureza ou outra. Isto está na natureza do mundo."*

Mais uma vez, o Imperador Meiji associa os seres humanos à natureza, no caso, a uma selecionada *'pedra preciosa'*, título do poema, afinal o ser humano é o mais belo dos diamantes, a maior criação Divina.

No poema, o Imperador alerta que da mesma forma que uma pedra preciosa selecionada *(escolhida)* tem sempre algum defeito *(uma impureza ou outra)*, uma pessoa, por melhor que possa parecer, não será perfeita. Todos no mundo têm defeitos *(Isto está na natureza do mundo.)*, se uma pessoa fosse perfeita, seria Deus. O Mestre Jesus disse: *"O que está puro entre vós atire a primeira pedra"*. (João 8, 7)

A mensagem implícita no poema é que não existe ninguém perfeito.

"Não existe ninguém perfeito."

Mikao Usui

O Mestre Mikao Usui certamente selecionou esse poema para deixar claro que não há reikianos, nem Mestres de Reiki perfeitos.

O Mestre Usui seguramente também selecionou esse poema em atenção ao Princípio do Reiki *"Só por hoje, seja gentil com os outros"*. Ser gentil com os outros implica também saber perdoar os defeitos alheios e nunca julgar. Defeitos são coisas que todos nós temos.

Um amigo é um presente que você dá a si mesmo, um irmão que você escolhe. Entretanto, não pode ir longe a amizade, se não há disposição para perdoar os pequenos defeitos dos amigos. O perdão é o combustível do convívio. As amizades devem ser cultivadas. Para cultivarmos verdadeiras amizades, devemos estar preparados para ceder nossos pontos de vista em algumas situações. Acredite, todos têm mais virtudes do que defeitos.

Segue uma citação que nos remete ao poema:

Agostinho Silva disse:
"Não há homens perfeitos; há, quando muito, homens que querem ser perfeitos."

Obs.: Poema analisado mediunicamente por Johnny De' Carli, com a contribuição do Mestre de Reiki Egon Klein.

"Todos têm mais virtudes do que defeitos."

Johnny De' Carli
(dezembro de 1964)

Poema 93 – Coração dos Pais

93　ひとりたつ身となりし子を幼なしと

hitori tatu mi to narishi ko wo osanasito

おもふや親のこゝろなるらむ　（　親心　）

omouya oya no kokoro naranan (oyagokoro)

"Para os pais não importa quanto tempo passe,
seus filhos serão fonte de eterna preocupação
e dedicação como se fossem menores."

Análise do Poema 93 – Coração dos Pais

> "*É da natureza dos pais, quando olham para seus filhos, os verem como pequenos, embora já crescidos e independentes.*"

Aqui, na expressão '*coração dos pais*', título do poema, mais uma vez, o Imperador Meiji exalta um comportamento típico da maneira de agir dos pais, oriundo da atemporalidade do amor. Conforme já citado em poemas anteriores, para muitas culturas orientais, o intelecto reside no '*coração*'.

Na frase, '*É da natureza dos pais, quando olham para seus filhos, os verem como pequenos, embora já crescidos e independentes*', corpo do poema, aparece com o significado de "na visão dos pais os filhos nunca crescem, serão sempre pequenos, frágeis e inocentes, não importando a idade". Por isso não é incomum os pais se referirem aos filhos como "minhas crianças" e, inclusive, tratá-los como crianças. Observa-se que os pais geralmente querem resolver os problemas dos filhos, pois acreditam que desta maneira os protegem.

A mensagem implícita no poema é a dificuldade dos pais entenderem que os filhos não são crianças a vida toda. Para os pais não importa quanto tempo passe, seus filhos serão fonte de eterna preocupação e dedicação como se fossem menores. Essa é a essência do amor dos pais, que não envelhece.

"No mundo material,
quando uma coisa acontece não há como desacontecer."

Mikao Usui

O Mestre Mikao Usui seguramente selecionou esse poema associando o comportamento dos pais ao observado nos Mestres de Reiki: verem seus discípulos como eternos aprendizes.

Conforme já explicado anteriormente, o Mestre Usui com certeza também selecionou esse poema em função da linhagem espiritual que se estabelece no Reiki. O discípulo sempre permanecerá discípulo de seu Mestre, mesmo que venha a refazer o curso com outro Mestre. Não há como desfazer uma iniciação, o vínculo será para toda a vida, apesar de prevalecer a última iniciação. No mundo material, quando uma coisa acontece não há como "desacontecer".

Obs.: Segue uma citação que nos remete ao poema:

O Mestre Jesus disse:
"O discípulo não está acima do seu Mestre."
(Lucas 6, 40 e Mateus 10, 24-25).

Obs.: Poema analisado mediunicamente por Johnny De' Carli, com a contribuição da reikiana Vera Lúcia Peres Costa Brandelli.

"Na visão dos pais os filhos nunca crescem, serão sempre pequenos, frágeis e inocentes, não importando a idade."

Poema 94 – Pais

94　ひとりたつ身になりぬともおほしたてし

hitori tatsu mi ni narinutomo oositatesi

親の恵をわすれざらなむ　（　親　）

oya no megumi wo wasure zaranan (oya)

"Tenha sempre gratidão aos seus pais."

Análise do Poema 94 – Pais

> *"Mesmo seguindo o teu próprio caminho,*
> *não esqueças o que teus pais te deram."*

Aqui, o Imperador Meiji recomenda que tenhamos sempre gratidão aos nossos *'pais'*, título do poema. A recomendação do Imperador, provavelmente, abarca também as relações de parentesco com outros membros do grupo familiar, como os avós e demais antepassados, aos quais devemos igualmente honra, afeto e reconhecimento. Vale, mais uma vez, lembrar a passagem Bíblica do Antigo Testamento, o 5º Mandamento da Lei de Deus, que é: *"Honra o teu pai e a tua mãe"*. (Êxodo 20, 12)

A expressão *'seguindo o teu próprio caminho'* se apresenta com o significado de "vivendo com autonomia ou independência financeira", que seguramente é o desejo da grande maioria das pessoas. O trecho *'não esqueças o que teus pais te deram'* aparece com o significado de "tenha sempre gratidão aos seus pais".

Devemos seguir o nosso caminho, mas sem esquecer as nossas origens; nossas raízes são muito importantes. Se esquecermos de nossos pais, esqueceremos quem somos. O primeiro dever de um filho para com seus pais é o de amá-los, o amor se demonstra com obras, cuidar de quem nos deu a vida, cuidar como eles cuidaram de nós, esse ato de amor está de acordo com o lado positivo da Lei do Retorno. É preciso dar-lhes satisfações e alegrias e ajudá-los segundo as nossas possibilidades, cuidar do que eles precisam, sobretudo se estão enfermos ou são anciãos. Aqueles que nos deram tanto de si, precisam de nós exatamente quando amadurecemos e eles envelhecem. Nesse momento, é nosso papel ajudá-los a viver e a enfrentar a velhice, manter-se presente, demonstrar carinho, companheirismo, gratidão, amá-los incondicionalmente e respeitá-los até o fim

"Se esquecermos de nossos pais,
esqueceremos quem somos."

de seus dias, independente de erros e acertos. O respeito aos pais se demonstra na sincera reverência quando se fala com eles e deles. Caso nossos pais tenham algum defeito, peculiaridades ou que não façam o que deveriam fazer, é necessário compreendê-los e desculpá-los, ocultando seus defeitos e tratando de ajudá-los para que os superem, sem que jamais saia de nossa boca uma palavra de crítica. É falta de respeito levantar a mão contra eles, desprezá-los, insultá-los ou ofendê-los, de qualquer modo, ou ter vergonha deles. Filhos que abandonam os pais no esquecimento, muitas vezes em asilos, estão semeando os próprios destinos.

A mensagem implícita no poema é que tenhamos sempre gratidão aos nossos pais, seres aos quais seremos eternos devedores, eles fazem parte de nós. Devemos saber conciliar e sempre separar um tempo para destinar a eles.

Mikao Usui

O Mestre Mikao Usui, com certeza, selecionou esse poema em atenção ao Princípio do Reiki *"Expresse sua gratidão" (Kansha shite)*, para que tenhamos sempre gratidão aos nossos pais. O Mestre Usui certamente também associou a relação dos filhos para com seus pais à dos discípulos para com seus Mestres de Reiki.

Segue uma citação que nos remete ao poema:

Albert Einstein disse:

"A única coisa que interfere com meu aprendizado é a minha educação."

Obs.: Poema analisado mediunicamente por Johnny De' Carli, com a contribuição da Mestre de Reiki Sueli Lucchi.

"Devemos seguir o nosso caminho,
mas sem esquecer as nossas origens."

Poema 95 – Mina

95　ひらかずばいかで光のあらはれむ

hirakazuba ikade hikari no arawaren

こがね花さく山はありとも　（　鉱山　）

kogane hana saku yama wa aritomo (kouzan)

"O ser humano é dotado do livre arbítrio ou da capacidade de tomar decisões por sua própria conta e risco."

Análise do Poema 95 – Mina

> “*Se ali houvesse uma montanha resplandecente de ouro,*
> *como poderias ver a luz sem te abrires para ela.*”

Esse é mais um poema repleto de simbolismo.

Aqui, o Imperador Meiji utiliza o termo ‘*mina*’, título do poema, como metáfora de “uma grande fonte de sabedoria”.

Podemos dividir o poema em três trechos: no primeiro ‘*Se ali houvesse uma montanha resplandecente de ouro*’ aparece com o significado de “se tivermos acesso a uma alta concentração de sabedoria de procedência Divina”; o segundo ‘*como poderias ver a luz*’ se apresenta com o significado de “de que forma poderíamos entender o verdadeiro conhecimento de Deus” e o último ‘*sem te abrires para ela*’ vem com o significado de “se não estivermos receptivos às mudanças”. Albert Einstein disse: “*Triste época! É mais fácil desintegrar um átomo do que um preconceito*”.

A montanha é o que, na terra, mais se aproxima do céu, representa, pois, algo humano que se acerca do Divino, é um símbolo universal do estar mais perto de Deus, da elevação espiritual. Da mesma forma, o ouro, metaforicamente, pode simbolizar coisas de procedência Divina.

A mensagem implícita no poema fala que devemos nos abrir às mudanças, reciclando pensamentos e crenças, angariando assim energias que fortalecem e alimentam o próprio espírito.

“As escolhas são nossas.”

Mikao Usui

O Mestre Mikao Usui sabia que o ser humano é dotado do livre arbítrio ou da capacidade de tomar decisões por sua própria conta e risco.

Não se pode iniciar uma pessoa no Reiki se essa não estiver aberta e receptiva a uma nova filosofia espiritual de vida. As escolhas são nossas.

Segue uma citação que nos remete ao poema:

O Mestre Jesus disse:
"Não deis aos cães o que é santo,
nem jogueis vossas pérolas diante dos porcos."
(Mateus 7, 6)

Obs.: Poema analisado mediunicamente por Johnny De' Carli, com a contribuição do Mestre de Reiki Paulo Zardo Cola.

"Devemos nos abrir às mudanças."

寺橋
njibashi
宮外苑
この先 権田原 交差点
50
ここから20m

Poema 96 – Pensamento Ocasional

96　開けゆく道にいでてもこゝろせよ

akeyuku michi ni idetemo kokoro seyo

　　　　　つまづく事のある世なりけり　（をりにふれて）

tsumazuku koto no aru yo narikeri (orinihurete)

"As pessoas prudentes raramente tropeçam."

Análise do Poema 96 – Pensamento Ocasional

> “*Mesmo que caminhes por uma rua larga e grande, tenha cuidado.*
> *O mundo está cheio de obstáculos.*”

No poema, o Imperador Meiji recomenda que tenhamos sempre muita prudência, as pessoas prudentes raramente tropeçam. A prevenção fortalece, por isso, diz-se que *“o homem prevenido vale por dois”*.

Podemos dividir o corpo do poema em quatro trechos: o primeiro *‘Mesmo que caminhes’* aparece com o significado de “até com o meio de vida escolhido”; o segundo *‘por uma rua larga e grande’* se apresenta com o significado de “sendo um caminho mais seguro”; o terceiro *‘tenha cuidado’* vem com o significado de “seja prudente e prevenido” e a última frase *‘O mundo está cheio de obstáculos.’* com o significado de “a vida estar repleta de perigos, armadilhas, problemas e barreiras”.

A mensagem implícita no poema refere-se à necessidade de ser cauteloso e precavido em qualquer situação, mesmo nos momentos tranquilos. Todos os dias, em todos os lugares onde estivermos, sempre haverá situações desagradáveis para vivenciar, obstáculos e dificuldades que encontraremos em nossa caminhada, que teremos de contornar para atingir o nosso objetivo.

“Seja cauteloso e precavido em qualquer situação.”

Mikao Usui

O Mestre Mikao Usui seguramente selecionou esse poema a fim de alertar que Reiki é também um método preventivo, destinado inclusive para as pessoas saudáveis. Nada na vida é imutável ou estático, tudo é transitório, inclusive a saúde. É sempre melhor prevenir doenças, que remediar.

Segue uma citação que nos remete ao poema:

Albert Einstein disse:
"Uma pessoa inteligente resolve o problema, um sábio o previne."

Obs.: Poema analisado mediunicamente por Johnny De' Carli, com a contribuição da Mestre de Reiki Mariza De Oliveira Barbosa.

"É sempre melhor prevenir que remediar."

ANTIPASTO
Broccoli and hijiki seaweed in garlic oil
¥ 480
¥ 480
¥ 380
¥ 780
¥ 880
¥ 780

Poema 97 – Lembrança

97　ひろき世にたつべき人は数ならぬ

hiroki yo ni tatubeki hito wa kazu naranu

ことに心をくだかざらなむ　（　述懐　）

kotoni kokoro wo kudakazaranan (zyukkai)

"Se não damos importância aos detalhes,
também não teremos êxito nas grandes coisas."

Análise do Poema 97 – Lembrança

> "*Mesmo ocupado com as coisas importantes deste imenso mundo, não deves desprezar os detalhes.*"

Aqui, o Imperador Meiji numa *'lembrança'*, título do poema, faz uma alusão de como viver e ajudar a construir um planeta melhor.

Podemos dividir o corpo do poema em quatro trechos: o primeiro *'Mesmo ocupado'* aparece com o significado de "até uma pessoa que tem muito trabalho ou atarefada"; o segundo *'com as coisas importantes'* se apresenta com o significado de "com aquilo que é essencial, atividades mais úteis ou mais interessantes"; o terceiro *'deste imenso mundo'* vem com o significado de "dessa sociedade numerosa" e o último *'não deves desprezar os detalhes'* com o significado de "não devemos ignorar as coisas de pouca importância, pormenores, minúcias ou elementos considerados individualmente em relação a um todo".

Os olhares das pessoas muito atarefadas geralmente estão voltados para o todo, para a comunidade e, muitas vezes, não percebem que o todo é formado pelos indivíduos e detalhes. Pensando assim, chegaremos à conclusão de que os detalhes não existem de fato, o que nos parece um detalhe é a parte mais importante, que realmente faz a diferença. Por exemplo, um instante de atenção que damos a alguém pode significar muito para o bem geral. Da mesma forma, uma palavra rude, a indiferença diante do sofrimento de alguém e a falta de atenção podem gerar dissabor em grande escala. Por todas essas razões, se desejarmos construir um mundo melhor, devemos começar a prestar atenção nos detalhes. Todas as pessoas que fizeram e fazem a diferença no mundo, cuidaram dos detalhes. Quando prestamos atenção nos detalhes e aproveitamos cada oportunidade para fazer o bem, estamos construindo o bem comum e chegaremos à essência da vida, que é o amor.

"Todas as pessoas que fizeram e fazem a diferença no mundo, cuidaram dos detalhes."

A mensagem implícita no poema é que se não damos importância aos detalhes, também não teremos êxito nas grandes coisas, pois as coisas grandiosas são compostas pelas pequeninas.

Mikao Usui

O Mestre Mikao Usui seguramente selecionou esse poema em atenção ao Princípio do Reiki *"Só por hoje, seja gentil com os outros"*. É inegável que a vida se torna mais leve quando somos tratados com pequenos gestos de gentileza, cortesia e atenção. Um olhar de ternura, uma resposta gentil, um pequeno favor, a atenção aos que são desprezados pela maioria, são qualidades das pessoas de bem. Ainda que possam parecer insignificantes, as ações benevolentes provocam um efeito semelhante ao que ocorre quando jogamos uma pedra numa lagoa; pequenas ondas surgem e vão se espalhando pela superfície da mesma. Assim também os pequenos gestos gentis provocam ondas no caráter de quem os recebe. Essas atitudes têm um grande poder de transformação, pois quem as experimenta se deixa penetrar pelas vibrações agradáveis e tende a repeti-las com as outras pessoas.

Nesse poema, seria possível citar mais exemplos, sobre os demais Princípios do Reiki.

Segue uma citação que nos remete ao poema:

Pedro Lomba disse:
"A cultura está nos detalhes."

Obs.: Poema analisado mediunicamente por Johnny De' Carli, com a contribuição da reikiana Luiza Lustosa.

"As coisas grandiosas são compostas pelas pequeninas."

Poema 98 – Razão

98　ひろき世にまじりながらともすれば

hiroki yo ni mazirinagara tomosureba

狭くなりゆくひとごころかな　（　心　）

semaku nariyuku hitogokoro kana (kokoro)

"Devemos sempre racionalizar,
evitar tomar decisões motivadas pelas emoções."

Análise do Poema 98 – Razão

> "*O mundo é grande e amplo, mas a razão humana pode facilmente se confundir em seus estreitos espaços.*"

Aqui, o Imperador Meiji faz, mais uma vez, referência à *'razão'*, título do poema, que é a função usada para o raciocínio, para pensar, sem a ação das emoções. A razão é uma faculdade que permite o processo para se chegar às conclusões. O homem é um animal racional. Quando cultivamos a razão, diminuímos os males.

Podemos dividir o poema em três trechos: no primeiro *'O mundo é grande e amplo'* aparece com o significado de "existe uma vasta diversidade de caminhos e possibilidades oferecidas pela vida"; o segundo *'mas a razão humana pode facilmente se confundir'* se apresenta com o significado de "não é difícil tomar uma pessoa ou uma coisa por outra" e o último *'em seus estreitos espaços'* vem com o significado de "nos relacionamentos onde haja interesse mútuo, amigos ou parentes próximos".

A mensagem implícita no poema é que devemos sempre racionalizar, evitar tomar decisões motivadas pelas emoções.

"Procuremos ter lucidez e discernimento
na forma de avaliar as pessoas e os fatos na nossa vida."

Mikao Usui

O Mestre Mikao Usui, com certeza, queria nos alertar que, principalmente, na escolha de nosso Mestre de Reiki, deveríamos ser cautelosos. Procuremos ter lucidez e discernimento na forma de avaliar as pessoas e os fatos na nossa vida. Podemos vir a pagar muito caro pelos nossos atos infelizes. Muitas vezes, motivados por emoções passageiras (paixões, promessas, entusiasmo, etc.) tomamos decisões que podem ter consequências desastrosas e até comprometer a nossa existência.

Segue uma citação que nos remete ao poema:

Dante Alighieri disse:
"A razão vos é dada para discernir o bem do mal."

Obs.: Poema analisado mediunicamente por Johnny De' Carli, com a contribuição da Mestre de Reiki Sueli Lucchi.

"Quando cultivamos a razão, diminuímos os males."

Poema 99 – Anciãos

99　ほどほどにたつべき道もあるものを

hidohodoni tatsubeki michi mo arumono wo

老いにけりとて身をばかこちそ　（　老人　）

oinikeritote mi wobakakochiso (rozin)

"A velhice é uma etapa importante da vida,
só precisamos aprender a conviver com ela."

Análise do Poema 99 – Anciãos

> “*Não te queixes, só porque envelheceste.*
> *É possível conviver dignamente com a velhice!*”

Aqui, o Imperador Meiji se reporta aos *'anciãos'*, título do poema, orientando-os a viver melhor.

Podemos dividir o corpo do poema em duas frases: na primeira *'Não te queixes, só porque envelheceste.'* o Imperador faz referência ao hábito de reclamar observado em muitos idosos e a segunda *'É possível conviver dignamente com a velhice!'* apresenta o significado de “Podemos viver uma terceira idade de forma honrada e feliz”.

Para muitos, envelhecer é um processo difícil. Não é fácil aceitar o declínio de nosso corpo físico. Geralmente, as pessoas desejam viver muito tempo, mas não querem ser velhas. Ocorre que essa ainda é a única maneira de viver muito tempo, mas poucas pessoas sabem envelhecer, o que se observa são muitas queixas, em função da perda do vigor da juventude. Há pessoas que não vivem, apenas estão fazendo hora para morrer. É preciso viver, não apenas existir. Há beleza e felicidade em todas as fases da vida. Para o povo de cultura japonesa, a velhice é sinal de sabedoria e nunca de discriminação, os japoneses reverenciam seus idosos, suas crenças e seus ensinamentos.

A mensagem implícita no poema é que a velhice é uma etapa importante da vida, só precisamos aprender a conviver com ela. A pessoa idosa deve procurar ocupar o seu tempo da melhor maneira possível, desenvolvendo suas atividades e seus talentos, direcionando e concentrando sua energia para afazeres que tenham um verdadeiro valor, dedicando o tempo não só a um trabalho, por mais singelo que seja, como também à família, ao estudo, ao esporte, à boa leitura, às atividades filantrópicas, às atividades religiosas, aos amigos e ao lazer.

“Há beleza e felicidade em todas as fases da vida.”

Mikao Usui

O Mestre Mikao Usui seguramente selecionou esse poema pela importância de se viver em gratidão *(Kansha shite)*, um dos cinco Princípios do Reiki. É impossível viver se queixando e em gratidão simultaneamente. Muitos erram reclamando da idade avançada ao invés de agradecer por terem nascido e estarem vivos. Devemos deixar de reclamar e passar a agradecer para que as coisas mudem positivamente na vida. Quem convive bem com a velhice mostra ter maturidade espiritual e humildade diante das leis de Deus. É importante sermos resignados, estarmos dispostos a suportar o que nos sucede.

O Mestre Usui com certeza também queria nos alertar que o ensino e a aplicação de Reiki é uma excelente forma dos idosos ocuparem o seu tempo de forma produtiva, vivendo dignamente na terceira idade.

Segue uma citação que nos remete ao poema:

Henri Amiel disse:
"Saber envelhecer é a grande sabedoria da vida."

Obs.: Poema analisado mediunicamente por Johnny De' Carli, com a contribuição do Mestre de Reiki Luis Felipe Chagas Ramos.

"Muitos erram reclamando da idade avançada ao invés de agradecer por terem nascido e estarem vivos."

霊気
Reiki
The Usui System of Natural

Poema 100 – Chefe de Família

100　槇ばしらたち栄ゆるもうごきなき

makibasira tati sakae yurumo ugokinaki

家のあるじのあればなりけり　（　家主　）

ie no aruzi no arebanarikeri (yanushi)

"O exemplo é sempre mais eficaz do que o preceito."

Análise do Poema 100 – Chefe de Família

> “*A família prospera, quando o chefe de família está firme, com os pés enraizados como a viga principal da casa.*”

Aqui, o Imperador Meiji utiliza a expressão *'chefe da família'*, título do poema, com o significado do(a) provedor(a).

Analisando os termos e as expressões, percebe-se que: o termo *'família'* pode simbolizar metaforicamente “um grupo de pessoas, uma associação ou mesmo uma família”; o termo *'prospera'* vem com o significado de “aumenta, desenvolve ou enriquece”; o termo *'firme'* se apresenta com o significado de “sólido, que não vacila, constante, inabalável ou perseverante”; a expressão *'pés enraizados'* vem com o significado de “radicado em base sólida”; a expressão *'viga principal'* se apresenta com o significado de “um pilar, coluna, suporte ou sustentáculo” e o termo *'casa'*, como metáfora, pode simbolizar “um lar, uma organização, uma entidade, um casamento, uma sociedade comercial ou um trabalho em equipe”.

A mensagem implícita no poema é: quando o líder de pessoas com os mesmos ideais é estável, equilibrado e arraigado, o grupo todo progride e melhora de condição.

“Não existe meio mais certo e eficaz para exercer influência direta sobre os seus do que o bom exemplo.”

Mikao Usui

O Mestre Mikao Usui seguramente selecionou esse poema a fim de recomendar aos Mestres de Reiki a se conservarem fiéis aos cinco Princípios do Reiki. Não existe meio mais certo e eficaz para um Mestre de Reiki exercer influência direta sobre os seus discípulos do que o bom exemplo, o exemplo é sempre mais eficaz do que o preceito.

Segue uma citação que nos remete ao poema:

Ralph Emerson disse:
"Os homens de caráter firme
são as colunas mestras da sociedade a que pertencem."

Obs.: Poema analisado mediunicamente por Johnny De' Carli, com a contribuição da Mestre de Reiki Elza Ferreira.

"Conserve-se fiel aos bons princípios."

Poema 101 – Lembrança

101　まつりごとたゞしき国といはれなむ

matsurigoto tadashiki kuni to iwarenan

百のつかさよちから尽して　（　述懐　）

hyaku no tsukasa yo chikara tsukushite (zyukkai)

"Desenvolver e preservar uma boa imagem são compromissos de todos, no trabalho e nas relações sociais."

Análise do Poema 101 – Lembrança

> “*Conduzo o país de tal maneira que seja visto como bom.*
> *Faço o meu melhor, usando minhas capacidades ao máximo.*”

Aqui, o Imperador Meiji utiliza o termo *'lembrança'*, título do poema, a fim de nos mostrar o seu comportamento no trabalho como dirigente bem sucedido.

Analisando os termos e expressões, concluímos que: *'conduzo'* aparece com o significado de "administro"; *'o país'* pode se apresentar com o significado metafórico de "a própria vida, uma casa, uma entidade, um trabalho em equipe ou mesmo um país, como no caso do Imperador"; *'de tal maneira que seja visto'* vem com o significado "de forma que a reputação, imagem ou prestígio";*'como bom'* vem com o significado "de forma positiva ou como bem intencionado". A frase *'Faço o meu melhor, usando minhas capacidades ao máximo.'* significa "trabalho da forma mais dedicada, séria e profissional possível".

Desenvolver e preservar uma boa imagem são compromissos de todos, no trabalho e nas relações sociais.

A mensagem implícita no poema fala que somente a pessoa empenhada em trilhar o caminho do profissionalismo, da competência e da integridade gozará de um bom conceito por parte da sociedade em que vive.

"Uma boa reputação é indiscutivelmente um valioso patrimônio."

Mikao Usui

O Mestre Mikao Usui certamente selecionou esse poema em atenção ao Princípio do Reiki *"Seja aplicado e honesto no seu trabalho"*, pois ele seguramente incentivava os reikianos a serem competentes e dedicados em suas atividades. Uma boa reputação é indiscutivelmente um valioso patrimônio que um reikiano ou uma escola de Reiki pode possuir. Os Mestres de Reiki com reputação favorável são mais atraentes para pessoas interessadas em aprender Reiki ou fazer parcerias.

Consta no memorial a Mikao Usui, situado em Tóquio: "*...Como sua REPUTAÇÃO* (o grifo é nosso) *aumentava bastante, com frequência recebia convites vindos de todos os lugares do país. Atendendo a esses pedidos, viajou para Kure e Hiroshima...*"

Segue uma citação que nos remete ao poema:

Públio Siro disse:
"A boa reputação é um segundo patrimônio."

Obs.: Poema analisado mediunicamente por Johnny De' Carli, com a contribuição do Mestre de Reiki Christian Jeremias Mello.

"Seja dedicado em suas atividades."

Poema 102 – Mestres

102　学びえて道のはかせとなる人も

manabiete michi no hakase to naru hito mo

をしへのおやの恵わするな　（　師　）

osieno oya no megumi wasuruna (shi)

"Devemos nos manter humildes ao longo de toda a vida."

Análise do Poema 102 – Mestres

> "*Mesmo quando chegues a ser especialista em uma área qualquer,*
> *não esqueças o que te foi ensinado pelos teus Mestres.*"

Aqui, o Imperador Meiji faz uma recomendação aos novos '*Mestres*', título do poema.

O termo '*Mestres*' refere-se a professores de grande saber, em qualquer ciência ou arte.

A expressão '*chegues a ser especialista em uma área qualquer*' se apresenta com o significado de "quando se tornar um perito". A expressão '*não esqueças o que te foi ensinado pelos teus Mestres*' vem com o significado de "ter gratidão aos Mestres, quando passar a ocupar uma situação de destaque intelectual".

A mensagem implícita no poema é: quando estivermos realizados profissional e intelectualmente, devemos nos manter humildes ao longo de toda a vida, tendo sempre gratidão aos nossos Mestres, afinal, eles contribuíram para a nossa bagagem profissional. Não devemos esquecer as nossas raízes intelectuais, elas são muito importantes.

"O orgulho divide as pessoas, a humildade une."

Mikao Usui

O Mestre Mikao Usui certamente selecionou esse poema em atenção ao Princípio do Reiki *"Expresse sua gratidão" (Kansha shite)*, para que tenhamos sempre gratidão aos nossos Mestres de Reiki, bem como ao Princípio do Reiki *"Seja gentil com os outros"*. Gentileza e humildade andam de braços dados. É possível encontrarmos Mestres de Reiki que se aprofundam muito no assunto e acabam perdendo a humildade, passam a se sentir superiores e melhores que os seus Mestres. O Mestre Usui seguramente desejava evitar esse comportamento no Reiki, não permitindo que o orgulho se manifestasse. Usui sabia que a humildade é a base e o fundamento de todas as virtudes. O orgulho divide as pessoas, a humildade une. Reiki é amor, onde houver humildade definitivamente haverá amor.

Segue uma citação que nos remete ao poema:

William Shakespeare disse:
"A gratidão é o único tesouro dos humildes."

Obs.: Poema analisado mediunicamente por Johnny De' Carli, com a contribuição do Mestre de Reiki Mariza De Oliveira Barbosa.

"Não devemos esquecer as nossas raízes intelectuais, elas são muito importantes."

オピニオン

費用膨らむ恐れ大きい

藤岡明房氏

すでに3千億円以上の事業費を投入しながら、民主党のマニフェストに従って一昨年から、本体工事を前に建設が凍結されている八ッ場ダム（群馬県）。国土交通省関東地方整備局が9月、コストなどの観点から「建設が最も望ましい」と…

――検証結果をどうみる？

「予定通り総事業費が4600億円で収まるに越したことはないが、本体工事が手つかずの中、周辺工事のみで3500億円を使っており、費用はさらに膨らむ恐れが大きい。その際、流域6都県の負担も増加することになる」

●時間をかけすぎだ

――このダム計画は昭和27年に始まり、半世紀以上かかっている

「最大の問題は時間をかけすぎていることだ。時間を浪費することで費用も増大しがちな上、ダムは完成しないことには便益が発生しない。本来、もっと早くダム本体工事に取りかかるべきだった」

――民主党がマニフェストに従って建設を凍結したことの評価は

「マニフェスト策定の段階でもっと慎重に検討すべきだった。止めた結果として、2年間をムダにしてしまった。建設か中止か、どちらかに決めることが大事で、凍結が一番よくない状態だ」

●算出方法に疑問

本当にあと1千億円強で完成するのか疑問の…

〈ふじおか・あきふさ〉昭和23年、東京都生まれ。63歳。東大大学院経済学研究科博士課程満期退学。敬愛大教授を経て、平成17年に立正大教授。専門は環境経済学。約20年間「イミダス」の財政分野を執筆している。著書に「図解 小学校で習った算数で『経済』がスッキリわかる！」など。

from Editor

獄巡りをする「資格」

劇団四季のオーディションを見る機会を得た。700人の応募者の中から最終審査に残った112人がダンスや歌唱、演技などを披露している間、私は審査開始前に浅利慶太代表が彼らに語った言葉の意味を考えていた。

舞台を見て感動したのがきっかけ、という多くの受験者が持つであろう素直な気持ちを浅利氏は「それは『やる側』でなく観客の立場。芝居は『見る天国、やる地獄』だ」と突き放した。技量は短時間で把握できても、芝居をする筋力を鍛えるために連日繰り返される訓練をやりきる力があるかまではわからない、とも語った。実際、別枠で審査する研究生は半年で半分になることも多いらしい。

まず考えたのは「型にはめられる覚悟」だ。才能があり、自信を持つ者ほど、型にはめられて個性や才能が殺されることを嫌う。だが、それで失われる才能や個性は結局、その程度のものでしかない。型にはまったところからにじみ出し、突き破って飛び出すのが真の個性、才能と考える覚悟が必要ではないか。

また、訓練で培われる筋力をどんな条件、環境の下でも実力を発揮できる力、と言い換えてみた。力量はあっても出来はその日の調子次第、では話にならない。

どうやら、これらはあらゆる職業に通じそうである。味が日によって違っては、料理人は成り立たぬ。厳しい修業を通じて会得した自分の味を常に提供できるようにする。「食べる天国、作る地獄」。私たちの場合は「いい記事を読む天国、書く地獄」となる。

…上演している「コーラスライン」はオーディションが題材だ。ほぼ全編が照明を抑えたオーディションシーンであり、軽快な歌、ダンスをまじえて次々に語られる登場人物たちの人生はどれも重く暗く、「地獄巡り」を思わせる。

そして、最後の最後に出現するまばゆい光の世界。わずか1曲分の至高の時は、そこにつながる地獄を丁寧に見せられた後だけに、輝きを増す。私たちは自分の日常を投影し、共感し、感動する。彼らがめざすのが主役級でなく、スターを引き立てるバックダンサーだからなおさらだ。

審査の結果、劇団四季には今回25人が合格したという。彼らは地獄巡りの資格を手にしたといえ、心から祝福したい。これは、これから社会に出ようという若者、私自身も含めてすでに社会に出ている人すべてに送りたいエールでもある。

（編集長　小林毅）

次代への名言

温故知新　編

Poema 103 – Jornal

103　みな人の見るにいぶみに世の中の

mina hito no miruni ibumini yononaka no

あとなしごとはかかずもあらなむ（　新聞紙　）

atonashi goto wa kakazumo aranan (sinnbunshi)

"Aquele que mais sabe, mais lamenta por tempo perdido."

Análise do Poema 103 – Jornal

> “*Tantas pessoas lêem o jornal. Por isso, se deveria escrever só sobre o que é significativo e não, sobre o supérfluo.*”

Aqui, o Imperador Meiji faz referência ao *'jornal'*, título do poema, como meio impresso de comunicação em massa, contendo informações e notícias que abordam diferentes assuntos.

Na Era Meiji, os jornais eram o principal veículo de transmissão das informações, tinham grande capacidade de influência. O rádio só surgiu por volta de 1920, oito anos após a morte do Imperador Meiji.

A frase '*Por isso, se deveria escrever só sobre o que é significativo e não, sobre o supérfluo.*' aparece com o significado de "é importante escrever somente sobre coisas úteis e necessárias". O Imperador era um sábio e aquele que mais sabe, mais lamenta por tempo perdido. Perder tempo desagrada mais a quem conhece o seu valor.

A mensagem implícita no poema é que os meios de comunicação em massa não deveriam se ocupar de coisas fúteis, pelo fato de consumir o precioso tempo das pessoas.

"O tempo perdido não se recupera e certamente fará falta."

Mikao Usui

O Mestre Mikao Usui certamente queria recomendar que direcionássemos a nossa energia em leituras que tenham um verdadeiro valor. Perder tempo com leitura supérflua é desperdiçar a vida. O tempo perdido não se recupera e certamente fará falta.

Segue uma citação que nos remete ao poema:

Luis Fernando Veríssimo disse:
"Às vezes, a única coisa verdadeira num jornal é a data."

Obs.: Poema analisado mediunicamente por Johnny De' Carli, com a contribuição da Mestre de Reiki Elza Ferreira.

"Perder tempo desagrada mais a quem conhece o seu valor."

Poema 104 – Água

104　みなもとは清くすめるを濁江に

mona motowa kiyoku sumeru wo dakue ni

おちいる水のをしくもあるかな　（　水　）

ochiiru mizu no osikumoarukana (mizu)

"Aprenda com as crianças."

Análise do Poema 104 – Água

> “*Que pena! Mesmo quando a fonte é clara e pura,*
> *a água se suja ao encontrar um riacho poluído.*”

Há muito simbolismo nesse poema.

Aqui, mais uma vez, o Imperador Meiji associa a jornada humana à Natureza, no caso, à *'água'*, título do poema. Na tradição japonesa, a água simboliza a vida e, quando presente em forma de riacho, como água corrente, pode simbolizar a passagem temporal. O seu fluxo representa o nascimento, o crescimento e a morte. A água é também um símbolo das emoções.

Podemos dividir o corpo do poema em quatro trechos: na exclamação *'Que pena!'* o Imperador lamenta pela transformação humana ao longo da vida; o segundo *'Mesmo quando a fonte é clara e pura'* se apresenta com o significado de "mesmo quando nascemos numa família de boa índole e com a pureza natural da criança"; o terceiro *'a água se suja'* vem com o significado de "modificamos para pior" e o último *'ao encontrar um riacho poluído'* com o significado de "ao deparamos com pessoas falsas e perversas".

A mensagem implícita no poema é que a criança, com o tempo, lamentavelmente, perde a pureza e a inocência da infância e desenvolve a malícia.

"As crianças ensinam três coisas muito importantes para os adultos: a sinceridade, a simplicidade e a autenticidade."

Mikao Usui

O Mestre Mikao Usui seguramente desejava que os reikianos aprendessem com as crianças e se comportassem como elas. As crianças estão ligadas a Deus pela pureza de seus corações, têm uma aura de luz em torno de si, vivem em harmonia espiritual. As crianças ensinam três coisas muito importantes para os adultos: a sinceridade, a simplicidade e a autenticidade. O amor delas é universal, sorriem e fazem amizades em um instante e respeitam as diferenças entre as pessoas. As crianças perdoam com muita facilidade, não guardam mágoas e rancores como os adultos.

Segue uma citação Bíblica que nos remete ao poema:

O Mestre Jesus disse:
"Quem não receber o Reino de Deus como uma criança,
nunca entrará nele."
(Lucas 18, 15-17)

Obs.: Poema analisado mediunicamente por Johnny De' Carli, com a contribuição da a Mestre de Reiki Sueli Lucchi.

"As crianças estão ligadas a Deus pela pureza de seus corações. Comporte-se como elas."

Poema 105 – Vaca

105　身にあまる重荷車をひきながら

mi ni amaru omoniguruma wo hikinagara

いそがぬ牛はつまづかずして　（　牛　）

isoganu usi wa tsumazukazu shite (ushi)

"Não adianta tentar antecipar os fatos,
tudo acontece no seu devido tempo."

Análise do Poema 105 – Vaca

> “*A vaca não tropeça porque não se apressa,*
> *inclusive quando a carroça leva mais peso do que ela pode suportar.*”

Aqui, mais uma vez, o Imperador Meiji nos ensina com um exemplo observado na natureza: o comportamento do caminhar de uma *'vaca'*, título do poema, animal conhecido por todos.

A expressão *'não tropeça'* aparece com o significado de “cair numa situação que gere sofrimento, dificuldades e arrependimento”. Não é raro encontrar pessoas que na pressa, num ato impensado, se prejudicaram. A expressão *'não se apressa'* se apresenta com o significado “de forma paciente e tranquila”. O trecho *'quando a carroça leva mais peso do que ela pode suportar'* vem com o significado de “acumulando responsabilidades e trabalho”.

A vida tem sido comparada a uma corrida, no entanto, observamos que os mais afoitos normalmente são os mais prováveis de perderem a direção. Para onde se vai é mais importante do que quão rápido se está indo. Na maioria das vezes, não precisamos ser tão apressados em nada. Devemos plantar e saber esperar a colheita, que com certeza virá, mas só no momento do fruto maduro, nem antes nem depois.

A mensagem implícita no poema é que não adianta correr, não adianta tentar antecipar os fatos, tudo acontece no seu devido tempo. Devagar se vai ao longe.

“Estar no caminho certo é mais importante do que a pressa.”

Mikao Usui

O Mestre Mikao Usui certamente queria nos alertar para não termos pressa em aprender o Reiki, percebendo bem cada etapa dos diferentes Níveis *(Shoden, Okuden* e *Shinpiden).* Estar no caminho do Reiki é mais importante do que a pressa. O aprendizado do Reiki obedece a um ritmo que deve ser respeitado, não adianta querer se apressar. Mesmo no Reiki é necessário aprender a aprender. Nas coisas espirituais, só aquilo que demora nos inicia. Não podemos pular etapas, precisamos de cada uma delas, mesmo aquelas que achamos de menor valor no momento. A pressa impede-nos de ver e viver certas realidades, pequenos detalhes da vida, das pessoas. Ter uma atitude paciente, sem pressa, significa colocar mais atenção no que se faz, assim aprendemos mais e erramos menos. Às vezes, em um pequeno detalhe há uma preciosa lição. A pressa é a grande inimiga da perfeição e do aprofundamento. Com ela, corremos o risco de ficarmos na superfície e não encontrarmos o verdadeiro conhecimento. Quando o crescimento chega, percebemos o valor de cada estágio, entendemos que tudo teve um propósito.

Segue uma citação que nos remete ao poema:

Henry Thoreau disse:
"Nada é tão útil ao homem como a resolução de não ter pressa."

Obs.: Poema analisado mediunicamente por Johnny De' Carli, com a contribuição da reikiana Laura de Castro Lima.

"Para onde se vai é mais importante
do que quão rápido se está indo."

Poema 106 – Joia

106　目に見えぬ神にむかひてはぢざるは

meni mienu kami ni mukaite hazizaru wa

人の心のまことなりけり　（　神祇　）

hito no kokoro no makotonarikeri (sinngi)

"Cultive o altruísmo."

Análise do Poema 106 – Joia

> *“Quando não te envergonhares diante de Deus, a quem não podes ver, mas que te conhece por inteiro, é porque tua alma está pura e reta. Quisera que todos tivessem uma alma assim!”*

Aqui, o Imperador Meiji utiliza o termo *‘joia’*, título de poema, como metáfora de uma pessoa de grande valor moral ou altruísta. Ser altruísta é não ser egoísta. No Budismo, o altruísmo é considerado o caminho que nos leva ao *Satori* (Iluminação ou *Nirvana*).

O trecho *‘Quando não te envergonhares diante de Deus’* aparece com o significado de “quando não se comprometer mais diante do Criador ou parar de gerar *karma*”. O trecho *‘tua alma está pura e reta’* se apresenta com o significado de “estar quite e isento do *karma* e vivendo com integridade de caráter”. Na frase *‘Quisera que todos tivessem uma alma assim!’*, o Imperador manifesta o desejo de que “todos se transformem em pessoas livres de maus costumes”.

A mensagem implícita no poema é o desejo do Imperador de que todos se transformem em cidadãos de caráter ilibado, no pensar, no sentir, no falar e no agir, cuja honra não possa ser nem questionada.

“Reiki é um farol que nos leva de volta à Grande Luz.”

Mikao Usui

O Mestre Mikao Usui dizia que o Reiki é um caminho seguro de evolução espiritual, funciona como um farol que nos leva de volta à Grande Luz.

Segue uma pergunta, contida na única entrevista concedida pelo Mestre Usui, que explica bem o porquê da escolha desse poema:

Entrevistador: *"A Usui Reiki Ryoho* (técnica terapêutica Reiki Usui) *trata somente problemas de saúde?"*

Mikao Usui: *"...Com a energia do método Reiki, O CORAÇÃO SE TORNA SEMELHANTE A DEUS OU BUDA* (o grifo é nosso), *trazendo felicidade para si mesmo e para terceiros".*

Segue uma citação Bíblica que nos remete ao poema:

> *"Procura apresentar-te a Deus aprovado, como obreiro que não tem de que se envergonhar, que maneja bem a palavra da verdade."*
> (II Timóteo 2, 15)

Obs.: Poema analisado mediunicamente por Johnny De' Carli, com a contribuição da reikiana Rejane Maciel.

"Cultive os bons costumes."

Poema 107 – Pensamento Ocasional

107　ものごとに進まずとのみ思ふかな

monogoto ni susumazutonomi omoukana

身のおこたりはかへりみずして（をりにふれて）

mi no okotari wa kaerimizushite (orinihurete)

"O caminho dos preguiçosos é cheio de dificuldades."

Análise do Poema 107 – Pensamento Ocasional

> “*Não te queixes, quando as coisas não andam como foram planejadas.*
> *Examine sua própria preguiça.*”

No poema, o Imperador Meiji aborda o hábito de se lamentar, observado em muitas pessoas, associando-o ao grave defeito da preguiça.

Podemos dividir o poema em três trechos: no primeiro *'Não te queixes'* aparece com o significado de “não reclame”; o segundo *'quando as coisas não andam como foram planejadas'* se apresenta com o significado de “quando não temos a qualidade de vida que gostaríamos” e o último *'Examine sua própria preguiça'* vem com o significado de “pondere sobre a sua aversão ou pouca disposição para trabalhar”.

Lembremos que o trabalho é a fonte de toda a riqueza, ele afasta de nós a necessidade, sendo que a preguiça é a maior inimiga do trabalho. O Marquês de Maricá disse: *“A pobreza e a preguiça andam sempre em companhia”*.

A mensagem implícita no poema é que o caminho dos preguiçosos é cheio de dificuldades.

“A preguiça é a maior inimiga do trabalho.”

Mikao Usui

O Mestre Mikao Usui seguramente selecionou esse poema em atenção ao Princípio do Reiki *"Seja aplicado e honesto em seu trabalho"*: quando vencemos a preguiça, damos o primeiro passo rumo ao trabalho produtivo; e também, pela importância de se viver em gratidão *(Kansha shite)*, outro dos cinco Princípios do Reiki. É impossível viver reclamando e em gratidão simultaneamente.

Segue uma citação que nos remete ao poema:

O Mestre Confúcio disse:
"A preguiça caminha tão devagar,
que a pobreza não tem dificuldade em alcançá-la."

Obs.: Poema analisado mediunicamente por Johnny De' Carli, com a contribuição da Mestre de Reiki Marlene Teresinha Valer.

"Quando vencemos a preguiça, damos o primeiro passo rumo ao trabalho produtivo."

霊気
Reiki

Poema 108 – Amigos

108　もろともにたすけかはしてむつびあふ

morotomoni tasukekawasite mutsubiau

友ぞ世にたつ力なるべき　（　友　）

tomozo yo ni tatsu chikara narubeki (tomo)

“As pessoas quando unidas se fortalecem.”

Análise do Poema 108 – Amigos

> “*A força mais valiosa deste mundo é a estreita amizade, na qual nos apoiamos.*”

Aqui, o Imperador Meiji utiliza o termo '*amigos*', título do poema, com o significado metafórico de “aliados”.

Analisando os termos e expressões, concluímos que: '*força*' aparece com o significado de “capacidade de resolver algo”; '*mais valiosa*' vem com o significado de “que tem mais eficiência”; '*a estreita amizade*' significa “o espírito de equipe” e '*nos apoiamos*' vem com o significado de “contamos com o auxílio”.

Então, a frase '*A força mais valiosa deste mundo é a estreita amizade, na qual nos apoiamos.*', corpo do poema, aparece com o significado de “nossa capacidade de solucionar problemas e superar dificuldades se fortalece quando contamos com a ajuda de um grupo unido”. O trabalho em equipe reúne forças e experiência. As ações individuais são essenciais, porém na maior parte das vezes é necessário mais do que isso para se conseguir grandes resultados. A vida em sociedade fica melhor se entendermos que dependemos uns dos outros para viver bem. Juntos somos mais fortes. Diz o dito popular: “*A união faz a força*”.

A mensagem implícita no poema é que as pessoas quando unidas se fortalecem. A união de um grupo de pessoas, leais entre si, que tenha objetivos em comum, pode tornar suas vidas mais fáceis e prósperas. As brasas juntas aquecem mais.

“O trabalho em equipe reúne forças e experiência.”

Mikao Usui

O Mestre Mikao Usui seguramente selecionou esse poema em função de muitas das técnicas originais do Reiki Japonês serem coletivas, não é hábito no Japão os reikianos trabalharem isolados. Ocorre que não é fácil montar um grupo onde haja um verdadeiro espírito de equipe. Lamentavelmente, a quase totalidade das pessoas é individualista, o que dificulta o trabalho em grupo.

Segue uma parábola que nos remete ao poema:

Parábola dos sete vimes

Era uma vez um pai que tinha sete filhos. Quando estava para morrer chamou todos os sete e lhes disse:

- *"Filhos, já sei que não posso durar muito, mas antes de morrer quero que cada um de vocês vá buscar um vime seco e traga aqui".*

- *"Eu também?"* - perguntou o mais jovem, que só tinha quatro anos. O mais velho tinha vinte e cinco e era um rapaz muito forte; o mais valente da freguesia.

- *"Tu também"* - respondeu o pai ao mais jovem. Saíram os sete filhos; pouco depois retornaram, trazendo cada um o seu vime seco. O pai pegou no vime que trouxe o filho mais velho e o entregou ao mais novo dizendo-lhe:

- *"Parta este vime!* O pequeno partiu o vime facilmente. Depois o pai entregou o outro ao mesmo filho mais novo e lhe disse:

- *"Agora parta também este!"*

O pequeno partiu o vime; depois partiu, um a um, todos os outros. Após partir o último, o pai disse outra vez aos filhos:

- *"Agora tragam outro vime aqui".* Os filhos tornaram a sair; logo estavam outra vez ao pé do pai, cada um com o seu vime.

- *"Agora me dêem aqui"* - disse o pai. E dos vimes todos fez um feixe, atando-os com um nó bem firme. Voltando-se para o filho mais velho, o mais forte, disse-lhe assim:

"Dependemos uns dos outros para viver bem."

– *"Toma este feixe! Parta-o!"* O filho empregou toda a força que tinha, mas não foi capaz de partir o feixe.

– *"Não podes?"* – perguntou ele ao filho.

– *"Não, meu pai, não posso".*

– *"E vocês todos juntos são capazes de partir este feixe de vimes? Experimentem!"* Não foram capazes de parti-lo. O pai lhes disse então:

– *"Meus filhos, o mais pequenino de vocês partiu sem lhe custar nada todos os vimes, enquanto os partiu um por um; e o mais velho e forte de vocês não pôde parti-los todos juntos; nem vocês, todos juntos, foram capazes de partir o feixe. Pois bem, lembrem-se disto e do que lhes direi: enquanto estiverem unidos, como irmãos que são, ninguém zombará de vocês, nem contra vocês fará mal ou vencerá. Mas caso se separem ou reine entre vocês a desunião, facilmente serão vencidos. A união faz a força".*

Obs.: Poema analisado mediunicamente por Johnny De' Carli, com a contribuição da Mestre de Reiki Elen Weiss.

"Juntos somos mais fortes."

Poema 109 – Velho Pinheiro

109　やしないてなほも齢をたもたせむ

yasinaite naomo toshi wo tamotasen

庭に千代ふる松のひともと　（　老松　）

niwa ni chiyo furu matsu no hitomoto (oimatsu)

"A velhice é sinal de sabedoria e nunca de discriminação."

Análise do Poema 109 – Velho Pinheiro

> "*Pinheiro centenário no jardim: quero auxiliar-te a viver longamente, dando-te toda a minha ajuda.*"

Aqui, o Imperador Meiji utiliza a expressão '*velho pinheiro*', título do poema, como metáfora de "uma pessoa idosa". O pinheiro, por ser uma árvore de folhas perenes, resistentes, sempre verdes e frescas, simboliza a longevidade. Assim, o '*pinheiro centenário*', citado no poema, seria uma pessoa com bem mais idade.

Conforme já citado em poemas anteriores, o Imperador compara metaforicamente o termo '*jardim*' à família (a célula da sociedade).

Podemos dividir o corpo do poema em três trechos: no primeiro '*Pinheiro centenário no jardim*' aparece com o significado de "um ancião da família"; o segundo '*quero auxiliar-te a viver longamente*' se apresenta com o significado de "desejo aumentar a sua expectativa e qualidade de vida" e o último '*dando-te toda a minha ajuda*' vem com o significado de "fazendo tudo o que esteja ao meu alcance".

Para o povo de cultura japonesa, a velhice é sinal de sabedoria e nunca de discriminação. Os japoneses reverenciam seus idosos, suas crenças e seus ensinamentos. Os idosos acumularam mais experiências, passaram por todas as fases no aprendizado da vida e atingiram a maturidade na arte de viver. Ocorre que no Japão, no final do século XIX, poucos passavam dos 40 anos de idade. No poema, fica claro que o Imperador desejava aumentar essa expectativa de vida.

O primeiro dever de um filho para com seus pais e avós é o de amá-los, o amor se demonstra com obras: cuidar de quem nos deu a vida, cuidar como eles cuidaram de nós, esse ato de amor está de acordo com o lado positivo da Lei

"A maior doença do idoso muitas vezes é a solidão."

do Retorno. Tenhamos sempre gratidão aos nossos parentes mais velhos, seres aos quais seremos eternos devedores, eles fazem parte de nós. Aqueles que nos deram tanto de si, precisam de nós exatamente quando amadurecemos e eles envelhecem. A maior "doença" do idoso muitas vezes é a solidão.

A mensagem implícita no poema é que devemos fazer tudo que esteja ao nosso alcance para aumentar a expectativa e a qualidade de vida das pessoas com mais idade de nossa família, principalmente por gratidão. É preciso dar-lhes satisfações e alegrias, cuidar do que elas precisam segundo as nossas possibilidades, sobretudo, se estão enfermas. Nesse momento, é nosso papel ajudá-las a viver e a enfrentar a velhice, manter-se presente, demonstrar carinho, companheirismo, gratidão, amá-las incondicionalmente e respeitá-las até o fim de seus dias, independente de erros e acertos.

Mikao Usui

O Mestre Mikao Usui seguramente selecionou esse poema pela importância de se viver em gratidão *(Kansha shite)*, um dos cinco Princípios do Reiki.

O Mestre Usui sabia que o Reiki pode contribuir muito no aumento da expectativa e da qualidade de vida das pessoas idosas.

Segue uma citação que nos remete ao poema:

Antístenes disse:
"A gratidão é a memória do coração."

Obs.: Poema analisado mediunicamente por Johnny De' Carli, com a contribuição do reikiano Giovani de Castro Lima Filho.

"Devemos fazer tudo que esteja ao nosso alcance para aumentar a expectativa e a qualidade de vida das pessoas com mais idade de nossa família."

靈法肇祖臼井先生功德之碑

修養ヲ積ミ錬磨ヲ重ネテ心中ニ得ルアル之ヲ德ト謂ヒ[illegible]
[illegible]古來賢哲[illegible]
宇宙ノ靈氣ニ本ツキテ心身ヲ善クスル法ヲ肇ム四方之ヲ聞キ[illegible]
號ハ曉帆岐阜縣山縣郡谷合村ノ人其ノ先ハ千葉常胤ニ出ツ[illegible]
苦學力行儕輩ニ超ユ長スルニ及ヒ歐米ニ渉リ支那ニ遊フ[illegible]
[illegible]一日鞍馬山ニ登リ食ヲ斷チテ苦修錬行スルコト二十有一日忽チ一大[illegible]
ニ試ミ家人ニ驗スルニ功效立トコロニ見ハル先生以為ヘラク獨リ[illegible]
カスト大正十一年四月居ヲ東京青山原宿ニ定メ學會ヲ設ケ[illegible]
火起リ創傷病苦到ル處ニ呻吟ス先生深ク之ヲ痛ミ日ニ出テテ市ヲ巡リ[illegible]
大略此ノ如シ爾後道場ノ狹隘ナリシヲ以テ十四年二月市外中野ニトシ新築[illegible]
之キ廣島ニ向ヒ佐賀ニ入リ尋テ福山ニ抵ル偶病作リ遂ニ客舎ニ歿ス時ニ大正十五[illegible]
ヲ生ム男ヲ不二ト曰ヒ家ヲ嗣ク先生人ト為リ溫厚恭謙ニシテ邊幅ヲ飾ラス[illegible]
善ク忍ヒ用意尤モ深シ素トヨリ才藝多ク讀書ヲ好ミ史傳ニ渉リ醫書及ヒ佛典[illegible]
マテ通セサルナシ蓋シ先生ノ學藝經歷ハ修養練磨ノ資料ナリ修養練磨ハ靈法開[illegible]
ニ靈法ノ主トスル所ハ獨リ疾病ヲ療スルニ止マラス要ハ天賦ノ靈能ニ因リテ心ヲ[illegible]
故ニ其ノ人ヲ教フルヤ先ツ明治天皇ノ遺訓ヲ奉體シ朝夕五戒ヲ唱ヘテ心ニ念[illegible]
感謝セヨ四ニ曰ク業ヲ勵メ五ニ曰ク人ニ親切ナレト是レ實ニ修養ノ一大訓ニシテ古[illegible]
招福ノ秘法萬病ノ靈藥トナセハ其ノ本領ノ在ル所知ルヘシ而シテ[illegible]
朝夕念誦ノ間ニ醇健ノ心ヲ養ヒ平正ノ行ニ復セシムルニ在リ是レ靈法ノ何人ニモ會[illegible]
幸ニ此ノ靈法ヲ普及セシムルアラハ世道人心ニ裨補スル[illegible]
ル者二千餘人高弟ノ都下ニ居ル者ハ道場ニ會シテ遺業ヲ繼キ地方ニ在ル者亦各[illegible]
シ嗚呼先生ノ中ニ得テ外ニ施ス者豈ニ偉且大ナラスヤ頃者門下ノ諸士相議シ石[illegible]
ヲ圖ラントシ文ヲ予ニ屬ス予深ク先生ノ偉績ニ服シ諸士カ師弟ノ誼ニ篤キヲ嘉[illegible]
[illegible]ル能ハサラシメンコトヲ庶幾フ
昭和二年二月

Poema 110 – Camponeses

110　山田もるしづが心はやすからじ

yamada moru shizuga kokoro wa yasukarazi

種おろすより刈りあぐるまで　（　農夫　）

tane orosu yori kariagurumade (nohu)

"Se for para não acabar determinadas coisas
é melhor nem começá-las."

Análise do Poema 110 – Camponeses

> *"Os aldeãos que cuidam de seus arrozais nas montanhas não têm paz entre a semeadura e o tempo da colheita."*

Esse é mais um poema repleto de simbolismo.

Nos primeiros anos do governo Meiji a sociedade era dividida em quatro principais categorias: samurais, camponeses, artesãos e comerciantes. Os camponeses, pessoas que vivem e trabalham no campo, predominavam. Por serem maioria, o Imperador Meiji relaciona metaforicamente os '*aldeãos*' ou '*camponeses*', título do poema, aos seres humanos.

Analisando os demais termos e expressões, concluímos que: '*seus arrozais nas montanhas*' aparece como metáfora de "uma atividade ou um trabalho importante"; '*paz*' se apresenta com o significado de "descanso"; '*a semeadura*', o ato de plantar as sementes, vem como metáfora para "um começo ou um novo projeto" e '*o tempo da colheita*' se apresenta com o significado de "final do processo ou atingir os objetivos".

A mensagem implícita no poema é que não podemos relaxar, perder a motivação e o entusiasmo até a conclusão de um importante projeto iniciado. Se for para não acabar determinadas coisas é melhor nem começá-las.

"Não podemos relaxar, perder a motivação e o entusiasmo até a conclusão de um importante projeto iniciado."

Mikao Usui

O Mestre Mikao Usui certamente selecionou esse poema em atenção ao Princípio do Reiki *"Seja aplicado e honesto no seu trabalho"*. Ele seguramente incentivava os reikianos a concluir bem todas as tarefas importantes iniciadas e responsabilidades assumidas. Geralmente, não acabar algo é o mesmo de não fazer, afinal, é no fim que tudo acaba.

Segue um provérbio português que nos remete ao poema:

"Nem sempre quem começa acaba."

Obs.: Poema analisado mediunicamente por Johnny De' Carli, com a contribuição da Mestre de Reiki Elza Ferreira.

"Não acabar algo é o mesmo de não fazer."

Poema 111 – Pinheiro

111　ゆきにたへ嵐にたへし後にこそ

yukini tae arashi ni taeshi nochinikoso

松のくらゐも高く見えけれ　（　松　）

matsu no kurai mo takaku miekere (matu)

"São as dificuldades que revelam as pessoas."

Análise do Poema 111 – Pinheiro

"*Aquele pinheiro, que com paciência cresceu entre a neve e a tempestade, me parece o mais valioso.*"

Aqui, mais uma vez, o Imperador Meiji faz uso do *'pinheiro'*, título do poema, para representar metaforicamente o ser humano, uma pessoa já adulta em função da utilização do termo *'cresceu'*.

Podemos dividir o corpo do poema em quatro trechos: o primeiro *'aquele pinheiro'* aparece com o significado de "aquela pessoa"; o segundo *'que com paciência cresceu'* se apresenta com o significado de "que suportou e se desenvolveu com resignação"; o terceiro *'entre a neve e a tempestade'* vem com o significado de "enfrentando diferentes dificuldades que se apresentaram em sua vida" e o último *'me parece o mais valioso'*, com o significado de "em minha opinião, é quem tem mais capacidade, atributos e merecimento". A dificuldade é um severo instrutor.

A mensagem implícita no poema é que nada nos engrandece mais do que o sofrimento. São as dificuldades que revelam as pessoas.

"Aprendemos e crescemos pelo amor ou pela dor."

Mikao Usui

O Mestre Mikao Usui sabia que aprendemos e crescemos pelo amor ou pela dor. Infelizmente, o caminho da dor aparece com maior frequência.

O Mestre Usui seguramente tinha elevada maturidade espiritual, em função de todo o sofrimento de sua vida. O sofrimento é um grande "remédio" para acordar o espírito. Vale, mais uma vez, lembrar parte da informação talhada na pedra do seu memorial, em Tóquio:

"... O Sr. Usui nasceu em 15 de agosto de 1865. Educou-se em meio às DIFICULDADES DE SUA INFÂNCIA (o grifo é nosso). *Estudou com afinco e bastante esforço. Suas habilidades sempre foram muito superiores às de seus amigos.*

Depois de crescido, foi para Europa e América (USA) e também estudou na China. Apesar de seu talento, nem sempre foi bem sucedido na vida. Embora compelido a levar uma vida infeliz e pobre, amiúde tinha de redobrar esforços para fortalecer corpo e mente sem esmorecer ante as DIFICULDADES (o grifo é nosso),...".

Segue uma citação que nos remete ao poema:

Alfred de Musset disse:
"O homem é um aprendiz, a dor a sua mestra."

Obs.: Poema analisado mediunicamente por Johnny De' Carli, com a contribuição da Mestre de Reiki Marlene Teresinha Valer.

"A dificuldade é um severo instrutor."

Poema 112 – País

112　よきをとりあしきをすてゝ外国に

yoki wo tori ashiki wo sutete gaikokuni

おとらぬ国となすよしもがな　（　国　）

otoranu kuni to nasuyoshimogana (kuni)

"Evoluir é tornar-se melhor, ocorre que ninguém melhora sem mudança de costumes."

Análise do Poema 112 – País

> "*Continuai com o que é bom e afastai-vos do mal.*
> *Façamos este país tão bom quanto os demais.*"

Aqui, o termo *'país'* aparece com o significado metafórico de uma família, uma instituição ou mesmo um *'país'*, título do poema.

No poema, o Imperador Meiji destaca a importância de eliminar os maus hábitos pessoais e manter os bons, para o bem das organizações e da nação.

Não somos uma entidade isolada que vive num mundo separado, somos uma parte de todas as partes. Tudo que fazemos e o modo como trabalhamos têm um peso e afetam diretamente a coletividade.

Evoluir é tornar-se melhor, ocorre que ninguém melhora sem mudança de costumes.

A mensagem implícita no poema é que ao preservarmos os bons hábitos e eliminarmos os maus, contribuímos para a construção de um todo melhor.

"A mente ociosa é danosa para si mesma e para a sociedade."

Mikao Usui

O Mestre Mikao Usui seguramente selecionou esse poema em atenção ao Princípio do Reiki *"Seja aplicado e honesto em seu trabalho"*. O trabalho espanta os vícios que derivam do ócio. A mente ociosa é danosa para si mesma e para a sociedade. Uma sociedade saudável só se consolida com a cooperação de um grande número de pessoas. Numa organização, a forma como desempenhamos nossas tarefas diárias afeta diretamente os objetivos globais da instituição que concordamos apoiar e, consequentemente, do país. O trabalho é o elo que nos prende aos nossos semelhantes.

Mais uma vez, lembraremos parte do texto do manual com o título de *Reiki Ryoho Hikkei* que era entregue aos alunos do Mestre Mikao Usui, quando lecionava. O manual contém uma entrevista com o próprio Usui. Segue uma pergunta que explica bem o porquê da escolha desse poema:

Entrevistador: *"A Usui Reiki Ryoho* (técnica terapêutica Reiki Usui) *trata somente problemas de saúde?"*.

Mikao Usui: *"Não somente problemas de saúde. PODE TAMBÉM CORRIGIR MAUS HÁBITOS* (o grifo é nosso)...".

Segue uma citação que nos remete ao poema:

Dalai Lama disse:

"Se você quer transformar o mundo, experimente primeiro promover o seu aperfeiçoamento pessoal e realizar inovações no seu próprio interior. Estas atitudes se refletirão em mudanças positivas no seu ambiente familiar. Deste ponto em diante, as mudanças se expandirão em proporções cada vez maiores."

Obs.: Poema analisado mediunicamente por Johnny De' Carli, com a contribuição da Mestre de Reiki Sueli Lucchi.

"O trabalho espanta os vícios que derivam do ócio."

井家

Poema 113 – Pensamento Ocasional

113　世に広くしらるゝまゝに人みなの

yo ni hiroku shirarurumamani hitonami no

つゝしむべきはおのが身にして（をりにふれて）

tsutsusimu beki wa onoga mi ni shite (orinihurete)

“O orgulho divide as pessoas, a humildade une-as.”

Análise do Poema 113 – Pensamento Ocasional

> "*Ainda que venhas a ser conhecido neste mundo,*
> *permaneça sendo uma pessoa humilde.*"

Aqui, a frase '*Ainda que venhas a ser conhecido neste mundo, permaneça sendo uma pessoa humilde.*', corpo do poema, aparece com o significado de "mesmo que você se torne uma celebridade, não permita que a arrogância e o orgulho se manifestem".

A boa reputação e o reconhecimento atraem e fascinam, mas infelizmente mudam e corrompem os fracos e sem personalidade. Percebe-se que há quem perca a humildade quando passa a ocupar uma situação de destaque. Do ponto de vista psicológico, observa-se que a fama faz, geralmente, a pessoa perder a própria identidade e assumir outra, envolvida pela situação do próprio sucesso.

A mensagem implícita no poema é que mesmo alcançando a fama, realizadas profissional e financeiramente, as pessoas deveriam manter-se humildes ao longo de toda a vida, oferecendo sempre o seu melhor.

"Onde houver humildade definitivamente haverá amor."

Mikao Usui

O Mestre Mikao Usui seguramente selecionou esse poema em atenção ao Princípio do Reiki *"Seja gentil com os outros"*. Gentileza e humildade andam de braços dados. É possível encontrarmos pessoas que recebem iniciações no Nível de Mestrado e adquirem renome, tornam-se conhecidas, respeitadas, mas lamentavelmente mudam e perdem a humildade; passam a se sentir superiores e melhores que as demais. Observam-se mudanças no modo de vestir, nas relações pessoais, nas antigas amizades, na maneira de tratar os outros, muitos se tornam autoritários com os seus subordinados, muitas vezes com gritos e ameaças num novo estilo arrogante de ser. O Mestre Usui seguramente desejava evitar esse comportamento no Reiki, afinal, somos todos semelhantes. O Mestre Usui sabia que a humildade é a base e o fundamento de todas as virtudes. O orgulho divide as pessoas, a humildade une-as. Reiki é amor, onde houver humildade definitivamente haverá amor.

Segue uma citação que nos remete ao poema:

Rabindranath Tagore disse:
"Quanto maiores somos em humildade,
tanto mais próximos estamos da grandeza."

Obs.: Poema analisado mediunicamente por Johnny De' Carli, com a contribuição da reikiana Victoria Nemeth.

"Gentileza e humildade andam de braços dados."

Poema 114 – Caracol

114　世のさまはいかゞあらむとかたつぶり

yo no sama wa ikaga aranuto katatsuburi

をりをり家をいでて見るらむ　（　蝸牛　）

oriori ie wo idete miruran (katatumuri)

"Não devemos nos preocupar
demasiadamente em correr riscos."

Análise do Poema 114 – Caracol

> " *Para ver o que acontece fora, o caracol sai de sua concha.* "

Há também muito simbolismo nesse poema.

Aqui, mais uma vez, o Imperador Meiji faz a associação do comportamento de algumas pessoas a um elemento da Natureza: um *'caracol'*, título do poema.

Caracóis são moluscos que se distinguem especialmente pela concha que carregam nas costas, que é, na verdade, o esqueleto externo do animal. Essa concha é feita com cálcio e pesa pouco mais de 1/3 do peso total do molusco. A concha ou casco se ocupa de sua segurança e defesa. Os caracóis são animais hermafroditos incompletos, ou seja, cada um possui os dois sexos, mas precisam de um parceiro para realizar a cópula e a fecundação. Na iminência de qualquer perigo e, muitas vezes, no forte calor e sol, o caracol refugia-se na quietude da concha onde se sente protegido e seguro, sem sequer perceber que, muitas vezes, tal casa servirá apenas para consumar o seu fim trágico. Aquilo que julgava seguro se transforma em sua própria tumba.

Se substituirmos um caracol por uma pessoa insegura e a dita concha pela sua casa ou a de seus pais ou avós, teremos a metáfora desejada pelo Imperador. A sensação de segurança e proteção do sofrimento encontrada na figura da casa é a mesma para nós e para eles, os caracóis. Há pessoas que têm sempre a necessidade de estar em casa, sempre encontram um meio para nela se retrair, construindo assim um mundo onde se refugiam para escapar da realidade, vivendo em fuga permanente, se refugiando e se isolando num mundo particular.

A frase *'Para ver o que acontece fora, o caracol sai de sua concha.'*, corpo do poema, aparece com a ideia de que "mesmo uma pessoa retraída e medrosa, por necessidade, vez ou outra, obrigatoriamente também precisará sair da segurança

"O obstáculo maior do ser humano é o medo."

de seu abrigo". O caracol precisa sair da proteção de sua concha, apesar do receio, a fim de perceber as condições para se reproduzir e também se alimentar.

A mensagem implícita no poema é que mesmo uma pessoa insegura e introvertida, periodicamente será obrigada a sair da proteção de seu "porto seguro".

Mikao Usui

O Mestre Mikao Usui certamente selecionou esse poema em atenção ao Princípio do Reiki *"Não se preocupe"*. Não devemos nos preocupar demasiadamente em correr riscos. O excesso de prudência é uma atitude que pode manter a vida bem segura, mas com frequência não a faz feliz. O medo pode gerar reclusão em demasia que nos paralisa, imobiliza e nos impede de viver em plenitude. O obstáculo maior do ser humano é o medo. A vida é ação, é vencer desafios assumindo as consequências.

Segue uma citação que nos remete ao poema:

Edmund Burke disse:
"Nenhuma paixão pode, como o medo, tão efetivamente roubar o espírito da capacidade de agir e pensar."

Obs.: Poema analisado mediunicamente por Johnny De' Carli, com a contribuição do Mestre de Reiki Egon Klein.

"O excesso de prudência é uma atitude que pode manter a vida bem segura, mas com frequência não a faz feliz."

SHIROI

Poema 115 – Caminho

115　世の中に危きことはなかるべし

yononaka ni abunaki koto wa nakarubeshi

正しき道をふみたがへずば　（　道　）

tadashiki michi wo humitagahezuba (michi)

“Devemos permanentemente procurar
evoluir e melhorar.”

Análise do Poema 115 – Caminho

> “*Mais e mais deveria polir a mim mesmo e aproveitar, como espelho, o coração do outro que brilha claramente.*”

Aqui, o Imperador Meiji utiliza o termo *'caminho'*, título do poema, com o significado de “o estilo de vida trilhado por cada um”.

Podemos dividir o corpo do poema em três trechos: no primeiro *'Mais e mais deveria polir a mim mesmo'* o Imperador manifesta a intenção de manter-se em constante evolução, vigiando suas ações, pois sabia que a lapidação pessoal está no exercício diário; o segundo *'aproveitar, como espelho'* se apresenta com o significado de “utilizar como modelo”, já que o *'espelho'* pode assumir diversos significados simbólicos, mas quase todos estão ligados à verdade, à sinceridade e à pureza, e o último trecho *'o coração do outro que brilha claramente'* vem com o significado de “uma pessoa de conduta honrada, ética, justa, com integridade de caráter, virtuosa em seus atos”. Conforme já abordado, para muitas culturas, o intelecto reside no coração.

A mensagem implícita no poema é que devemos permanentemente procurar evoluir e melhorar, escolhendo e adotando como modelos pessoas meritórias, de valor, com qualidades apreciáveis, pautadas na dignidade, na decência, na verdade e na sinceridade, para aprender e direcionar nossas vidas.

“A melhor sala de aula está aos pés de uma pessoa que ofereça bons exemplos.”

Mikao Usui

O Mestre Mikao Usui certamente selecionou esse poema em atenção ao Princípio do Reiki *"Seja aplicado e honesto no seu trabalho"*. Ele incentivava os reikianos a serem honestos e íntegros em suas atividades.

A honestidade é a primeira virtude necessária para o ser humano se ligar ao mundo angelical. Atos honestos são sagrados. Só a justiça e a honestidade propiciam o amor.

O Mestre Usui seguramente também queria nos orientar sobre a escolha de bons Mestres de Reiki, modelos de retidão, de honestidade, de gentileza, de amor na família, na escola, no trabalho, ou seja, em todos os segmentos da sociedade. A melhor sala de aula está aos pés de uma pessoa que ofereça bons exemplos. Um bom exemplo vale mais que mil palavras. No Reiki, pregar os cinco Princípios é muito fácil, difícil é viver de acordo com eles. Um instrutor deve cumprir o que ensina. De nada adiantam teorias, explicações, se não formos bons modelos. Há muita gente iniciada no Reiki, mas há pouca gente "acabada" no Reiki. Mestres de Reiki que não vivem de acordo com os Princípios do Reiki são verdadeiros cegos espirituais. No caminho espiritual isso é um desastre. Como bem disse o Mestre Jesus: *"Se um cego guiar outro cego, ambos cairão no barranco"*. (Mateus 15, 14)

Segue uma citação que nos remete ao poema:

Baltasar Gracián disse:
"A perfeição exige polimento."

Obs.: Poema analisado mediunicamente por Johnny De' Carli, com a contribuição da Mestre de Reiki Elza Ferreira.

"Um bom exemplo vale mais que mil palavras."

Poema 116 – Tesouro

116　世の中にひとりたつまでをさめえし

yononakani hitori tatsumade wo sameeshi

業こそ人のたからなりけり　（　宝　）

gyou koso hito no takara narikeri (takara)

"O ser humano nasceu para trabalhar,
tal como o pássaro para voar."

Análise do Poema 116 – Tesouro

"Por meio do trabalho duro e do desenvolvimento de uma capacidade, tornar-te-ás independente deste mundo. Esta habilidade será teu tesouro."

Aqui, o Imperador Meiji utiliza o termo *'tesouro'*, título do poema, como metáfora de uma atividade profissional ou profissão.

Podemos dividir o corpo do poema em quatro trechos: o primeiro *'Por meio do trabalho duro'* aparece com o significado de "trabalhando da forma mais dedicada, perfeita e profissional possível"; o segundo *'do desenvolvimento de uma capacidade'* se apresenta com o significado de "dominando a profissão que a sua vocação pede"; o terceiro *'tornar-te-ás independente deste mundo'* vem com o significado de "encontrará a sua autonomia ou a independência financeira" e a última frase *'Esta habilidade será teu tesouro.'* com o significado de "sua profissão será um de seus mais preciosos bens".

No trabalho, nada há de humilhante se feito com honestidade, o importante é a dedicação que leva ao aperfeiçoamento, é fazer o nosso melhor, adquirindo experiência e, com ela, a sabedoria, nosso maior "tesouro". Aquilo que estudamos e aprendemos é um "tesouro" que levaremos para onde formos. Afinal, o trabalho é a fonte de toda a riqueza.

A mensagem implícita no poema é que a nossa profissão é um precioso patrimônio. Não importa qual seja o nosso ofício, por mais singelo que seja, o trabalho afasta de nós a dependência, a corrupção e a necessidade.

"O trabalho é a fonte de toda a riqueza."

Mikao Usui

O Mestre Mikao Usui seguramente selecionou esse poema em atenção ao Princípio do Reiki *"Seja aplicado e honesto em seu trabalho" (Gyo wo hage me).*

O ser humano nasceu para trabalhar, tal como o pássaro para voar. Cada um deve fazer algo que lhe agrade, tentar ser o que gosta de ser, ter sempre uma ocupação. Todo trabalho alimenta a alma se ele é honesto, feito com a melhor das nossas habilidades e se ele traz alegria aos outros. Desde que feito com amor, não importa se a sua atividade consiste nos simples afazeres de uma doméstica ou nas complicadas tarefas de um cirurgião. O bom profissional trabalha aonde o destino o conduz, portanto dificilmente passará necessidade. Podem tirar-nos tudo, menos o que sabemos, as nossas habilidades.

Segue uma citação que nos remete ao poema:

Aristóteles disse:
"Para nos mantermos bem é necessário comer pouco e trabalhar muito."

Obs.: Poema analisado mediunicamente por Johnny De' Carli, com a contribuição da Mestre de Reiki Sueli Lucchi.

"Sua profissão é um precioso patrimônio."

抱かれて
ありとも知らず
愚かにも
われ反抗す

Poema 117 – Estudantes

117　世の中の風にこゝろをさわがすな

yononakano kazeni kokoro wo sawagasuna

まなびの窓にこもるわらはべ　（　学生　）

manabi no mado ni komoru warawabe (gakusei)

"Geralmente os problemas são passageiros,
mas desistir é para sempre."

Análise do Poema 117 – Estudantes

> “*Ainda quando o mundo não seja silencioso, mas ruidoso, um aluno de coração tranquilo não se deveria afastar do caminho do aprendizado.*”

Aqui, o Imperador Meiji aconselha as pessoas que frequentam os estabelecimentos de ensino, ou seja, os alunos ou '*estudantes*', título do poema, a não desistir dos estudos.

Podemos dividir o corpo do poema em três trechos: o primeiro '*Ainda quando o mundo não seja silencioso, mas ruidoso*' aparece com o significado de “quando nos depararmos na vida com problemas, obstáculos e dificuldades”; o segundo '*um aluno de coração tranquilo*' se apresenta com o significado de “um acadêmico de boa índole e com bom potencial” e o último '*não se deveria afastar do caminho do aprendizado*' vem com o significado de “não deveria abandonar os estudos”. Para muitas culturas, o intelecto reside no coração.

No poema, o Imperador aborda a evasão escolar, que ocorre quando o aluno deixa de frequentar a aula, caracterizando o abandono da escola. Sabe-se que muitos alunos posteriormente retornam à escola, mas em uma incômoda condição de defasagem idade/série, o que pode causar conflitos e possivelmente nova evasão. Há muitos motivos que podem causar a evasão dos alunos: escola distante de casa, falta de transporte escolar, não existir um adulto que leve a criança até a escola, falta de interesse do aluno, doenças, gravidez, necessidade de ajudar os pais em casa ou no trabalho como forma de complementar a renda da família, escola não atrativa com baixa qualidade do ensino, escola autoritária, ausência de motivação, desinteresse dos pais em relação ao destino dos filhos, agressão entre os alunos, violência, etc. A evasão escolar pode acontecer em razão da somatória de vários fatores e não de um especificamente.

“Um fardo nunca é tão pesado
de forma que não se possa carregá-lo.”

O Imperador era um sábio e percebeu que as consequências da evasão escolar podiam ser sentidas com mais intensidade nas penitenciárias e centros de internação de adolescentes em conflito com a lei, onde os percentuais de presos e internos analfabetos, semi-alfabetizados ou fora do sistema de ensino, chegava a quase 100%. Ele certamente percebeu que o combate à evasão escolar é um eficaz instrumento de prevenção e combate à violência e à desigualdade social, que beneficia toda a sociedade.

A mensagem implícita no poema é a importância da persistência nos estudos. Sempre haverá situações desagradáveis para vivenciar, obstáculos e dificuldades que o estudante terá de contornar para evitar a evasão escolar. Nada substitui a persistência para se obter êxito no caminho do aprendizado.

Mikao Usui

O Mestre Mikao Usui seguramente observou que muitos reikianos facilmente desistiam de seus propósitos, abandonando o treinamento do Reiki e certamente queria evitar essa evasão. Existem três opções na atividade reikiana: ser um bom reikiano, empenhar-se para se tornar um ou desistir. Geralmente os problemas são passageiros, mas desistir é para sempre. Um fardo nunca é tão pesado de forma que não se possa carregá-lo.

Segue uma citação que nos remete ao poema:

Pitágoras disse:
"Educai as crianças, para que não seja necessário punir os adultos."

Obs.: Poema analisado mediunicamente por Johnny De' Carli, com a contribuição da reikiana Bárbara Vignol.

"Nada substitui a persistência
para se obter êxito no caminho do aprendizado."

Poema 118 – Pensamento Ocasional

118　世の中に人におくれをとりぬべし

yononaka ni hito ni okure wo torimubeshi

すゝまむときに進まざりせば　（をりにふれて）

susumanu tokini susumazariseba (orinihurete)

"Todo aprendizado, obedece a um ritmo
que deve ser respeitado, não adianta querer se apressar."

Análise do Poema 118 – Pensamento Ocasional

“*No momento certo, avança! Se não, chegarás depois dos demais.*”

No poema, o Imperador Meiji nos alerta que, na vida, não ir avante sensatamente é o mesmo que ficar para trás.

Podemos dividir o corpo do poema em três trechos: o primeiro '*No momento certo*' aparece com o significado de “nas ocasiões estratégicas da nossa vida”; o segundo '*avança*' se apresenta com o significado de “caminhe para frente ou progrida” e a frase '*Se não, chegarás depois dos demais.*' vem com o significado de “caso contrário, ficarás para trás”.

Competição significa a interação de indivíduos que disputam algo. Lamentavelmente, no atual estágio de desenvolvimento em que o planeta se encontra, nossa vida pode ser comparada a uma competição permanente. O mundo em que vivemos valoriza muito a competição, desde cedo nos deparamos com isso, já na infância somos iniciados em esportes altamente competitivos. Muitos são pressionados pelos pais a ser melhores que os outros na escola, a tirar as melhores notas, etc. As próprias escolas ensinam seus alunos a acreditarem que a vida é uma real competição; somos levados a agir assim em várias áreas de nossa vida. O vestibular é um grande exemplo, nele estão em jogo pouquíssimas vagas em boas universidades. O mesmo ocorre nos concorridos concursos públicos e bons empregos. Essa característica faz parte da nossa sociedade e temos que aprender a conviver com ela. Ou seja, a vida tem sido comparada a uma grande corrida, no entanto, observamos que os mais afoitos normalmente são os mais prováveis de perderem a direção. Na maioria das vezes, não precisamos ser tão apressados em nada. Sempre devemos esperar o momento mais adequado para agir.

A mensagem implícita no poema é que devemos estar sempre atentos ao que fazemos, esperando o tempo necessário para agir com bom senso e no momento certo, a fim de progredir e não ficarmos em desvantagem.

“Sempre devemos esperar
o momento mais adequado para agir.”

Mikao Usui

O Mestre Mikao Usui certamente queria nos recomendar a avançar no Reiki aprendendo cada um dos diferentes Níveis *(Shoden, Okuden e Shinpiden)*. Um provérbio Chinês nos diz: "*A aprendizagem é como remar para subir o rio, não avançar significa ficar para trás*". Ocorre também no Reiki que devemos avançar no momento certo, pois, como todo aprendizado, obedece a um ritmo que deve ser respeitado, não adianta querer se apressar.

Segue uma citação que nos remete ao poema:

Daisaku Ikeda disse:
"Quando não há desafio, não se rompem limites e tendemos
a permanecer na mesma condição. Para muitos, talvez,
não haveria problema permanecer da mesma maneira.
Pode ser até que esteja bem assim.
Porém, não avançar é o mesmo que retroceder."

Obs.: Poema analisado mediunicamente por Johnny De' Carli, com a contribuição da Mestre de Reiki Elza Ferreira.

"Na vida, não ir avante sensatamente
é o mesmo que ficar para trás."

Poema 119 – Atitude Espiritual

119　世の中の人の司となる人の

yononakano hito no tsukasa tonaru hito no

身のおこなひよたゞしからなむ　（　行　）

mi no okonaiyo tadashi karanan (gyou)

"O poder infelizmente muda o fraco
e sem personalidade."

Análise do Poema 119 – Atitude Espiritual

> "*Se um dia, neste mundo, for escolhido para seres um líder,*
> *mantenha a atitude espiritual correta.*"

Aqui, o Imperador Meiji utiliza a expressão *'atitude espiritual'*, título do poema, com o significado de "humildade".

Podemos dividir o corpo do poema em dois trechos: o primeiro *'Se um dia, neste mundo, for escolhido para seres um líder'* aparece com o significado de "no futuro, caso venha a ocupar um cargo de chefia" e o segundo *'mantenha a atitude espiritual correta'* se apresenta com o significado de "permaneça humilde".

O poder infelizmente muda o fraco e sem personalidade. Percebe-se que há quem perca a humildade quando passa a ocupar uma situação de destaque. Do ponto de vista psicológico, observa-se que a pessoa perde a própria identidade e assume outra, envolvida pela situação do próprio poder. Alguns mal iniciam sua escalada de liderança e já começam a ficar arrogantes. Observam-se mudanças no modo de vestir, nas relações pessoais, nas antigas amizades, na maneira de tratar os outros, muitos se tornam autoritários com os seus subordinados, muitas vezes com gritos e ameaças num novo estilo arrogante de ser.

Uma das características dos bons líderes do passado era a união da humildade com a vocação profissional.

A mensagem implícita no poema é que o poder, lamentavelmente, muda as pessoas. Caso venhamos a atingir uma situação de liderança e comando, deveremos nos manter humildes, oferecendo sempre o melhor que há em nós.

"Gentileza e humildade andam de braços dados."

Mikao Usui

O Mestre Mikao Usui seguramente selecionou esse poema em atenção ao Princípio do Reiki *"Seja gentil com os outros"*. Gentileza e humildade andam de braços dados. Conforme já dito, é possível encontrarmos pessoas que recebem iniciações de Reiki, principalmente no Nível de Mestrado, e perdem a humildade, passam a se sentir superiores e melhores que os demais. O Mestre Usui seguramente desejava evitar esse comportamento no Reiki, não permitindo que a arrogância e o orgulho se manifestassem, ele sabia que somos todos semelhantes.

Para se tornar um Mestre de Reiki eficiente é preciso ser humilde o bastante para aprender com os discípulos. A falta de humildade é o grande calcanhar-de-aquiles dos novos Mestres de Reiki. A humildade não é uma atitude apenas altruísta; ela se reflete em uma série de hábitos diários, como capacidade de ouvir, respeito pelo outro, solidariedade, generosidade, compaixão e disposição para dar oportunidades aos novos reikianos e Mestres de Reiki. Ela é a base e o fundamento de todas as virtudes.

O orgulho divide as pessoas, a humildade une-as. Reiki é amor, onde houver humildade definitivamente haverá amor.

Segue uma citação que nos remete ao poema:

Abraham Lincoln disse:

"Se quiser conhecer verdadeiramente uma pessoa dê-lhe poder."

Obs.: Poema analisado mediunicamente por Johnny De' Carli, com a contribuição da Mestre de Reiki Elza Ferreira.

"Onde houver humildade definitivamente haverá amor."

ReikianO
JOHNNY DE' CARLI

Poema 120 – Direção Correta

120　世の中ををしふる事もかたからむ

yo no naka wo oshifuru koto mo katakaran

身のおこなひの正しからずば　（　行　）

mi no okonai no tadashi karazuba (gyou)

"De nada adiantam discursos
se não formos bons modelos."

Análise do Poema 120 – Direção Correta

> "*É difícil conduzires as pessoas deste mundo,*
> *a não ser que teu trabalho se oriente para o bem estar geral.*"

Aqui, o Imperador Meiji utiliza a expressão *'direção correta'*, título do poema, com o significado de "uma vida livre de maus costumes".

Podemos dividir o corpo do poema em dois trechos: o primeiro *'É difícil conduzires as pessoas deste mundo'* aparece com o significado de "não é fácil orientar as pessoas a seguir um caminho totalmente honesto e íntegro" e o segundo *'a não ser que teu trabalho se oriente para o bem estar geral'* se apresenta com o significado de "a não ser que sejamos altruístas em nosso trabalho, modelos de grande valor moral". Ser altruísta é não ser egoísta.

A mensagem implícita no poema é que de nada adiantam discursos se não formos bons modelos. Um bom exemplo vale mais que mil palavras. Somente uma pessoa de conduta altruísta em seus atos consegue direcionar os outros a viverem com decoro.

"Um instrutor deve cumprir o que ensina."

Mikao Usui

O Mestre Mikao Usui certamente selecionou esse poema em atenção ao Princípio do Reiki *"Seja aplicado e honesto no seu trabalho"*, pois ele seguramente incentivava os reikianos a serem honestos e íntegros em seu trabalho e queria orientá-los na escolha de Mestres de Reiki de caráter ilibado no agir, modelos de retidão, pautados na dignidade, na decência, na verdade e na sinceridade. A melhor sala de aula está aos pés de uma pessoa que ofereça bons exemplos. No Reiki, pregar os cinco Princípios é muito fácil, difícil é viver de acordo com eles. Um instrutor deve cumprir o que ensina.

Segue uma citação que nos remete ao poema:

Albert Schweitzer disse:
"Dar o exemplo não é a melhor maneira de influenciar os outros, é a única."

Obs.: Poema analisado mediunicamente por Johnny De' Carli, com a contribuição da reikiana Sherry Maciel.

"Um bom exemplo vale mais que mil palavras."

はこね丸

Poema 121 – Maneira Correta de Pensar

121　よもの海みなはらからと思ふ世に

yomono umi minaharakarato omou yo ni

など波風のたちさわぐらむ　（正述心緒）

nado namikaze no tachisawaguran (syouzyutusinsho)

"A vida é um fluxo do qual todos fazemos parte."

Análise do Poema 121 – Maneira Correta de Pensar

> " *Para mim, além dos mares, e em todas as direções, todos os seres humanos são irmãos. Qual é, então, o sentido da guerra em nosso mundo?* "

Aqui, o Imperador Meiji utiliza a expressão *'maneira correta de pensar'*, título do poema, com o significado de que "fazemos todos parte da mesma família": habitamos o mesmo planeta, respiramos o mesmo ar.

Podemos dividir o poema em duas frases: a primeira *'Para mim, além dos mares, e em todas as direções, todos os seres humanos são irmãos.'* aparece com o significado de "todos somos filhos do mesmo Deus ou só existe uma única raça, a humanidade" e na segunda *'Qual é, então, o sentido da guerra em nosso mundo?'* o Imperador busca uma resposta para a seguinte dúvida: "Se somos todos irmãos, porque vivemos em guerra uns com os outros?". A guerra não tem sentido, e sim causas que demonstram a irracionalidade humana. Não existe uma guerra boa nem uma paz ruim.

A mensagem implícita no poema é que a guerra é a destruição do espírito humano. A vida é um fluxo do qual todos fazemos parte.

"Somos todos um."

Mikao Usui

O Mestre Mikao Usui seguramente selecionou esse poema em atenção ao Princípio do Reiki *"Seja gentil com os outros"*. Ser gentil é saber viver em paz com os nossos semelhantes. Com certeza o Mestre Usui desejava a paz entre os reikianos e toda a humanidade.

As pessoas possuem interesses conflitantes, principalmente econômicos. E nesse caso não há razão que prevaleça, a insanidade domina e vem a discórdia. A competição é apenas um aspecto das imaginações negativas, não deveria existir no método Reiki. Afinal, somos todos um.

Segue uma citação que nos remete ao poema:

Albert Einstein disse:
"A paz é a única forma de nos sentirmos realmente humanos."

Obs.: Poema analisado mediunicamente por Johnny De' Carli, com a contribuição da reikiana Cinthia Sinclayr.

"Fazemos todos parte da mesma família,
habitamos o mesmo planeta, respiramos o mesmo ar."

Poema 122 – Pensamento Ocasional

122　よる波に打ちあげられて臥しながら

yoru nami ni uchiagerarete gyousinagara

花咲きにけりかはらなでしこ（をりにふれて）

hana sakinikeri kawaranadeshiko (orinihurete)

"A distância impede que vejamos as pessoas,
mas não impede que as amemos."

Análise do Poema 122 – Pensamento Ocasional

> *"O cravo do jardim, mesmo sendo levado pela enchente até a margem do rio, continua florescendo."*

Há muito simbolismo nesse poema.

Aqui, o Imperador Meiji fala, em metáfora, sobre a separação compulsória entre pessoas de uma mesma família.

Podemos dividir o poema em trechos: o primeiro *'O cravo do jardim'* aparece como metáfora de "uma pessoa da família"; o segundo *'mesmo sendo levado pela enchente até a margem do rio'* se apresenta com o significado de "afastado da família por uma necessidade da vida" e o terceiro *'continua florescendo'* vem com o significado de "permanece amando". A distância pode separar os olhares, mas nunca os corações.

Conforme já dito, na tradição japonesa, a flor simboliza a transitoriedade da vida, pois se transforma rapidamente, assim como as pessoas.

A água representa a vida e em forma de *'rio'*, como no caso do poema, pode simbolizar a sua continuidade. A *'enchente'*, o transbordamento de um rio, pode simbolizar metaforicamente "mudança de domicílio".

A mensagem implícita no poema é que a distância impede que vejamos as pessoas, mas não impede que as amemos. A vida continua após as separações, a saudade pode martirizar o coração, mas não mata nem as pessoas nem o amor que sentem.

"Seguimos amando as pessoas, mesmo separados fisicamente."

Mikao Usui

O Mestre Mikao Usui seguramente selecionou esse poema pelo fato do Reiki, ao contrário das terapias mais conhecidas nas quais há o condicionante do contato físico, também poder ser enviado à distância, com sucesso, num processo similar ao da emissão de ondas radiofônicas. Podemos seguir aplicando Reiki nas pessoas, mesmo separados fisicamente.

Segue uma citação que nos remete ao poema:

Condessa Diane disse:
"A ausência só mata o amor quando ele já está doente na data da partida."

Obs.: Poema analisado mediunicamente por Johnny De' Carli, com a contribuição do Mestre de Reiki Egon Klein.

"A vida continua após as separações."

Poema 123 – Jogo Infantil

123　世わたりの道のつとめに怠るな

yowatarino michi no tsutome ni okotaruna

心にかなふ遊びありても　　（　遊戯　）

kokoro ni kanau asobi aritemo

"O estudo é prioridade na vida das crianças."

Análise do Poema 123 – Jogo Infantil

> “*Sempre que estiveres num jogo de que gostes,*
> *não te descuides das coisas importantes da vida.*”

Aqui, o Imperador Meiji utiliza a expressão *'jogo infantil'*, título do poema, como metáfora para as diferentes atividades de recreação infantil. Ele reconhece a importância dos jogos infantis para o desenvolvimento humano dos jovens.

Na época do Imperador, os jogos infantis eram muito diferentes dos que conhecemos hoje. As brincadeiras das crianças daquela época eram ligadas à vida natural, como banhos de rio e passeios nas matas. Como no Ocidente, sempre houve canções infantis, cantigas de roda, correr, pular "amarelinha", brincar de "pique esconde", etc.

Podemos dividir o corpo do poema em dois trechos: o primeiro *'Sempre que estiveres num jogo de que gostes'* aparece com o significado de "quando estiver envolvido em atividades de recreação infantis agradáveis" e o segundo *'não te descuides das coisas importantes da vida'* se apresenta com o significado de "não esqueça que o estudo é a prioridade". Adultos também participam de jogos infantis, nesse caso a prioridade seria o trabalho. Afinal, temos muito mais prazer nos momentos de lazer, desfrutando-os melhor, quando cumprimos as tarefas prioritárias de estudo e de trabalho com amor, dedicação e zelo.

A mensagem implícita no poema estabelece que o estudo é prioridade na vida das crianças, porém recomenda-se fazer pausas para diversão.

"O ser humano nasceu para estudar e trabalhar,
tal qual o pássaro para voar."

Mikao Usui

O Mestre Mikao Usui certamente selecionou esse poema em respeito ao Princípio do Reiki *"Seja aplicado e honesto no seu trabalho"*. Aqui, o trabalho pode ser visto também como o processo de aprendizagem. O ser humano nasceu para estudar e trabalhar, tal qual o pássaro para voar. Não devemos, no entanto, confundir este importante Princípio achando que devemos viver só para o estudo e trabalho, o lazer também é fundamental para o ser humano.

Segue uma citação que nos remete ao poema:

Wclledja Araujo disse:
"Você jamais terá tempo para aquilo que não dá prioridade."

Obs.: Poema analisado mediunicamente por Johnny De' Carli, com a contribuição da Mestre de Reiki Elza Ferreira.

"O lazer também é fundamental para o ser humano."

白熊毛兜桶側胴具足
江戸時代

Poema 124 – Pensamento Ocasional

124　わが心われとをりをりかへりみよ

waga kokoro wareto oriori kaerimiyo

知らず知らずも迷ふことあり（をりにふれて）

sirazusirazumo mayou kotoari (orinihurete)

"Se uma pessoa não reconhece os próprios erros, acaba persistindo neles."

Análise do Poema 124 – Pensamento Ocasional

> "*Olhe sempre para dentro de ti mesmo. Caso contrário, não raro, quando deres por ti estarás perdido cometendo erros.*"

No poema, o Imperador Meiji fala da importância da reflexão e do reconhecimento dos próprios erros a fim de não voltar a repeti-los.

Podemos dividir o poema em duas frases: a primeira '*Olhe sempre para dentro de ti mesmo.*' aparece com o significado de "analise seus próprios erros e acertos ou conhece-te a ti mesmo" e a segunda '*Caso contrário, não raro, quando deres por ti estarás perdido cometendo erros.*' se apresenta com o significado de "nos mesmos erros poderás frequentemente tornar a cair".

Geralmente somos muito maliciosos em discernir os erros alheios, mas raramente nos apercebemos dos nossos. Reconhecer os próprios erros, além de ser uma questão de humildade, é um passo para a evolução. É preciso refletir, reconhecer os erros, afinal, aprendemos muito mais com eles do que com acertos. Na vida nunca se deveria cometer duas vezes o mesmo erro. Os grandes erros cometidos na vida são recorrentes pela falta de reflexão.

A mensagem implícita no poema é que se uma pessoa não reconhece os próprios erros, acaba persistindo neles.

"Na vida nunca se deveria cometer duas vezes o mesmo erro."

Mikao Usui

O Mestre Mikao Usui afirmava que o Reiki é um método que serve também para corrigir os erros e os maus hábitos.

A entrevista contida no manual com o título de *Reiki Ryoho Hikkei*, entregue aos alunos do Mestre Usui quando lecionava, contém a seguinte pergunta:

Entrevistador: *"A Usui Reiki Ryoho* (Técnica Terapêutica Reiki Usui) *trata somente problemas de saúde?"*

Mikao Usui: *"Não somente problemas de saúde. Pode também CORRIGIR MAUS HÁBITOS* (o grifo é nosso)...".

Segue uma citação que nos remete ao poema:

Alexandre Herculano disse:
"Eu não me envergonho de corrigir os meus erros e mudar as minhas opiniões, porque não me envergonho de raciocinar e aprender."

Obs.: Poema analisado mediunicamente por Johnny De' Carli, com a contribuição da reikiana Maria Angelica Garcia.

"Os grandes erros cometidos na vida
são recorrentes pela falta de reflexão."

Poema 125 – Espelho

125　われもまたさらにみがかむ曇りなき

waremo mata sarani migakan kumorinaki

人の心をかがみにはして　（　鏡　）

hito no kokoro wo kagami niwashite (kagami)

"Um modelo constitui o mais forte apoio
para as mudanças que se verificam nas pessoas."

Análise do Poema 125 – Espelho

> "*Devo polir o meu eu, mais e mais, para usar o claro e brilhante coração do outro como espelho.*"

Aqui, o Imperador Meiji utiliza o termo '*espelho*', título do poema, com o significado de "modelo". O '*espelho*' pode assumir diversos significados simbólicos, quase todos estão ligados à verdade, à sinceridade e à pureza.

Podemos dividir o corpo do poema em dois trechos: no primeiro '*Devo polir o meu eu, mais e mais*' o Imperador manifesta a intenção de manter-se em constante aperfeiçoamento, pois sabia que a lapidação pessoal está no exercício diário; o segundo trecho '*para usar o claro e brilhante coração do outro como espelho*' se apresenta com o significado de "ter como modelo uma pessoa de decoro, de conduta honrada, ética, justa, com integridade de caráter e virtuosa em seus atos". Conforme já abordado, para muitas culturas, o intelecto reside no coração.

Um modelo constitui o mais forte apoio para as mudanças que se verificam nas pessoas.

A mensagem implícita no poema é que devemos permanentemente procurar melhorar nossos pensamentos, emoções e ações, escolhendo e adotando como modelos pessoas meritórias, de valor, com qualidades apreciáveis, pautadas na dignidade e na decência, para aprender e direcionar nossas vidas.

"Nada é tão contagioso como o exemplo."

Mikao Usui

O Mestre Mikao Usui certamente selecionou esse poema em atenção ao Princípio do Reiki *"Seja aplicado e honesto no seu trabalho"*. Ele incentivava os reikianos a serem honestos e íntegros em todas as suas atividades.

O Mestre Usui certamente também queria nos orientar sobre a escolha de bons Mestres de Reiki, que nos sirvam como modelos de retidão, de honestidade, de gentileza em todos os segmentos da sociedade. Dar o exemplo não é a melhor maneira de influenciar aos outros, é a única. Nada é tão contagioso como o exemplo.

Segue uma citação Bíblica que nos remete ao poema:

O Mestre Jesus disse:
"Dei-vos o exemplo para que como eu vos fiz também vós o façais."
(João 13, 15)

Obs.: Poema analisado mediunicamente por Johnny De' Carli, com a contribuição do reikiano Giovani de Castro Lima.

"A lapidação pessoal está no exercício diário."

O livro
é um mudo que
fala, um surdo que
responde, um cego que
guia, um morto
vive.

Capítulo 5 - Considerações Finais

O Imperador Meiji escreveu cerca de 100 mil poemas em japonês antigo, *kanji* arcaico, todos tradicionalmente escritos com 31 sílabas, essa façanha seria impossível sem uma grande "ajuda externa". O Imperador era dotado de uma grande atividade mediúnica, conforme disse o Mestre de Reiki Doi Hiroshi, membro da *Usui Reiki Ryoho Gakkai,* organização criada por Mikao Usui: "*O Imperador Meiji era um* **grande sensitivo** (o grifo é nosso). *Sua bondade era irradiada por todo o país, como o Sol. Era tolerante e abundante como o oceano, sua vontade era forte, sua crença era cheia de amor e tão ampla quanto a terra*". Cada um desses poemas é um mistério, cuja resposta deve ser desvendada pelo leitor, uma vez entendida, a mensagem nos transforma abrindo uma nova janela para a evolução. O poeta Meiji conectava-se com um tipo de "consciência muito elevada", ainda desconhecida pela grande maioria, dessa forma, escrevia de forma altruísta, visando sempre transformar o ser humano, a fim de melhorar o planeta.

O Mestre Mikao Usui trouxe esses poemas para o Reiki, pois via o Reiki não só como uma técnica terapêutica, mas também como um caminho de evolução

"As melhores coisas neste mundo não podem ser vistas, precisam ser sentidas com o coração."

espiritual ou expansão da consciência. O que digo aqui não é uma suposição, essa informação pode ser comprovada na apostila conhecida como "Usui Reiki Ryoho Hikkei", que contém uma entrevista concedida pelo próprio Mestre Usui, onde aparece a seguinte informação:

Entrevistador: "O que é Usui Reiki Ryoho (Técnica Terapêutica Reiki Usui)?"

Mikao Usui: "A técnica objetiva, primeiramente, a saúde da mente e, secundariamente, saúde física para treinar e fortalecer a mente e o físico. SERVE TAMBÉM PARA DIRECIONAR UM CAMINHO CORRETO DE VIDA, observando as palavras deixadas pelo Imperador Meiji (o grifo é nosso)...".

Numa outra pergunta:

Entrevistador: "A Usui Reiki Ryoho (técnica terapêutica Reiki Usui) *trata somente problemas de saúde?*"

Mikao Usui: "Não somente problemas de saúde. Pode também corrigir maus hábitos, tais como angústias, debilidades, timidez, indecisões e nervosismo. Com a energia Reiki, O CORAÇÃO SE TORNA SEMELHANTE A DEUS OU BUDA (o grifo é nosso), *trazendo felicidade para si mesmo e para terceiros*".

No Japão, a *Usui Reiki Ryoho Gakkai*, durante o *Shuyokai* (seminário), dirigido por um Mestre de Reiki, os praticantes do método mantêm a tradição de cantar poemas *(waka)*, como alimento espiritual.

Nessa mesma entrevista, o Mestre Mikao Usui deixa claro que descobriu o Reiki fazendo uso unicamente de propriedades mediúnicas, conforme fica claro em sua resposta abaixo:

Entrevistador: "Como a Usui Reiki Ryoho (Técnica Terapêutica Reiki Usui) *funciona?*"

Mikao Usui: "*Esta técnica não me foi transmitida por ninguém, nem a pesquisei para obter a capacidade de trabalhar com o Espírito Universal (Rei). Durante a prática do jejum, tive contato com a Atmosfera Universal e recebi uma sensação espiritual, descobrindo, assim, uma capacidade espiritual terapêutica* (o grifo é nosso). *Deste modo, eu mesmo sinto dificuldade para explicar claramente*

O futuro é como uma folha em branco
em que podemos escrever o que queremos."

o fenômeno. Atualmente, cientistas e estudiosos estão pesquisando sobre o assunto, embora, no momento, não haja uma definição científica. Virá, sem dúvida, o dia em que o assunto será esclarecido cientificamente".

O Mestre Usui era um grande admirador do Imperador Meiji e selecionou uma pequena parte desses poemas, apenas 125, incluindo-os em sua apostila, que era entregue aos seus alunos de Reiki. A minha dúvida e de muita gente pesquisadora era: "Por que o número de 125 poemas?". Consultando meus 14 Mestres de Reiki não consegui obter essa enigmática resposta. Quando estive no Japão, em minha terceira viagem de pesquisas, consegui, utilizando faculdades mediúnicas, desvendar esse mistério.

Essa viagem foi especial, preliminarmente tivemos que modificar a sua data por questões burocráticas da validade dos vistos consulares, o que nos obrigou a chegar ao Japão um pouco antes do previsto, no dia 03 de novembro. Para nossa surpresa, no Japão, é o Dia da Cultura (Bunka No Hi) um feriado nacional que acontece em homenagem ao dia do nascimento do Imperador Meiji. Como estou sempre atento aos sinais da espiritualidade, percebi que muita coisa boa iria acontecer naqueles dias.

Antes de concluirmos gostaria de relembrar que o Mestre Mikao Usui era profundamente ligado às ciências divinatórias, essa informação também não é uma suposição, está narrada na grande pedra de cerca de 1,20 m de largura e 2,50 m de altura de seu memorial. Em parte da mensagem aparece a seguinte informação: "*...Detinha uma vasta gama de conhecimentos, desde História, Ciência Médica, Cristianismo e Budismo, Psicologia, até o mágico reino das fadas, CIÊNCIAS DIVINATÓRIAS* (o grifo é nosso) *e fisiognomonia...*"

Como eu estava relatando, percebi que essa minha terceira viagem ao Japão seria especial e, num dia de folga, estive com minha esposa em visita ao Meiji Jingu (Museu do Imperador Meiji), residência onde viveu o Imperador. Ao entrar no museu, cada um de nosso grupo retirou, aleatoriamente de uma pequena urna, um poema escrito pelo Imperador, o meu não constava dos poucos selecionados

"O que desejamos existe, só que está encoberto."

pelo Mestre Usui, mas para mim teve grande significado, já que nada acontece por acaso. Segue o poema:

"Alguns são rápidos, alguns lentos, mas uma coisa nunca falha para se alcançar o objetivo final: a sinceridade."
Imperador Meiji

Nesse dia, consegui, utilizando faculdades mediúnicas, desvendar o porquê de o Mestre Mikao Usui ter selecionado apenas 125 poemas de um universo tão amplo (100 mil), cuja explicação segue abaixo.

5.1 - Conclusão

O Mestre Usui, pouco antes de sua morte ocorrida em 1926, fazendo uso de sua elevada sensibilidade espiritual e dos oráculos das ciências divinatórias, percebeu que o nosso planeta sofreria intensas mudanças, com grande aumento de frequência vibracional, o que causaria "eventos de destino", isto é, definitivos nas pessoas. É exatamente essa época que estamos vivendo. Não vai acontecer, está acontecendo, estamos em uma onda de mudanças como nunca antes.

A escolha dos 125 poemas é um **Calendário de Alerta**, que nos faz lembrar o Calendário Maia. O Mestre Usui selecionou um poema para cada Imperador do Japão, a fim de alertar que essa transformação ocorreria ao longo do atual governo do 125.° Imperador do Japão. O Imperador Meiji foi o 122.º Imperador do Japão. Seu filho, o Imperador Taishō (Yoshihito) foi o 123.º Imperador, tendo reinado a partir de 1912, quando sucedeu seu pai, o Imperador Meiji. O neto de Meiji, o Imperador Shōwa (Hirohito) foi o 124º Imperador do Japão, de acordo com a ordem tradicional de sucessão, reinando de 25 de dezembro de 1926 até sua morte, em 1989. Atualmente, o trono é ocupado pelo bisneto de Meiji, o Imperador Akihito, nascido em 23 de dezembro de 1933, é o 125.° e o atual Imperador do Japão. O Imperador Akihito, no ano de 2012, completará 79 anos de idade.

A civilização Maia da América Central foi a mais avançada em relação ao conhecimento da ciência do tempo. O seu calendário principal é o mais preciso

"O verdadeiro futuro é hoje."

do planeta. Ele nunca cometeu um erro. De acordo com os Maias e os Astecas, o Sexto Ciclo do Sol é para começar em 21/12/2012. Esse Ciclo é também conhecido como a "Mudança das Eras". A mudança que estamos vivenciando não é algo de se acreditar ou não, é um fato científico. Por milhares de anos, a ressonância de Schumann (um conjunto de picos do espectro do campo eletromagnético) foi 7,83 ciclos por segundo. No entanto, desde 1980 essa ressonância vem subindo lentamente. Agora está em mais de 12 ciclos por segundo. Isso significa que o nosso dia atual equivale a menos de 16 horas, em vez das antigas 24 horas. É por isso que o tempo parece estar correndo tão rápido. Houve um aumento na frequência de terremotos de 425%. A mudança de temperatura é muito intensa, de 1992 para cá aumentou quase um grau. Antes, havia 600 ou 700 tormentas elétricas simultâneas, hoje há duas mil. Vulcões como os da Islândia e do Chile paralisam todo o espaço aéreo local. *Tsumanis* arrasadoras devastam as cidades como nunca.

Este tempo é chamado de "Apocalipse" é um momento de se realizar transformações individuais e coletivas de consciência.

A ciência diz que a consciência humana é feita de pura energia, daí ser imortal. Não tenho mais dúvidas de que a humanidade será dividida em dois grandes grupos, os que terão a vibração necessária para permanecer por aqui e os outros que não aguentarão as mudanças vibracionais do planeta, sendo encaminhados para "outros planos existenciais". Esse fato nos reporta a "Parábola do Joio e do Trigo" (Mateus 13, 24-30, e 36-43).

O Reiki está nos dando uma oportunidade individual para reestruturar nossas vidas. O Mestre Usui nos apontou um caminho selecionando os 5 Princípios do Reiki e esses 125 poemas. Incorpore as mensagens desses poemas em seu cotidiano o mais rápido possível. Recomendo-lhe que não guarde esse livro na estante, mantenha-o sempre a mão, e reflita pelo menos sobre um dos poemas diariamente. Recomende isso também às pessoas mais próximas.

Grato por me "escutar" até o final.

Desejo-lhe uma boa transição!!!

"O futuro dependerá daquilo que fazemos no presente."

REIKI

Apostilas Oficiais

Instituto Brasileiro de Pesquisas e Difusão do Reiki

Mestre Hawayo Takata
(24/12/1900 a 12/12/1980)

Johnny De' Carli

ANEXO 1 – Instituto Brasileiro de Pesquisas e Difusão do Reiki

Pessoas interessadas em realizar seminários devem contatar:

Mestre Johnny De' Carli

Endereço em São Paulo:

Alameda Santos, 2223, conjunto 52 – Cerqueira César
CEP 01.419-101 – São Paulo – SP
Tel.: (11) 3062-9941 – Telefax: (11) 3062-9647

Endereço no Rio de Janeiro:
Rua Siqueira Campos, 43, salas 633 e 634 – Copacabana
CEP 22.031-070 – Rio de Janeiro – RJ
Tel.: (21) 2256-8267 – Telefax: (21) 2235-3142

Home-page: http://www.reikitradicional.com.br/

E-mail: reiki@iis.com.br

Todos estão convidados a conhecer nossa sede.

"Não sei dar a receita do sucesso,
mas a do fracasso é querer agradar a todos."

THROTTLEMAN

Posfácio

O Reiki traz, a cada praticante, um maravilhoso mundo de várias dimensões e vivências, o seu toque é tão profundo que nos alcança o íntimo e faz ver a vida com outros olhos.

Em "Reiki como Filosofia de Vida", o Mestre Johnny De' Carli traz a sua ligação mais íntima com a Energia Universal, através da inspiração e reflexão com o Imperador Meiji e os poemas que o Mestre Mikao Usui declamava em cada aula, como auxiliar à elevação da consciência e crescimento interior dos seus alunos.

Em certos momentos do nosso caminho no Reiki, descobrimos o valor da intuição, da voz interior. A intuição é uma excelente ponte na nossa comunhão com o Reiki e com o próprio estar na vida, ela permite-nos ver claramente, sentir sem barreiras e assim experienciar uma prática mais ampla, empática, expressando sem barreiras todo o amor incondicional.

"Onde quer que estejamos,
são os nossos amigos que constituem o nosso mundo."

Dizia o filósofo Arthur Schopenhauer que *"a intuição é mais forte que a razão"*[1], pelo valor da forma transmitida, do imediatismo, da clareza com que é tão facilmente assimilada. E sobre a intuição o escritor Alfred Montapert dizia que *"quem quiser melhorar os condicionalismos externos tem de começar por melhorar os internos. O seu instinto leva-o mais longe que o seu intelecto"*[2]

É essa clareza que encontramos neste livro, ele mesmo construído de alma, na interpretação de cada poema, com intuição, com uma ligação à própria vida. Ao ler este livro, não só nos encontramos diretamente com a mensagem do Imperador Meiji, como também fazemos uma viagem no tempo, encontrando-nos no *Dojo* do Mestre Mikao Usui.

No **Poema 65 – Dia**, o Imperador Meiji diz-nos *"Gostaria muito de ter um espírito rejuvenescido como o Sol Nascente"*. É neste poema que encontro, também, o espírito e a mensagem que "Reiki como Filosofia de Vida" nos transmite - o saber renovar diariamente os pontos de vista em busca da evolução, do *Satori*, a Iluminação. Assim, *"Só por hoje, sou grato"* por tanta riqueza que este livro traz, saboreando diariamente cada poema, reflexão e intuição aqui colocada.

João Magalhães
Presidente,
Associação Portuguesa de Reiki

1. Arthur Schopenhauer, '*Aforismos para a Sabedoria de Vida*'
2. Alfred Montapert, '*A Suprema Filosofia do Homem*'

"Mais importante que a quantidade
é a qualidade dos seus amigos."

Bibliografia

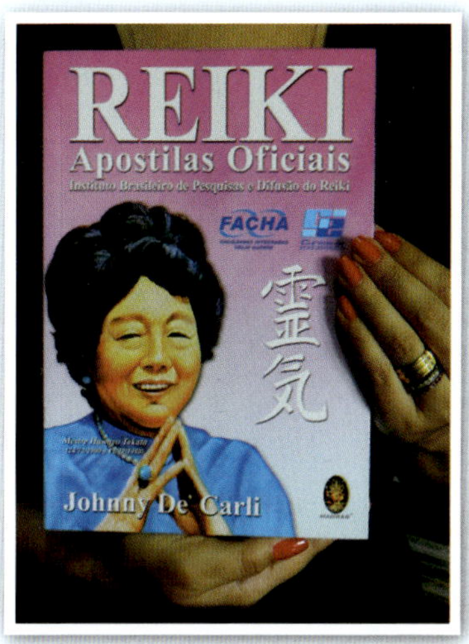

REIKI
Apostilas Oficiais
Instituto Brasileiro de Pesquisas e Difusão do Reiki
FACHA
霊気
Johnny De Carli

01. AOKI, Fuminori. *Healing the Reiki*, Tóquio, Japão, 1999.

02. DE' CARLI, Johnny. *Reiki, Apostilas Oficiais*. São Paulo, Madras Editora, 2008.

"Um livro que não é digno de ser lido duas vezes,
também não merece que se leia uma vez."

霊気
Reiki